Research-Practice Gap in Human Resource Management
Retrospects and Prospects on Japanese Context

人事管理の
リサーチ・プラクティス・ギャップ

日本における関心の分化と架橋

江夏幾多郎・田中秀樹・余合 淳

有斐閣

はしがき

刊行に至る経緯

　本書は，1970年代から今日までの人事管理に対し，日本の研究者と実務家のそれぞれがどのような関心を寄せてきたかを比較検討する。具体的には，研究者と実務家それぞれの関心を表す言説（テキスト）をデータベース化し，関心の構造を計量的に解明し，その特徴や背景について解釈する。その上で，両者のより望ましい関係性について，筆者の考え方を示したい。

　本書の母胎となったのは，日本の人事管理研究について振り返る，日本労務学会の研究プロジェクトであった。2017年7月に発足した，坂爪洋美会長，梅崎修・江夏幾多郎両副会長を中心とした執行部体制で，2020年の学会設立50年に向けた盛り上がりを醸成するための研究会を，毎年初夏に行われる全国大会とは別に，2019年秋に開催することが決定した。本書の著者でもある江夏は，梅崎氏とともに50周年研究プロジェクト全体をオーガナイズする傍ら，「経営学」という視角から研究史を描くという実働にも携わることになった。研究プロジェクトが実際に動き出した2018年8月には，江夏から田中・余合へプロジェクト参加を呼びかけ，研究チームが結成された。

　共同研究の当初の主題は，経営学的な人事管理研究は何を語ってきたのか，であった。筆者はまず，全国大会報告を中心とした，日本労務学会の研究成果を分析対象とする点にこだわった。これらは，経営学的と見なせるもの，見なせないもの，さまざまであった。そこで，多種多様な研究成果を，学問領域ごとにグルーピングして比較したり，ひとまとめにして傾向を炙り出したりしようと試みた。公表後には他の研究者や実務家からあまり顧慮されない萌芽的なものも多く含むデータだからこそ，主題に即した有意義な知見を生み出せると考えたのである。

　また，データ分析法としての計量テキスト分析にも，筆者のこだわりがあった。計量テキスト分析に依拠した研究の多くは，もとのテキストや，それが生まれた背景を表現しきれていないという意味で平板な，かつ，「他の解釈も可能では？」という意味で決定的でない主張に終始しがちである。しかし，分析に際しての問題意識の設定，分析結果の解釈の工夫次第では，豊かで際立った，納得性の高い

主張が可能であると想定し，本書でもあえてこの手法を用いることにした。

　こうしたこだわりの成否は読者の判断に委ねるしかないが，ともかく筆者は，日本労務学会の研究成果のデータベース化を，2018 年末から開始した。自宅から半日かけてようやく到着できる機関が保管する研究成果を閲覧する。データ入力を補助してくれる学生に対する指示出しをする。こうした下地の上で実際の分析が行われたが，それは，データベースの誤記修正，分析の枠組みや手法の見直しなど，試行錯誤の連続であった。2019 年 9 月 15 日に早稲田大学で開催された研究会では，他の研究チームとともに一定の成果共有が行われたが，十分な検討がしきれなかったという念も残った。

　こうした課題感とは別に，共同研究を開始して間もなく，この研究を 2019 年 9 月で終わらせるのはもったいない，という思いが，筆者の中で強くなった。より長い期間をかけて研究し，実りを産出するため，競争的研究資金（とりわけ科学研究費）を獲得し，書籍を出版するという方向性を定め，結果として実現に至った。また，書籍化に向けて，学問領域にかかわらず日本の人事管理研究全体を捉える，人事管理研究と人事管理実務を比較する，という研究構想を立てた。この構想に則り，日本労務学会の研究成果とは別に，株式会社労務行政が発行する『労政時報』の記事のデータベース化が進められた。

　新型コロナウイルス感染症の流行により，この共同研究は歩みを一時的に止めた。研究者と実務家の関心の推移や対比は，2020 年 7 月に神戸大学で開催が予定されていた日本労務学会第 50 回全国大会における，50 周年研究プロジェクトの総括セッションで報告予定であった。しかし，緊急時対応の結果として，セッションの開催が翌年の全国大会に延期となった。報告に向けたプレッシャーがなくなることで共同研究が停滞し，一時は出版自体も危ぶまれたが，2021 年 7 月の報告のためになんとかエンジンをかけなおすことができた。その後も原稿執筆のペースは必ずしも速いものではなかったが，研究チームの結成からおよそ 5 年半かけて，ようやく初稿の脱稿に至った。

　本書の執筆に際しては，3 人の著者の間で以下のような分担が行われた。まず，江夏が全体のコンセプトやストーリーラインを提案しつつ，序章・第 1 章・第 2 章・第 3 章・終章を主に執筆した。田中と余合は，研究のコンセプトやストーリーラインを踏まえ，経験的研究の結果を紹介する第 4 章（田中）・第 5 章（余合）・第 6 章（田中）のための分析や執筆に従事した。また，主張や表現を統一するため，各人が他の共著者の担当内容について適宜コメント・修正した。なお，

データベースの構築に際しては，各人のデータ入力負担がなるだけ均一になるよう分担の範囲を定めた。

本書が想定する読者層と読み方

　本書は，日本における人事管理の研究や実務そのものの歴史ではなく，研究者と実務家の関心の歴史を記したものである。とりわけ両者のずれ（リサーチ・プラクティス・ギャップ）に関する考察を通じ，研究者と実務家の望ましい関係性について，将来展望を行う。両者の関係に関心を持つ人すべてが想定読者層に含まれるが，このようなテーマへの向き合い方，つまり本書の読み方は，さまざまでありうるだろう。

　本書はいわゆる学術書であり，読者層として真っ先に想起されるのは，大学等の研究機関に所属する研究者，あるいは民間企業や公共組織などで実務に従事する傍ら研究に従事する人々である。こうした方々には，ぜひ全編を通して読んでいただきたい。詳しくは序章の末尾で述べるが，本書では，研究者と実務家の関心がなぜずれがちなのかについて，人事管理を実例に第 1 章（そしてその前触れとしての序章）で説明している。この説明内容は，研究者のあり方についての自省につながるだろう。そして第 2 章では，日本の人事管理に対する研究者と実務家の関心の構造や推移の解明につながるとして，近年注目を集めてきた体系的文献レビュー（systematic literature review）や計量書誌学（bibliometrics）的手法が解説される。こうした手法は，発見事実（エビデンス）を何より重んじる研究においてしばしば採用されてきたが，筆者は「素朴に」発見事実を重視する姿勢に対して懐疑的である。その上で，本書における分析の対象や手法を第 3 章で，結果は第 4 章から第 6 章で説明する。分析結果を見るだけでも一定の洞察は得られるだろうが，その背景にある，筆者の観察対象への臨み方を共有することで，分析結果についてより深く，かつより批判的に捉えることができるだろう。

　人事管理に関心を持つ実務家も，筆者自身が実務家との関係のあり方について日々模索する研究者である以上，ある意味で研究者以上に重要な読者層である。実務家の多くが，人事管理の研究のみならず，実務の歴史を体系的に理解していない。各時代の人事管理の実務家が，どのような問題意識を持ってそれに臨んできたか，存外理解していないのである。そのため，実務家にとっても，研究者と実務家の関心がどのようなもので，なぜずれがちなのかをめぐる本書の検討は，自らのあり方を振り返り，捉え直すという点で有意義でありうる。研究者と実務

家の関心について記述した第4章から第6章は，結果の内容そのものが実務家の
興味を引くだろう。とりわけ第4章と第5章は，実務家と異なる信念・概念の体
系の中で生きている研究者が，人事管理という事象をどう捉えているのかを知る
材料になるだろう。研究者は実務家とは異なる見方を有しており，また，実務家
が重視してきたことのすべてが研究対象となっているわけではない。こうした事
実を知ることが，実務家として，研究者とのかかわり方を考えるきっかけになる
だろう。第6章は，自分自身や先人たちのこれまでの歩みを振り返る格好の材料
となるだろう。

　研究者と実務家の双方に必ず読んでもらいたいのが終章である。最後の章では
あるが，最初に読んでもらいたいとすらいえる。終章では，本書での一連の検討
内容を要約した上で，研究者と実務家の関心のずれ，すなわち人事管理のリサー
チ・プラクティス・ギャップの実態を体系的に説明している。その上で，研究者
と実務家のそれぞれがどのように他者とかかわればよいか，両者の関心をどう架
橋すればよいかについて，筆者の考え方を示している。ここを一読し，その内容
に興味が湧き，疑問や批判の芽を生じたならば，改めて序章以降の各章の全体あ
るいは部分を読み進めていただきたい。

謝　辞

　本書の執筆は，多くの方々の力添えがあって，はじめて可能になった。その事
実を記すことを通じて，筆者からの謝意を表したい。

　原稿やそれに至る前の口頭報告についてコメントを寄せてくださった研究者お
よび実務家の方々。榎一江（法政大学），倉重公太朗（KKM 法律事務所），黒澤敏
浩（ジェイエイシーリクルートメント），酒井雄平（デロイトトーマツ），志水静香（フ
ァンリーシュ），清水剛（東京大学），鈴木貴宇（早稲田大学），高橋一基（日本人材マ
ネジメント協会），田口光（YUGAKUDO），中村薫（日本人材マネジメント協会），服
部泰宏（神戸大学），藤本真（労働政策研究・研修機構），米田晃（神戸大学大学院）の
各氏からは，全体的な印象，論点の過不足，筆者が持ちえなかった視点，論旨の
不明確さ，さらには誤字脱字など，多くの事柄を指摘していただいた。また，労
務行政研究所で『労政時報』の編集に携わってこられた方々（匿名）には，第3
章に記載した同誌の編集ポリシーについて，執筆のための事前インタビューに加
え，原稿内容のファクト・チェックをしていただいた。

　日本労務学会の研究成果および『労政時報』の記事50年分のデータベース構

築に対しても多大な支援を受けた。太田肇（同志社大学），上林憲雄（神戸大学），平野光俊（大手前大学），山本寛（青山学院大学）の各氏からは，筆者が所持していなかった『日本労務学会全国大会研究報告論集』（およびその前身）を貸与していただいた。石巻専修大学図書館，神戸大学社会科学系図書館，中京大学ライブラリーサービスセンター，同志社大学今出川図書館（社会学部），名古屋市立大学総合情報センター山の畑分館，名古屋大学中央図書館，南山大学ライネルス中央図書館のスタッフの方々には，各機関が所蔵する『日本労務学会全国大会研究報告論集』（およびその前身），『日本労務学会誌』，『労政時報』を閲覧するために，多くの便宜を図っていただいた。櫻井雅充氏（中京大学）は，データベース構築初期に，資料の収集・閲覧に協力してくださった。12名の名古屋大学の学部生（当時）は，データベースへの情報入力を手伝ってくださった。

　日本労務学会の設立50周年記念の研究プロジェクトや特別シンポジウムでかかわりを持った方々からも，筆者の取り組みに対して多くの示唆と励ましをいただいた。池田心豪（労働政策研究・研修機構），D. ヒュー・ウィッタカー（オックスフォード大学），梅崎修（法政大学），上林憲雄（神戸大学，再掲），坂爪洋美（法政大学），白木三秀（早稲田大学名誉教授），久本憲夫（京都橘大学），守島基博（学習院大学），勇上和史（神戸大学）の各氏。これらの方々との協働の成果は，2023年に『日本の人事労務研究』（梅崎修・江夏幾多郎編著，中央経済社）という形で刊行されたが，その後も筆者が「延長戦」を行ってきたことを知って，驚く方もおられるかもしれない。

　得地道代氏（有斐閣書籍編集第二部）には，本書のアイディアを持ち込んだ段階からさまざまな形でご尽力をいただいた。遅筆な筆者を一貫して励まし，待ち，後押ししてくださったことが，本書の完成の背景にあった。ゲラ校正の段階での大幅修正を快く受け入れてくださったことにも，深く感謝している。

　本書の執筆のため，筆者はさまざまな場所に足を運び，資料収集や会合を行った。また，さまざまな物品の購入を要した。こうした活動は，科学研究費助成金により，経済的に可能になった。江夏が代表者を務めたものとして，「日本の人事管理研究についての計量的学説史レビュー」（基盤研究(C)：19K01805）および「日本の人事管理における研究と実践の関係性の推移：体系的文献レビューを通じた検討」（基盤研究(C)：22K01650）の2つがある。

　その他，仕事上・生活上のかかわりの中で，さまざまにインスピレーションを与えてくれたり，支援を寄せてくれたりしてきた方々。彼ら／彼女らにとって，

本書が新たな発見，あるいは興味を引くものとなるならば，私たちにとって望外の喜びである。

2024 年 9 月

著 者 一 同

初　　出

本書の一部は，既発表の論文に基づいている。詳しくは以下の通りである。

・改訂の上，第 1 章として掲載：

江夏幾多郎（2023）．人事管理における研究と実務の関係性——架橋を目指す研究が達成してきたもの，しきれなかったもの．*RIEB Discussion Paper Series, DP2023-J02.*

・改訂の上，第 2 章として掲載：

江夏幾多郎（2024）．人事管理研究における体系的文献レビュー．経済経営研究（年報），*73*，25-73.

・改訂の上，第 4 章として掲載：

江夏幾多郎・田中秀樹・余合淳（2022）．日本の人事管理研究における関心の推移——1971 年から 2019 年の研究成果の体系的文献レビュー．経済経営研究（年報），*71*，43-89.

著 者 紹 介

江 夏　幾多郎（えなつ・いくたろう）

神戸大学経済経営研究所准教授，博士（商学）（一橋大学）

2003 年，一橋大学商学部卒業。2008 年，同大学院商学研究科博士後期課程単位取得満期退学。名古屋大学大学院経済学研究科を経て，2019 年より現職。

主要著作　『コロナショックと就労』（共著，ミネルヴァ書房，2021 年），『人事管理』（共著，有斐閣，2018 年），『人事評価の「曖昧」と「納得」』（NHK 出版，2014 年），「人事システムの内的整合性とその非線形効果」（『組織科学』第 45 巻第 3 号，2012 年，労働関係論文優秀賞受賞）。

田 中　秀 樹（たなか・ひでき）

同志社大学政策学部教授，博士（政策科学）（同志社大学）

2004 年，同志社大学文学部卒業。2011 年，同大学院総合政策科学研究科博士後期課程修了。青森公立大学経営経済学部，京都先端科学大学経済経営学部などを経て，2020 年より同志社大学政策学部准教授。2024 年より現職。

主要著作　"Effects of talent status and leader-member exchange on innovative work behaviour in talent management in Japan"（共著，*Asia Pacific Business Review*, Vol. 29, Issue 4, 2023 年），"Protection for the self-employed in Japan"（共著，*International Journal of Comparative Labour Law and Industrial Relations*, Vol. 38, Issue 4, 2022 年），"Impacts of overtime reduction on psychological well-being for Japanese research and development engineers"（共著，*Journal of Japanese Management*, Vol. 1, No. 1, 2016 年，Journal of Japanese Management ベスト・ペーパー賞受賞）。

余 合　淳（よごう・あつし）

南山大学経営学部准教授，博士（経営学）（神戸大学）

2007 年，神戸大学経営学部卒業。2014 年，同大学院経営学研究科博士後期課程修了。岡山大学大学院社会文化科学研究科，名古屋市立大学大学院経済学研究科などを経て，2022 年より現職。

主要著作　「歯科衛生士の就業継続」（共著，『キャリアデザイン研究』第 20 巻，2024 年），「働き方の人事管理と従業員の受け止め方」（安藤史江編著『変わろうとする組織 変わりゆく働く女性たち』晃洋書房，2020 年），「働き方改革の現状と未来」（上林憲雄・平野光俊編著『日本の人事システム』同文舘出版，2019 年），「自発的離職の規定因としての人事評価と公正性」（『日本労務学会誌』第 14 巻第 2 号，2013 年）。

目　次

序章　人事管理をめぐる研究と実務の関係 ―――――――― I

1　本書の目的 ……………………………………………… I

2　人事管理研究の実務的有用性の低さ ………………… 2

2.1 研究を通じた実務への貢献　2

2.2 普及しない科学的知識　4

2.3 人事管理の研究と実務における関心の相違　4

3　研究者と実務家の間の断絶の背景 …………………… 7

3.1 知識における科学的厳密性と実務的有用性　7

3.2 実務的有用性から離れる科学的知識　8

3.3 科学的知識が実務に馴染まない可能性　10

3.4 科学的知識にアクセスしきれない実務家　11

4　本書のアプローチ ……………………………………… 13

4.1 人事管理をめぐるさまざまな呼称　13

4.2 本書の構成　14

第1章　人事管理研究者の実務への対峙 ―――――――― 19

1　はじめに ………………………………………………… 19

2　アメリカの人事管理研究における実務志向 ………… 20

2.1 検討の趣旨　20

2.2 実務発の研究としての科学的管理法（20世紀初頭）　21

2.3 人事管理研究の成立（20世紀前半）　22

2.4 人間関係論的なPM論（20世紀中盤）　24

2.5 「人的資源」概念の創出（20世紀後半）　25

2.6 不確実性に向き合う人事管理研究（20世紀終盤〜21世紀）　28

目　次　ix

2.7 小　括　*32*

3 日本の人事管理研究における実務志向 ･････････････････････････ *32*

3.1 科学的管理法に向き合う人事管理研究（20 世紀前半）　*32*

3.2 能力主義と人事管理研究（20 世紀後半）　*35*

3.3 複雑化・混迷する実務に向き合う人事管理研究（20 世紀終盤～
21 世紀）　*39*

3.4 小　括　*42*

4 研究と実務の架橋に向けて ･･････････････････････････････････ *43*

5 さ い ご に ･･･ *46*

第**2**章　**人事管理研究における体系的文献レビュー** ──── *49*

1 は じ め に ･･･ *49*

2 経営研究における体系的文献レビュー ････････････････････････ *50*

2.1 体系的文献レビューとは何か　*50*

2.2 体系的文献レビューの手順　*52*

2.3 先行研究のエビデンスはどう合成されるか　*55*

2.4 計量書誌学的手法　*58*

2.5 SLR における知識創造の可能性　*63*

3 人事管理研究における SLR の手法上の特徴 ･･･････････････････ *64*

3.1 全体的な研究動向　*64*

3.2 SLR の手順についてのいくつかの実例　*68*

4 人事管理の研究者は SLR にどう臨むべきか ･････････････････････ *77*

4.1 SLR におけるエビデンス重視の実態　*77*

4.2 研究者の組織観を SLR にどう位置づけるか　*80*

4.3 計量書誌学的手法への示唆　*82*

5 さ い ご に ･･･ *83*

補論　体系的文献レビューの対象の絞り込み手順　*84*

第 *3* 章　体系的文献レビューのためのデータと手法 ———— 85

1 は じ め に ……………………………………………… 85

2 人事管理研究に関する分析サンプル ………………… 86

2.1 日本労務学会の文献の概要　86

2.2 分析対象とした文献の詳細　88

2.3 データベースの構成　89

2.4 データベースについての留意事項　91

3 人事管理実務に関する分析サンプル ………………… 93

3.1 分析対象としての『労政時報』　93

3.2 データベースの構成と留意事項　95

4 分 析 方 針 …………………………………………… 96

4.1 分析期間の区分　96

4.2 人事管理研究に関する分析（1：第4章）　101

4.3 人事管理研究に関する分析（2：第5章）　104

4.4 人事管理実務に関する分析（第6章）　106

5 さ い ご に …………………………………………… 107

第 *4* 章　人事管理研究における関心の構造と推移 ———— 109

1 は じ め に ……………………………………………… 109

2 日本労務学会の文献の分析 ………………………… 109

2.1 前期（1971～1987年）の分析　110

2.2 中期（1988～2003年）の分析　114

2.3 後期（2004～2020年）の分析　118

3 研究者の関心における継続・集約・分散 …………… 122

4 さ い ご に …………………………………………… 125

目　次　xi

第 5 章　被引用文献から探る人事管理研究における関心 —— 127

1 は じ め に ……………………………………………………… 127

2 文献の被引用数から見る研究者の関心 ……………………… 127

　2.1 前期（1971〜1987 年）の研究潮流　129

　2.2 中期（1988〜2003 年）の研究潮流　135

　2.3 後期（2004〜2020 年）の研究潮流　142

3 研究潮流における継続と変化 ………………………………… 150

4 さ い ご に ……………………………………………………… 153

第 6 章　人事管理実務における関心の構造と推移 —— 155

1 は じ め に ……………………………………………………… 155

2 『労政時報』特集記事の分析 ………………………………… 155

　2.1 前期（1971〜1987 年）の分析　156

　2.2 中期（1988〜2003 年）の分析　161

　2.3 後期（2004〜2020 年）の分析　164

　2.4 『労政時報』特集記事の分析結果のまとめ　170

3 『労政時報』相談室記事の分析 ……………………………… 171

　3.1 前期（1971〜1987 年）の分析　172

　3.2 中期（1988〜2003 年）の分析　175

　3.3 後期（2004〜2020 年）の分析　179

　3.4 『労政時報』相談室記事の分析結果のまとめ　183

4 実務家の関心の移り変わり …………………………………… 185

5 さ い ご に ……………………………………………………… 187

終 章　日本の人事管理における研究と実務の交流に向けて ── 189

1　これまでの議論のまとめ ・・・・・・・・・・・・・・・・・・・・・・・・・・・・・・・・・ 189
- **1.1** どのような姿勢で分析に臨んだか（第1〜3章）　190
- **1.2** 日本の人事管理における研究上・実務上の関心（第4〜6章）　192

2　人事管理の研究と実務における関心の異同 ・・・・・・・・・・・・・・・ 194
- **2.1** 研究者と実務家で関心が異なるトピック　194
- **2.2** 研究者のほうが関心が強いトピック　201
- **2.3** 実務家のほうが関心が強いトピック　204

3　研究者にとっての実務，実務家にとっての研究 ・・・・・・・・・・・・ 205
- **3.1** 関心のずれを研究者がどう受け取りうるか　206
- **3.2** 関心のずれを実務家がどう受け取りうるか　212
- **3.3** 研究者と実務家の関心の架橋を通じた知識の生産　214

4　本書の課題と展望 ・・・・・・・・・・・・・・・・・・・・・・・・・・・・・・・・・・・・・・・ 218
- **4.1** 分析データの偏りについての不十分な理解・説明　218
- **4.2** 研究者と実務家の関心を直接把握していないこと　219
- **4.3** 研究者と実務家との接点の実態を解明していないこと　220
- **4.4** 研究者と実務家それぞれの多様性を想定した検討を
  行っていないこと　220

5　本書の結び ・・ 221

参考文献　223

索引（事項索引，人名索引）　243

序 章

人事管理をめぐる研究と実務の関係

1 本書の目的

　日本の組織，とりわけ企業においては，人事管理上のさまざまな取り組みがなされてきた。その一部は従来の人事管理に置き換わり，後の時代に広く定着した。その反面，一時的な流行にとどまった取り組みもある。また，ある取り組みが定着したといっても，その中には，「変えようにもなかなか変えられないから」といった消極的な理由によるものもある。

　こうした変遷をどう理解すればよいのだろうか。それは，一貫性なき紆余曲折にも，歴史の繰り返しにも見える。また，異なるタイミングに現れた一見違う取り組みが，同じような実務上の問題意識に根ざしていることもある。日本を例にとっても，近年普及しつつある「ジョブ型」（濱口, 2009; 2021），バブル崩壊以降10年ほどで普及した「成果主義」（城, 2004；中村, 2006），高度経済成長期の終焉以降に普及した「能力主義管理」（日経連能力主義管理研究会編, 2001；楠田, 2004）[1]は，いずれも「年功序列」「年功主義」への批判の中で登場した。

　あらゆる人事管理の潮流を「流行の産物に過ぎない」と評することもできる（Abrahamson, 1991；平野, 2006）。しかし，流行の根底にある，人事管理の実務家の切実な問題意識や危機意識を軽視すべきではない。

　人事管理の実務について，研究者はどう捉えてきたのだろうか。研究は実務の動向に大なり小なり影響されるし，逆に実務の動向に影響を与えることもある。こうした関係の中，研究者は人事管理の現実をどう描写・評価してきたのだろう

　1）　これは新装版であり，初版は 1969 年に刊行された。

か。何を，どうなすべきかについて，実務家と一致した見解を持ってきたのだろうか。あるいは，研究者の見解のどこに，時代の変化への対応や，時代を超えた一貫性があったのだろうか。

他方，実務家は人事管理をどう捉えてきたのであろうか。人事担当者は，多様な利害関係者との調整の中で，人事施策を導入，変更，あるいは維持する。そこでは，経営者や現場の従業員，労働組合，さらには投資家，競合他社，関連企業，取引先や顧客，雇用や労働に関する法制の動向への，全方位的な目配りが必要となる。これらに加え，人事部門が有する予算や人員における一定の制約を踏まえると，人事管理の実施や変化が明確な展望のもとで進められることのほうが少ないだろう。

本書では，1971 年以降の 50 年間を分析対象に，人事管理について日本の研究者と実務家がどう関心を寄せてきたか，そこにはどのような推移や違いがあったのかについて検討する。この対比を通じて，今後の人事管理の研究と実務，それぞれが関心を寄せるべき事象，および視座について提起する。

2　人事管理研究の実務的有用性の低さ

2.1　研究を通じた実務への貢献

議論を始めるにあたり，人事管理について，本書なりの定義をしたい。それは，変化する経営環境に対応し続ける中でも組織目標を達成するための，従業員に関連した管理上の規則や活動の総体である。そこではとりわけ，従業員の組織化や作業能率の向上，さらには従業員一人ひとりに固有の人格の尊重が目指される（平野・江夏，2018；佐藤ほか，2019）。

人事管理は，「ヒト・モノ・カネ・情報」からなる経営資源の一つである人的資源（human resource）に関する経営管理（business administration）の一部でもある。それと同時に，従業員個人の背景にある従業員団体や法体系も見据えた産業・労使関係（industrial-labor relations）の一部でもある。さらには，従業員（やその家族）の生活を支える社会保障（social security）の一部を担ってもいる。

人事管理に関する研究は社会科学のさまざまな領域によって行われてきたが，実務家にとって最も身近な領域は，経営学であろう。経営学において，人事管理は，組織の経営資源の一つである「ヒト」にかかわる活動であると見なされ，その概要に加え，その効果的な活用のあり方について，探究・説明がなされてきた。

そうした探究・説明が行われてきた際たる理由は，人事管理の研究者が持つ，「実務への貢献」という目的意識だろう。実際，以下の引用にあるように，人事管理の研究者を含む経営学者の多くが，経営実務の改善につながる知見を，研究活動の中で産出し，その知見を研究界の範囲内に限って享受するのではなく，実務界に伝えようとしてきた。

こうした個人的そして職業的な経験を経て，私は，管理者が十分な情報，低い恣意性，よく考えられた意思決定を生み出せるような効果的な組織を，研究と教育を通じて生みやすくするという大きな希望を育んできた。(Rousseau, 2006, p. 257, 筆者訳)

世界で進められている経営学の研究とは，そのような企業ごとの泥くさい事情を踏まえた上で，みなさんが居酒屋で話したり，ビジネス本をよんで疑問に思ったり，著名経営者の講演で感じ入ったりした，その「経営の真理法則らしきもの」が本当にそうなのか，なぜそうなのか，それは他の多くの企業にも一般的にあてはまるのか，を科学的に解明することにあるのです。そしてそこで得られた成果を，ビジネススクールの授業などを通じて社会に還元していくのです。(入山, 2012, 34頁)

では，研究者のそうした意図は，どの程度実現してきたのだろうか。経営学においては，経営という現象の成り立ちに加え，経営が株主・従業員・社会全体といったさまざまなステークホルダーにもたらすものなどについて，理論的あるいは経験的な解明が目指されてきた。とりわけ近年の研究の多くが，「科学性」を拠りどころとしてきたが，その基本方針は，幅広い実務家への貢献を目指すからこそ彼らの偏った経験則から一定の距離を置く，というものであった。そして，理論的・経験的な洞察やそれを生み出す方法の提供を通じて，実務家を啓発することを重視してきた (Pfeffer & Sutton, 2006；Kaufman, 2015b)。

詳しくは第1章で検討するが，人事管理の研究者も，実務で起きていることについて問題意識を持ち，彼らなりの「よい人事管理」の像が反映された問題解決のあり方を100年あまりにわたって示してきた。そして，しばしば，教育やコンサルテーションなどの形を通じ，問題解決に実際に参画しようとしてきた。

2.2 普及しない科学的知識

そうした 100 年を超える取り組みにもかかわらず，人事管理研究の知見は，幅広い実務家によって知られ，実践され，成果を上げてきた，つまり役に立ってきたとは言い難いようだ。多くの実務家が，研究の知見を十分に理解していない，実践しきれていない，さらには否定的に評価している可能性すらある（Rynes *et al.*, 2002; 2007; 2018；Pfeffer & Sutton, 2006；Tenhiälä *et al.*, 2016）。

こうした点についての実証的な検討が世界的に進められてきた[2]。たとえば Rynes *et al.* (2002) は，数多くの実証研究が支持してきた法則的知見と真逆の信念を多くの実務家が抱いていることを実証した。そこでは，959 人の実務家に対し，人事管理上の取り組みに関する 35 の記述内容の正誤が問われた。記述内容には，人事管理研究の実証結果をそのまま裏づけるものもあれば（「正しい」とすれば正解），その逆もある（「誤り」とすれば正解）。

平均的な正答数は 20 であったが，分散も大きかった。正答率が極端に高い項目も低い項目もあった（表序-1）。さらには，完全な無知というよりは，「意味はわかるが応用の仕方がわからない」ということも多かった。また，組織内の地位が高い人ほど，研究の知見に対して同意を示しやすいことが示された。他の研究も，Rynes *et al.* (2002) のテストとほぼ同等の正答率を示している（たとえば，Tenhiälä *et al.*, 2016）。

このことは，「よい人事管理」についての見解が研究者と実務家の間で異なっていることを示している。研究者によるコンサルテーションやアクション・リサーチがそのずれを埋める可能性はあるが（Jewell *et al.*, 2022），先行研究の知見は，そうした可能性の指摘にとどまっている。

2.3 人事管理の研究と実務における関心の相違

「よい人事管理」についての研究者と実務家の間における見解のずれは，それを実現するために着目するポイント，つまり人事管理上の関心のずれにもつながりうる（Deadrick & Gibson, 2007; 2009；Markoulli *et al.*, 2017）。この点についても，

---

2) 日本では，経営学領域全般を含めても，こうした研究はほとんど見られない。例外の一つに新井・服部 (2014) があるが，そこでも，経営学の学術的用語（たとえば，「リソース・ベースト・ビュー」「ファイブ・フォース・モデル」「限定合理性」「管理過程論」）について，多くの実務家がまったく触れたことがなかったり，理解に乏しかったりする現状を，経験的に示したにとどまっている。

序章 人事管理をめぐる研究と実務の関係 5

表 序-1 実務家の通念と研究の知見のギャップ

		問い（正誤判定）	答えとその実証的根拠	正答率 誤答率
誤答率が 正答率を とくに 上回った 問い	Q8	組織成果を高めるため，従業員に成果目標を付与するより意思決定に参加させるほうがよい	【誤り】参加型経営の効果は目標設定の効果よりも小さい。また，後者と比べて前者の効果についての説明は，先行研究によってばらついている	18 % 73 %
	Q26	誠実性は知性よりも従業員の業績を説明する	【誤り】知性は誠実性より高い説明力を有することが，メタ分析で確認されている	18 % 72 %
	Q14	業績評価における誤差の大半は，誤差を自覚させる評価者訓練で解消させることができる	【誤り】評価誤差はきわめて根強い。ある誤差に焦点を当てた評価者訓練が別の誤差を生む。評価者も誤差を自覚しているが，個人的・社会的理由でなくせない	25 % 70 %
正答率と 誤答率が 均衡した 問い	Q24	窃盗や無断欠勤など，雇用主を利用する人かどうかを予測する「誠実性テスト」は，回答者の多くが嘘をつくため，有用ではない	【誤り】多くの回答者が嘘をつくとしても誠実性テストが有用であることが，メタ分析で確認されている。非生産的行動への説明力は，業績への説明力を上回る	32 % 34 %
	Q22	低スキルしか要さない職務においては，知性が高いことは好ましくない	【誤り】知性の高さはあらゆる職務において有用である	42 % 46 %
	Q34	ほとんどの従業員は，固定給よりも，業績インセンティブやストック・オプションなどの変動給を望む	【誤り】全米調査でも学生を対象とした調査でも，固定給のほうが選好される。減給リスクへの対処がないと従業員は変動給を受容しにくい	40 % 48 %
正答率が 誤答率を とくに 上回った 問い	Q1	優れたリーダーは生来のものであるため，リーダーシップ開発は有効ではない	【誤り】リーダーシップ行動の顕著さや有用性は訓練によって上昇する。遺伝的要素がリーダーシップを説明する力は限られている	96 % 2 %
	Q15	一般的に，訓練における講義形式は，他の形式に勝る	【誤り】コンピュータを利用した研修が伝統的なものよりも若干有効であるというメタ分析がある。また，講義のような受動的なスタイルよりも，能動的なスタイルの方が有効である	96 % 2 %
	Q9	ほとんどの管理者が，自分自身で客観的に判断するものよりも低い評価を従業員に与える	【誤り】寛大化傾向のほうが厳格化傾向よりも顕著に観察される	94 % 3 %

（出所） Rynes *et al.* (2002) pp. 152-158 より筆者作成。

日本では先行研究が見当たらないものの，世界的には，2022 年に *Human Resource Management Review*（第 32 巻第 1 号）で特集が組まれるなど，多くの先行研究が存在する。

Rynes *et al.*（2007）は，自らがすでに示した（Rynes *et al.,* 2002）人事管理研究の実証的な知見（35 項目）が，人事管理実務のリーダーを主たる読者層と想定する，あるいは研究と実務をつなげる雑誌（*HR Magazine*；*Human Resource Management*；*Harvard Business Review*，2000〜2005 年刊行分）において，ほとんど取り扱われなかったことを示した。

Deadrick & Gibson（2007）は，研究者向けの 2 つの雑誌（*Journal of Applied Psychology* と *Personnel Psychology*）と実務家向けの 2 つの雑誌（*Human Resource Management* と *HR Magazine*）について，1986〜2005 年に扱われたトピックの違いを人事領域を 14 に区分して可視化した。[3] その中で実務家の関心が研究者の関心を一貫して上回り続けたのは，報酬の領域であった。一方で，モチベーション等の組織行動に関する関心の大小には，それと逆の傾向，つまり研究者の関心が実務家の関心を上回る状態が 20 年間でほぼ一貫して見られた。

同じ媒体を対象に，分析対象を 1976〜2005 年に拡張した Deadrick & Gibson（2009）は，追加的な発見事実をいくつか提示した。たとえば，①モチベーションへの関心は 30 年間で一貫して研究者のほうが強かったが，研究者と実務家の双方において関心が薄れる傾向にあった。②報酬への関心は，もともと強かった実務家が 30 年間かけてさらに強めたのに対し，研究者は弱めた。③従業員・労使関係への関心は，もともと実務家のほうが高かったが，30 年かけて研究者のより低い関心水準に収斂した。④人材開発や採用・配属に関しては，研究者と実務家の間で関心の強さに大差がなかった。

より網羅的にデータを収集し，領域の区分などに関する研究者による主観的手続きを廃し，研究者と実務家の間の関心のギャップを示そうとしたのが Markoulli *et al.*（2017）である。彼らは，1992〜2015 年に刊行された，人事管理研究における 1 万 2157 件の論文と人事管理の実務家向けの 6114 件の記事を比較分析した。分析の結果，人事管理の実務家が研究者に比べてとくに強い関心を有しているテーマに関する 100 の語句が抽出された。彼らは，この 100 の語句，およびその語句を使用している学術研究や実務記事を参照することで，実務家の関心が強いが研究量が少ない 7 つの領域を示した。

3）　具体的には，組織行動／モチベーション，従業員―労使関係，採用・配属，職務業績，報酬，人材開発，雇用調整，法・安全，戦略的人的資源管理，科学技術，国際―グローバル人事，多様性，仕事―家庭関係，チーム―集団である。

序章　人事管理をめぐる研究と実務の関係　7

(1)　人事管理の実施主体の範囲，人事担当者による他の利害関係者（経営者など）との関係性のマネジメント
(2)　人事施策の立案・実施にまつわる費用や収益の可視化
(3)　人事管理における情報技術の活用
(4)　人事管理に関するコミュニケーション，ブランディング
(5)　人事管理に関する規則の具体的なあり方
(6)　法令遵守，従業員による訴訟リスクなど法律に関連するもの
(7)　報酬や福利厚生など，企業から従業員への支出

　こうした研究では，研究者と実務家の関心を描き出すための資料の収集と分析の手順における体系性や厳密性が重視される。そのため，先行研究への批判的検討も含めて第2章で詳しく検討するが，体系的文献レビュー（systematic literature review）と呼ばれる手法が編み出され，さまざまなバリエーションとともに数多く行われてきた。中でも，論文や記事のタイトルや要旨などを抽出し，語句の登場頻度や共起関係を統計的に明らかにする，計量書誌学（bibliometrics）的な手法が，近年広まりつつある。

3　研究者と実務家の間の断絶の背景

3.1　知識における科学的厳密性と実務的有用性

　このように，人事管理におけるリサーチ・プラクティス・ギャップ，とりわけ研究と実務の間の関心のずれや断絶（交流のなさ）の実態については，研究結果が蓄積されつつある。しかしその背景についての検討は，まだ緒についたばかりである。

　研究と実務の間のずれや断絶の背景としては，さまざまな要因が考えられるが，その一つとして，研究者が陥る「リガー―レリバンス問題」が想定される（松嶋・早坂, 2014）。研究者が科学的基準に即し，厳密な（リガー）知識を探究する反面，実務家は自らが直面する課題の解決に資する（レリバンス）知識を求める。[4]

---

4)　知識について，研究者はどれだけの現象が説明可能かという一般性や，なぜこのような現象が起きるのかという論理性を重視する。しかし，実務家は自らが直面する状況に対する解決策を最優先で求めるため，一般性や論理性は必ずしも優先されない。一般性が高い経営手法が見つかり，それが広く周知されてしまえば，自社の競争優位性を維持できなくなるリスクがあることから，自社以外への適用性・普遍性については強い関心を持たない可能性すらある。

企業経営の領域における一般傾向として観察される研究者と実務家の利害や関心のずれが，科学的知識の実務への適用，実務家による関心を妨げている可能性が高い（Aram & Salipante, 2003；Rousseau, 2012）。

経営学の研究者には，厳密な論理性や経験的な一般性を追求しつつも，実務的ニーズにも適合した研究を産出することが期待されてきた（Rosemann & Vessey, 2008；佐藤, 2014）。こうした中，「行為可能な知識」を創出するために研究者が実務に積極的に参加するアクション・サイエンス（Argyris, 1993；伊藤, 2022）や，コミュニケーションのルールやスキルによって支えられた研究者と実務家の共同イベント（Amabile *et al.*, 2001；Sharma & Bansal, 2020；服部, 2022）についての研究も蓄積されつつある。経営学の理論や付随する発見事実（エビデンス）の内容や重要性を，実務家が理解・応用できるようにする支援を研究者に薦める議論もある（Pfeffer & Sutton, 2006；Rousseau, 2012）。

3.2　実務的有用性から離れる科学的知識

研究成果が実務に応用され，「行為可能な知識」の創出に寄与するという関係性が常態化しているとはいえない。むしろ，研究者が厳密性や一般性を有する科学的知識を探究し，結果として実務家との距離が生まれる傾向は，研究者コミュニティの変容もあって，年々大きくなっている可能性すらある。

DeNisi *et al.* （2014）によると，1950年代までは，人事管理の研究者と実務家が研究と実務の双方において協働的なプロジェクトに従事することが多かった。しかし1960年代以降，研究者と実務家の協働は減り，双方が異なった関心を持つようになり，テーマと形式の双方において異質な言説を産出するようになった（pp. 220-221）。

その背景には，たとえば，ビジネススクールの執行部が，大学内での生存戦略として，方法論に厳密な研究者（心理学者・経済学者）を採用したことがある。こうした戦略のもと，ビジネススクールの構成員＝研究者は，議論の論理性や一般性を重視する学術専門誌への掲載や，それに即した研究テーマの設定に動機づけられる（第1章第4節参照）。経営実務の実態やその改善に深い関心を寄せない研究者が増加した結果として，実務的な関心とは縁遠いテーマに立った研究，結果を読み解くのが難しい研究が増加し，人事管理の研究者や彼らの研究成果が実務家から無視されることが多くなった。

また，研究者から実務家への研究上の関与のあり方が，科学的知識の妥当性そ

のものを損ねてしまっている可能性もある。研究活動への協力に付随して調査協力者が受ける「迷惑」感が，たびたび指摘される（たとえば，宮本・安渓, 2008）。研究者が調査協力者を仮説立証のための都合のよい「情報源」として扱う，調査協力者の目から見ると誤った紹介を研究者が公的に行う，といったこの種の「迷惑」は，研究者による科学的な厳密性を重視した調査設計やその実施により，しばしば覆い隠されてしまう。研究者の「迷惑」行為への調査協力者の応答として，調査協力の拒否，あるいは，虚偽または不正確な情報提供が生じかねない。皮肉な結果ではあるが，研究者が分析するデータ，ひいては研究成果の正確性を高めるための措置が，かえって正確性を危うくしかねない。

　さらには，人事管理の研究者が創出する科学的知識は，たとえ実務家のニーズに即したものであったとしても，結果として実務的有用性を発揮しない可能性もある。近年の人事管理研究の多くが，（戦略的）人的資源管理論に代表されるように，多様なステークホルダーのさまざまな利害でなく，特定の，とりわけ経営者，あるいは彼らを代理人とする株主の利害を代弁してきた（第1章2.5項および2.6項参照）。そこでは従業員は，固有の人格を持った「人間」から，経営目的を達成するために計画的に管理される「人的資源」「人材（人財）」に捉え直される（Keenoy, 2009；守島, 2010；江夏・穴田, 2021）。そして人事管理は，さまざまな人間との間の関係性の水平的な調整ではなく，経営資源に対するトップダウン的な介入と捉え直される。

　経営者や株主の利害を中心に，経営のための諸々の技術を体系化して用いるという発想は，「経営主義」（managerialism）と称される（Klikauer, 2015）。こうしたイデオロギーは，従業員やその家族といった，他の利害関係者の便益や厚生を重視する立場から，長きにわたって批判されてきた。[5] にもかかわらず経営や人事管理の研究において「経営主義」が影響力を持ってきたのは，経営や人事管理の実

　5）　経営主義への典型的な批判の形として，労働過程に対して適用される人事管理などの管理実践が，経営上の収益の分配の不公平，従業員らの精神や心理，生活状況の悪化を生み出す，というものがある。労使関係論・産業社会学・労働社会学・家族社会学などにおいては，不利益を受ける従業員などの自覚を欠いた形で，あるいは自覚的な同意を伴う形で，不利益の創出が生じうることが論じられてきた（たとえば，Brawoy, 1979；京谷, 1993；Hochschild, 1997）。ここでいう従業員には，株主や経営者の代理人であると見なされがちな管理者も含まれうる。
　　批判的経営学（critical management studies）が経営主義の歴史的・文化的・政治的・技術的な背景を検討してきた。そこでは，現前する経営は，人々がつくり上げた偶発的なものに過ぎないとされる。だからこそ，より多様なステークホルダーが受容できる経営への変更や代替が可能であるし，研究にはそれを後押しする力がある（Alvesson et al., 2009；柳, 2023）。

務家と調査・研究上の契約を結び，履行する中で，研究者によって彼らの発想が内面化されやすいためである（Tourish, 2019）。

ただし，トップダウン的な人事管理は，たとえ経営や人事管理の実務家の願望であったとしても，有効な実務の指針にはならないかもしれない。各企業における理に適った人事管理の目標は，経営者や人事担当者の頭の中にあらかじめあるものではなく，さまざまな利害関係者とのやりとりの中で事後的に生み出されることが多い。その場合，人事管理に関する科学的知識の実務的有用性への手がかりは，実務家，とりわけ経営者や人事担当者のニーズに正面から応じることにではなく，そこから一定の距離を置き，人事管理という事象についての研究者固有の捉え方をすることにあるだろう。

3.3 科学的知識が実務に馴染まない可能性

もし科学的知識に本質的かつ普遍的な価値があるのなら，その実務への応用が失敗する背景には，知っていることを実行しきれない（the knowing-doing gap）実務家の傾向があると考えられる。そのとき研究者には，科学的知識に基づく実務家の自己変革を支援するための，積極的な関与の余地がある。フェッファーは1993年の論文で，経済学などの基礎的で実証的な社会科学に根ざしたパラダイムや法則の定立を，経営学全体で目指すべきであることを訴えた（Pfeffer, 1993）。彼はその後，理論と事実に裏づけられた研究は，実務にとっても有用であり，実務家は研究上の知見を積極的に参照すべきである，という啓蒙的な主張を行うようになった（Pfeffer & Sutton, 2006）。

フェッファーのような「事実に基づく経営」（evidence based management：EBM）の論者によると，EBM は，慣習・思い込み・目新しさ・人気などに意思決定の内容が左右されがちな実務を，より知恵に満ちた，そして民主的なものにする。EBM の主導者の一人であるルソーは，研究の発見事実（エビデンス）を実務家が適切に理解し，実務に反映するための研究者による支援の必要性を指摘している（Rousseau, 2006；Rousseau & McCarthy, 2007）。一般的に科学的知識は「宣言的知識」（declarative knowledge），すなわち事実の定義や規則に関する知見の一種である。そしてそれは「手続的知識」（procedural knowledge），すなわち実際の物事の進め方に関するノウハウにはなり難い。支援についてのルソーの提言は，科学的知識に「手続的知識」という側面も持たせようとするものである。

こうした浸透戦略が奏効するとは限らない。EBM の論者が主張し，実践する

序章　人事管理をめぐる研究と実務の関係　11

ような，実務家への科学的知識の普及の主要な場として，ビジネススクールに代表される経営実務の教育機関がある。ミンツバーグはその問題性を指摘する（Mintzberg, 2004）。

　ミンツバーグによると，経営実務とりわけ組織管理の領域においては，政治力学を含む現実の複雑性，将来の不確実性に向き合うため，ソフト・スキル（対人関係能力）や論理・創造性・経験のバランスに根ざした統合的なマネジメントが求められる。しかし，実際の教育は，そういった統合的なマネジメントの重要性や存在を学生に意識させないような形で進められる。個々の業務分野＝職能ごとに分化した講義編成，各講義における数学的論理に基づく分析や計画立案の教授，がその例である。

　こうした教育は，学生＝実務家による賛同を得ないか，経営実務に対する誤った理解を彼らに植えつけてしまう。そして，分析や計画に傾斜した経営実務は，業績の悪化のみならず，不祥事につながるような非倫理的な意思決定につながり[6]かねない。

　そもそも，研究者が産出・利用する科学的知識と，実務家が産出・利用する実践的知識との違いや関係性を，研究者が十分に考慮に入れずに実務家との相互作用に参加している可能性がある。科学的知識と比べた実践的知識の顕著な特徴として，たとえば，固有で可変的な文脈に沿った形で，即興的かつ場当たり的に産出・利用されるという点が指摘されている（Polanyi, 1966；De Certeau, 1980；Schön, 1983）。しかもその様態については，観察者のみならず当事者も，形式論理，すなわち言語の形で説明・理解しきれない（Polanyi, 1966；Garfinkel, 1967），いわゆる勘やコツといった非言語的なものがそれに該当する。これらの理由から，実践的知識の適用範囲は狭く，また論理的にも首尾一貫しないことが多いとされる（Furnham, 1988；服部, 2020a）。こうした知識の更新や創出に，研究者がどうかかわるかについては，残念ながら体系的な回答が存在しない。

3.4　科学的知識にアクセスしきれない実務家

　実務家サイドにおいて，科学的知識への関心がないわけではない。科学的知識に裏づけられた経営手法，あるいは科学的知識そのものの一部が社会的関心をし

　6）　非倫理的な意思決定の多くが，当人たちにとって「よいもの」として実施される傾向にある（中原, 2023）。

ばしば呼んできた。しかし，それらの多くは「経営上の流行」(managerial fads,
Abrahamson, 1991；Abrahamson & Eisenman, 2008) ともいうべき一過性のものにと
どまった。その結果として，一時の流行の後に類似あるいは同様の概念が，言葉
だけを変えてまったく新規のものとして紹介されることがある[7]。

　研究者と実務家の関係が断絶しているとまではいえない。しかし，結局のとこ
ろ実務家は，科学的知識について理解し，活用しようとしているものの，それが
十分に成功していない可能性がある。その背景要因としては，研究者が産出する
科学的知識そのもの，あるいは彼らによる経営実務への関与の仕方における問題
を指摘できる。終章で述べる結論を先取りする形になるが，研究者は，科学的厳
密性を大きく損ねない範囲において，さまざまな利害をバランスするために複数
の目標を追求するという人事管理実務の複雑性を，実務家による反応を適宜確認
しながら概念化する必要がある。

　実務家の側も，さまざまな理論やそれに裏づけられたエビデンスといった科学
的知識を受け取り，利用するにあたって，少なからず問題を抱えている可能性が
ある。科学的知識を最も「ありのまま」に受け取れる媒体は，研究者によって執
筆された学術論文や研究会での口頭報告であるが，それらが実務家に対して常に
開かれているとは限らない。また，研究者が話題提供者となる実務家向けの研修
の多くは有料である。さらには，科学的知識の理解は，実務家にとって一定の時
間やノウハウを要するものである。DeNisi *et al.* (2014) で指摘されるように，人
事管理の実務家の多くが，予算や時間の制約，意思決定体制の複雑さといった多
くの制約に直面している。また，「誰彼が推奨しているから」などといった背景，
「知的」「勉強熱心」という印象を他者から得たい動機などが，ある科学的知識へ
の関心を呼び起こしている可能性がある。さらには，自らの信念に反するような，
それだからこそ学ぶ価値が大きいともいえる科学的知識を，実務家が拒否する可
能性もある (Rynes *et al.*, 2018)。

　科学的知識と実践的知識の関係性についての実務家による理解のあり方が，彼
らの科学的知識の受容を妨げている可能性もある。そもそもの成り立ちの違いを
踏まえると，科学的知識をそのまま実践的知識に取り込むということはありえず，

---

　7) いわゆる「古いワインの新しい瓶への詰め直し」(old wine in new bottles) である。この点
　　に関する近年の問題提起の例として，タレント・マネジメント (Chuai *et al.*, 2008)，従業員エ
　　ンゲージメント (Kaufman *et al.*, 2020)，インクルージョン (Nkomo, 2014) に関するものがあ
　　げられる。

実務家自身の実践的知識に根ざした「翻訳」を，科学的知識に対して行わなければならない。そしてその翻訳には，科学的知識の咀嚼を通じた，自らの実践的知識についての振り返りや更新が伴う。そういう意味では，科学的知識は，実務家が自ら抱える問題に気づき，自己理解を更新する触媒としての「合わせ鏡」（服部，2020a, 250-251 頁）以上でも以下でもない。その存在は決して軽いものではないが，自らの実践的知識こそが内省や学習の起点であり，帰着点でもあることを，実務家は強く自覚する必要がある。

4　本書のアプローチ

4.1　人事管理をめぐるさまざまな呼称

　本書では，人事管理について，日本の研究者と実務家がどういう関心を持ってきたか，両者の関心の持ちようにはどのような推移や違いがあったのかについて，過去 50 年のデータをもとに検討する。近隣する領域，あるいは他国の同領域と同じように，日本の人事管理領域においても，研究者と実務家の間には少なからず距離があり，それは双方にとって望まざる結果であると推察されるが，実際にはどうなのだろうか。

　これから研究界や実務界におけるさまざまな言説を検討するのに際し，人事管理をめぐる種々の呼称について，本書なりに整理する。

　観察対象である「経営目標達成のために従業員とかかわるための組織の規則や活動の総体」については，人事管理以外にも，さまざまな呼称がある。実務領域における例として，労務管理，人事労務管理，人材マネジメントがあげられよう。近年になって，従業員のことを「人材」あるいは「人財」と呼称することが多くなってきた。多様な呼称からは，従業員や彼らとの関係についての，組織による暗黙的あるいは明示的な想定，そしてその根底にある「こうあるべきだ」という規範が想定される。

　さまざまな呼称の中でも，本書では，「人事管理」という名称によって，観察対象を同定したい。第一に，過去から現代にわたって長らく用いられてきた，「人事部」といった組織名称や「人事考課」といった管理実践と一部語句を共有しているという意味において，最も普遍的な呼称であると考えられるためである。第二に，観察対象についての，特定の想定や規範が混ざらない呼称だと判断したためである（平野・江夏，2018, 7 頁）。

図 序-1 観察や実践の対象とそれに対する視座

対象：人事管理
雇用契約，異動，昇進，能力開発，評価，報酬，福利厚生，勤怠，安全衛生，労使関係など

視座 1：労務管理論
視座 2：人的資源管理論
視座 3：労使関係論
⋮
視座 n：○○○○論

（出所）　筆者作成。

　人事管理を対象とする研究においては，観察対象のどの側面に着目し，それをどう規定するかによって，研究についての呼称を変える傾向が，実務界以上に顕著である。たとえば，人事管理における雇用関係の形成や維持を重視する場合，雇用関係に関する諸規則や諸手続きについて分析する「労務管理論」という呼称が用いられることが多い。海外における personnel management や employment relations が，これにおおむね対応する。また，従業員を組織の経営資源として捉え，経営目標の達成に資する活用のあり方について探究する研究群は，「（戦略的）人的資源管理論」（(strategic) human resource management）を自称する。人事管理を時に組織の枠を超えた労使関係の一要素として捉える研究群は，「労使関係論」（industrial relations）と呼ばれる。

　観察や実践の対象が同じでも，それに対する視座の違いによって呼称が変わってくる（図序-1）。研究者や実務家が有する視座，それに対応する呼称の多様性は，本書の分析対象そのものでもある。研究においても実務においても，50年の間にさまざまな視座が登場してきた。そうした変化や違いの事実に加え，そうした事実の背景についての解釈を示していきたい。

4.2　本書の構成

　前項まで，人事管理，あるいは経営一般に関し，研究者と実務家の知的な交流，相互学習が十分に進んでこなかった可能性を，ありうる背景とともに示してきた。本書は，その実態を，日本の人事管理におけるこの50年の動向に着目して，描き出すものである。

　すでに述べたように，人事管理においては，新しいとされる取り組みが年々現れるが，それらの一部は，過去にあった取り組みの繰り返しに過ぎない。また，

新しい取り組みの内容や背景についての洞察は，当事者においても常に十分なわけではない。そのため，一連の取り組みの多くは十分な効果を発揮してこなかった。

研究者と実務家が，これまで人事管理をどう捉えてきたのか。こうした問いは，これまでの人事管理の趨勢のみならず，それが必ずしも満足いくものにならなかった背景を把握することにつながるだろう。そして，「これまで」についての理解を，研究者目線と実務家目線の双方に立って行い，それらを対比させることは，「これから」の研究者と実務家の適切な交流のあり方，ひいては研究者による「実務への貢献」のあり方について，具体的で実効性のある提言を示すことにつながるだろう。

以下，本書では，こうした問題意識に立った議論を展開していく。

第1章では，アメリカおよび日本の人事管理研究の蓄積に着目し，100年あまりの人事管理研究が実務，さらには実務を取り巻く状況をどのように捉え，どのような貢献を果たそうとしてきたかについて，時系列に沿い，各時代の背景を踏まえて検討する。具体的には，代表的な文献に着目し，定性的にレビューする。研究者による実務への貢献は，研究者が期待するような形では行いきれていない。そのことを踏まえて，人事管理研究が実務にどう向き合えばよいのかについても提示したい。

第2章では，本書で行う日本の人事管理の研究と実務に関する定量的なレビューに関する，方法的特徴について確認する。近年の経営学領域においては，代表的と目される文献を著者の判断で選んで紹介するという伝統的なものとは異なり，より定式化・標準化された手続きを用いることでより多くの文献を収集・紹介できる体系的文献レビューという方法が普及した。とりわけ，収集された文献が有する定量的または定性的な情報を統計的に分析する計量書誌学的な手法が，広まりつつある。この章では，そうした先行研究レビューのあり方を紹介した上で，人事管理研究における実例を検討する。さまざまな実例から，現在の人事管理研究における先行研究レビューの到達点と課題の双方が浮かび上がる。双方を踏まえることが，本書独自のレビューのあり方の設定につながる。

第3章では，日本の人事管理の研究と実務に関するレビューの対象（データ）と，分析手法について検討する。研究者の関心やその推移を解明するため，日本を代表する人事管理系統の学会である「日本労務学会」（Japan Society of Human Resource Management）が刊行してきた文献に含まれるさまざまな情報をデータ

ベースに記録した上で，各文献のタイトルや引用文献を精査する。また，実務家での関心やその推移を解明するため，戦前から刊行されてきた人事管理に関する日本国内の主要な実務誌である『労政時報』の主要な記事，すなわち「特集」と「相談室」という 2 つのカテゴリーの記事タイトルをデータベースに記録し，精査する。レビューの目的に応じて，適切なデータセットの形が異なること，上記のデータセットが本書の趣旨に適っていることについても検討する。

　第 4 章では，日本の人事管理研究における関心の構造と推移を分析する。日本労務学会が 1971 年から 2020 年までの期間に産出してきた文献を分析対象として，50 年にわたる時期を前期（1971〜1987 年）・中期（1988〜2003 年）・後期（2004〜2020 年）に区分した上で，時期ごとに計量的なテキスト分析を行い，その結果を比較する。このテキスト分析では，それぞれの文献のタイトルやそれらが引用する文献のタイトルを，研究者の関心を表す情報と見なしている。まず，タイトル情報に含まれるさまざまな語句の登場頻度ランキングを示す。その上で，頻出語句間の共起ネットワークを描写し，研究者の関心を構成するいくつかの主要な要素を抽出する。その上で，関心の構造の時期を超えた推移についても検討する。

　第 5 章では，第 4 章に続き，日本労務学会の文献データベースを利用した分析を行う。とりわけ多く引用されてきた文献を集計し，その内容，そして 50 年間での引用傾向の推移について分析する。具体的には，前期・中期・後期 3 期間のそれぞれにおいて頻繁に引用されてきた文献が，どのような研究課題，理論的な背景や志向を持っていたのかを，その一部については具体的に紹介・解釈するという形で定性的にレビューする。50 年にわたる日本の人事管理研究が引用した文献の推移を確認することで，研究者の関心をめぐる時期ごとの特徴やその変化を特定することを目指す。

　第 6 章では，『労政時報』に収められた 50 年分の文献の内容に着目することで，日本の実務家の関心がどのように変化してきたのかを明らかにする。1971 年から 2020 年に刊行された各号（第 2064〜4006 号）における「特集」および「相談室」の記事タイトルを分析対象とする。第 4 章および第 5 章に倣い，50 年間を前期・中期・後期の 3 つに時期区分し，テキスト分析を行う。それぞれの時期における頻出語句のランキングを示した後，頻出語句間の共起ネットワークを描く。それら分析に基づき，第 4 章において研究者の関心の構造を分析したのと同様の手法で，実務家の関心の構造を時期ごとに示し，関心の推移についても検討する。

　終章では，第 4 章から第 6 章の検討を通じて明らかになった，人事管理に対す

る日本の研究者と実務家の関心の特徴を比較する。たとえば，実務における関心対象の変化は，研究においてもある程度フォローされているが，事実に対する定義や概念的検討は，研究においてのみ見られる関心である。一方，実務において関心が保持され続けてきた人件費や労使関係などの伝統的なトピックが，研究においては年々薄まる傾向がある。労働災害，雇用・労働関連の法律の動向などは元来，研究では関心が薄いものの，実務においては重要視されるトピックである。こうした発見事実からは，今後の人事管理の研究者が着目するに値する事柄，そして実際に研究する際のアプローチに関する示唆を導き出すことができる。加えて，人事管理の実務家が自らの活動を徹底させるための資源としての研究の潜在的価値も明らかにできる。

第 *1* 章

人事管理研究者の実務への対峙

1 はじめに

　明治期以降の日本が欧米列強諸国に追従する形で産業革命を経験する中，企業における人事管理も，内部請負から直接雇用への転換を進めつつ，少しずつ体系化された。1910〜1920年代からは，人事管理に関する専門的な職能部門，すなわち人事部が企業内に備えられ出した（間, 1964；山下, 2008；ゴードン, 2012；草野, 2021）。その後，今日に至るまでに無数の企業による無数の取り組みがなされてきた。日本企業は諸外国の動向から常に多くを学んできたが，1980〜1990年代を中心に，日本企業に固有の取り組みがモデル化され，海外に紹介されることもあった（たとえば，Ouchi, 1981；Aoki & Dore eds., 1994；Pfeffer, 1998）。

　人事管理の研究は，実務の中から，あるいは実務の推移に即応する形で誕生し発展してきた。多くの研究者が，観察対象である人事管理の実務，あるいはそこに潜在する構造についての正確な把握を目指してきた。1970年代以降の（戦略的）人的資源管理論に見られるように，従業員〜企業レベルのさまざまな成果を産む人事管理のあり方についての理論的・実証的な検討も多く行われた。また，学説史的な視点に立ったレビュー論文（たとえば，DeNisi *et al.*, 2014；Kaufman, 2014）が，これまでの人事管理研究は教育機関も含めた社会状況の推移に大きく影響されてきたことを示してきた（序章参照）。

　ただし，研究が実務に規定されることとは逆の流れも存在しうる。実務のあり方を変えるほどの影響力を有する研究は存在しうるし，少なくない研究者が，学術的な論文や書籍のみならず，一般向けの記事や教科書・解説書などの媒体を通じ，そうした社会実践を行ってきた。また，人事管理の実務家の一部が，自らの

知的資源の蓄積，あるいは職業上の威信（正統性）の強化のため，研究者の知見を参照してきた。

しかし，序章でも指摘したように，研究者は理論体系の精緻化に，実務家は実務上の課題解決に，主たる関心を置いてきた（Aram & Salipante, 2003；DeNisi *et al.*, 2014；松嶋・早坂, 2014）。そのため，「経営学が経営実務の役に立っていない，活かされていない」という指摘がしばしばなされてきたし，それは人事管理研究にも当てはまる（たとえば，Rynes *et al.*, 2002; 2018；Pfeffer & Sutton, 2006；服部, 2022）。

人事管理という同じ対象を違うように捉えるギャップに，研究者と実務家はどう向き合っていけばよいのだろうか。本章ではまず，人事管理研究における実務志向のあり方について，アメリカと日本において100年前後にわたり産出されてきた成果のうちのいくつかに着目して例証する（第2節および第3節）。これらの成果は，固有の時代背景に根ざした研究関心の上に成り立っており，観察対象としての人事管理実務の改善を志向していた。次に，科学的な厳密性が確保された知識が実務界に十分に普及していない，人事管理の実務家と研究者が関心を共有していない，といったギャップを前に研究者がなしうることに関して，実際のギャップについてやその結果を踏まえた本格的な検討に先んじ，予備的に検討したい（第4節）。

人事管理における研究と実務のギャップについて日本を事例に実証する研究は，いまだ存在しない。そして本書は，体系的な文献レビューによって，それを示すことを目的としている。第4章と第5章の分析結果は，人事管理にかかわる日本の研究者が観察対象をどう捉えていたかを示すものであるが，本章での検討内容は，そうした分析結果と少なからず通底するだろう。

2 アメリカの人事管理研究における実務志向

2.1 検討の趣旨

アメリカ，日本という順で，人事管理の実務の変遷の中で，研究者が同時代の状況に対してどのような問題意識を持ち，どのような発信を実務家に対して行ってきたのかについて，いくつかの研究成果に着目して示したい。日本の事例に先んじてアメリカの事例を検討するのは，日本の人事管理は，研究と実務の双方において，諸外国，とくにアメリカの動向に影響を受けながら発展し，今日に至っ

ているためである。アメリカの研究や実務の動向の多くが，同時点で，あるいは数年後に日本に紹介・導入されてきた。そしてそれらは，日本の文脈に合ったアレンジを受けてきた。アメリカの文献を扱うにあたっては，邦訳がなされた，つまり，比較的著名であり，たとえ絶版であっても本書の読者が比較的手にとりやすいと推察されるものを抽出した[1]。

2.2 実務発の研究としての科学的管理法 (20世紀初頭)

人事管理研究における実務志向を示す最初期の例としては，「科学的管理法」(scientific management, Taylor, 1911) があげられよう[2]。その登場の背景には，アメリカで急速に進む産業化に，企業組織の編成や労働者の技能形成が十分に追いつかないことに伴う「労働問題」(labor problem) があった。企業は，大規模化する工場における生産現場の運営を職長に委託したが，業務や賃率などに関する恣意的で労働強化的な管理の結果として，労働者の組織的怠業や離職，さらには労働組合を介した抵抗が深刻化した。こうした中，企業には，職長や労働組合を介さない形で従業員との協調的な関係を築くための強い動機が生まれた。

科学的管理法においては，まず，専門の技師による一流の作業者を対象とした時間・動作研究によって，標準的な作業量と作業手順が確立される。そして，十分に熟練していない従業員があらかじめ定められた作業に打ち込むことは，技師による支援や監督，さらには差別的出来高給[3]によって促される。従業員の作業能率の向上は，労働時間の削減，従業員の待遇改善，企業収益の増大のすべてにつながるものとされた。テイラーによると，こうした「公正な」管理は，単に管理技術を洗練させるだけではなく，労使間の協調や協働といった「精神革命」を伴わないと実現できない。テイラーにとって，「科学」に媒介されることで労使間の協調関係が実現する以上，労働組合や団体交渉に積極的な存在意義は見出され

---

1) こうした文献は，学術的または非学術的な議論の対象になりやすいため，たとえ原著が入手できなくても，それらを解説している論文や記事に目を通すことが比較的容易である。

2) 科学的管理法において賃金に関する検討はなされていたものの，テイラー自身が人事管理の原理の確立に意識的に焦点を当てたわけではなかった。そもそも当時，人事管理という事象も，それにかかわる概念も，生じつつあるものに過ぎなかった。また彼は大学等の研究機関に所属しない実務家（コンサルタント）であり，研究者として彼を見る場合，在野のそれとするのが適当であろう。それにもかかわらず，彼の著作はその後の経営学，とりわけ人事管理研究に多大な影響を与えた。そのため，本章では科学的管理法を実務志向の強い人事管理研究と見なす。

3) 単に生産量と賃金を連動させるのではなく，標準作業量を超えると賃率，すなわち生産量の増分に対応した賃金の増分の比率（賃率）を高めるもの。

ない。

　科学的管理法，より一般化すると人事管理における官僚制の浸透は，企業主導のものであり，従業員や労働組合の抵抗をたびたび引き起こした。しかし，今日に至るまで，従業員や労働組合の抵抗の焦点は，基本的には官僚制化そのものに対してではなく，官僚制化の「進め方」に当てられてきた[4]（Yoder, 1956；Jacoby, 2004；岡田, 2004）。近代化の趨勢に対する数々の批判的論考（たとえば，Horkheimer & Adorno, 1947；Braverman, 1974）にもかかわらず，科学的管理法に代表される官僚制化は，雇用の安定や仕事を通じた尊厳のための必要条件であると，多くの労働者に認められていた[5]。

　科学的管理法は，従業員の採用選抜や能力開発，さらには彼らの心的態度（モラール）や欲求の複雑さを十分に考慮していない点において，人事管理の一部をカバーするに過ぎない。ただし同時に，生産システム全体にかかわる検討が行われているという点で，人事管理以上のものでもあり，かつ，人事管理の全体系に大きな影響を与えた（Kaufman, 2014）。

2.3　人事管理研究の成立（20世紀前半）

　アメリカの人事管理研究は，科学的管理法の登場以来，約半世紀をかけて企業，従業員，労使関係の現実により適合的な科学的管理法のあり方，あるいはそれと補完的なさまざまな施策について検討する personnel management 論（以下，PM論[6]）を形成していった（Godard, 2014；Kaufman, 2014）。

---

4)　科学的管理法に対する典型的な批判は，労働者を機械のように扱う経営側の姿勢，金銭的報酬への労働者の関心の集中，といったことに向けられがちである。しかしそれ以外にも，科学的管理法における「科学」の徹底の困難さも指摘できる。すなわち，時間研究や動作研究，さらにはその結果に基づく要素時間や余裕率の設定において，恣意性を排除することは不可能であり，そのことが科学的管理法が廃そうとした労働強化を招きかねない（森川, 2002；岡田, 2004）。

5)　一方，官僚制化以前のやり方を真っ向から否定された職長や熟練労働者は，官僚制化そのものに対して抵抗する傾向があった。

6)　人事管理研究における視座としての PM 論の邦訳には，「経営労務論」「労務管理論」「人事管理論」「人事労務管理論」などがあり，定まってこなかった。そのため本書では PM 論としたが，この表記は，human resource management のイニシャルである HRM と対比して用いられることが多く，それなりに一般性のある用法だと考えられる。

　PM 論は，そこから派生した human resource management 論（人的資源管理論，HRM 論）によって，たびたび比較の対象とされてきた（たとえば，Beer *et al.*, 1984；Mahoney & Deckop, 1986；Guest, 1987）。主として HRM 論で主張された比較の起点は，企業による管理対象としての従業員，ないしは労働力の捉え方であった。HRM 論は，企業の競争優位の源泉として積極的に開発されるべき経営資源，すなわち人的資源として，従業員を捉えてきた。反面，PM 論では，

1910 年代から 1920 年代にかけて，科学的管理法を批判する立場，および支持する立場の双方が，人間としての労働者における心理的側面を重視した産業・組織心理学（industrial-organizational psychology）の実践を目指した。ミュンスターバーグに端を発する応用心理学の一分野としての産業・組織心理学（Münsterberg, 1913）は，その当初，職務遂行や能率向上につながる心理的または生理的な条件の解明，さらにはその応用としての従業員の選抜，教育訓練，疲労軽減のあり方の探究に従事してきた（岩出, 1989）。これらに関する人事施策のほか，福利厚生，異動，昇進，経営参加などの体系的実施を多くの企業が進めるのに合わせて，人事担当者の専門職化，そして企業内での人事部門の設置が進んだ（Jacoby, 2004；Kaufman, 2014）。

この頃の PM 論は，生産目標から見て能率的な労働力活用のための管理監督という科学的管理法，あるいは初期の産業・組織心理学の基調を保ちつつも，労働組合のみならず，人事管理に関する企業外部の専門職団体や政府などの影響にも注意を払う産業・労使関係論（industrial-labor relations）的な視点も有していた。世界恐慌やその後のニュー・ディール政策下で労働運動が活発になる中，人事管理の実務においては，産業・労使関係管理の側面が相対的に重視されるようになった。労働力の能率的な活用のために労働組合を排除するのはもはや非現実的で，その存在を認めた上での協調的な労使関係，従業員福祉の確保が志向されるようになった（Jacoby, 2004；Kaufman, 2014）。

実務家も読者として想定されていた，研究者による体系的なテキストも，そうした学際的で複雑な前提を共有していた。たとえば，ティードとメトカーフの *Personnel Administration: Its Principle and Practices*（Tead & Metcalf, 1933）は，[7] パーソナリティについての心理学的知見を踏まえ，労働者の欲求における非経済的側面，とくに「創造的衝動」（the creative impulse）に着目し，それを抑圧しがちな現実の職務環境を刷新する人事管理を模索した。彼らによると，人事管理の目的は「必要最大限の生産の確保」にあり，そのための第一の手段として「労働

　雇用にまつわるさまざまな費用を最適化するために種々の配慮を要する，さまざまな欲求を有する複雑な人間，すなわち全人（the whole man）として，従業員を捉えるにとどまり，その資源性までは検討されなかった（本章 2.5 項参照）。

　このように，概念的観点から PM 論を邦訳する場合，「人間管理論」のほうが当てはまりがよいのだろうが，普及した用法でないことはいうまでもない。

7）　1933 年に刊行されたものは第 3 版で，初版は 1920 年に刊行された。1950 年に刊行された邦訳は第 3 版に拠る。

者の真の福祉への配慮」がある。こうした目的—手段関係において，企業と従業員の「個人的関係」は，適任者の選考や配置，健康や安全の維持改善，教育訓練，職務や賃率の分析などの体系的実施により改善されなければならない。また，企業にとって，労働組合など従業員集団との「集団的関係」の改善は，無視できない人事管理上の課題であり，苦情処理や交渉の経路が組織的に確立されなければならない。そうした人事管理は，仕事への関心や自発性，経営方針との協調を従業員の中に生み出し，従業員と企業の間の妥協を要さない「統合」を可能にする[8]。

　従業員管理の体系化，そして労使協調の傾向は，第二次世界大戦の時期，およびその後の経済発展期に，さらに進展した。人手不足が深刻化する中，労働力の能率的活用のため，心理アセスメントや能力開発の技法がより洗練された。そして，労使間の紛争解決の法的基盤が確保され，労使関係がより協調的なものとなった（Cappelli, 1999；Jacoby, 2004）。

2.4　人間関係論的な PM 論（20 世紀中盤）

　1930〜1950 年代の産業・組織心理学は，科学的管理法に典型的に見られる「経済人」的な人間像に対する批判的な姿勢を，従来以上に示した。メイヨーやレスリスバーガーらの人間関係論（human relations），マズローらの欲求理論（needs theory）に典型的に見られるように，経済的報酬のみならず周囲との良好な人間関係を重んじる「社会人」や「自己実現人」的な人間像が重視された。また，企業を含む組織については，能率的な規則の体系としての公式的側面のみならず，感情を交わす人間関係としての非公式側面から捉えるべきとされた。

　PM 論は，科学的管理法を淵源としつつもこうした動向に対して敏感であった。この頃の PM 論を代表するテキストであったピゴーズとマイヤーズの *Personnel Administration: A Point of View and a Method*（Pigors & Myers, 1956）[9]では，人事管理研究について以下のような前提が置かれた。「人間の性質で大切な点は，人間とは集団のなかで認められ，重要な存在でありたいと願う普遍的な欲求をも

---

8)　こうした視点は，管理過程学派全盛期においては先端的であった同時代の経営組織論（たとえば，Barnard, 1938）と共通している。なお，統合を促す要素として，第 3 版（1933 年）では共通目的を指摘したのに対し，初版（1920 年）では従業員参加が指摘されていた（奥林, 1975；岡田, 2004）。

9)　同書は 1947 年に初版が刊行されて以降，度重なる改訂が重ねられてきた。邦訳されているのは第 3 版（1956 年）と第 8 版（1977 年）であるが，本章では刊行時期の研究動向が人間関係論の普及する時期であったことを踏まえ，第 3 版を検討材料とする。

っていることである。個人の生活はチームワークを経験から感じ，チームワーク
を受け入れて初めて完全なものとなる」（邦訳83頁）。資本主義体制下では，企業
が有する機械や設備と同様，従業員の労働力も「商品」の一部である。また，効
率性が重視される中では従業員の単能工化が進みやすくなる。人事管理には，労
働力を有する従業員の自己疎外を最小化するため，従業員の能力の開発と発揮，
同僚や上司との協働的な関係を構築することが，強く期待された。

　従業員の満足感を引き出すため，ピゴーズとマイヤーズは，人事管理実務の担
当者である現場の管理者のリーダーシップのほか，部下である従業員を評価し，
選抜する能力を重視した。従業員の人間としての個性や社会的欲求を踏まえると，
「状況的思考」（situational thinking）が欠かせず，その担い手は現場の管理者をお
いてほかはないためである。ライン・スタッフ組織による分権的管理体制におけ
る人事部門の専門職の最大の役割は，人事管理に関連する規則の整備という点に
はもはやない。現場の管理者による人事管理実務の支援，彼らの上司であるトッ
プマネジメントへの監査報告が人事部門の最大の役割となる。

　従業員の人間関係の充実や欲求の充足に議論の力点が置かれた結果，ピゴーズ
とマイヤーズのPM論では，産業・労使関係論的な視点が相対的に弱いものと
なった（岩出, 1989）。マクロ（社会～企業単位）からミクロ（職場～個人単位）への
比重の移動が見て取れる。

2.5　「人的資源」概念の創出（20世紀後半）

　人事管理という事象についての呼称として，personnel management論に加え
て1960年代以降からhuman resource management論（人的資源管理論。以下，
HRM論）が広まった。管理対象である従業員について，「労働力」「さまざまな
欲求を持つ人間」といった従来の捉え方をカバーしつつ，それらでは捉えきれな
い「人的資源」という側面を創出し，新たな管理体系を模索するようになった。

　とくに1980年代以降，人的資源観に立つ人事管理研究，すなわちHRM論の
多くが，自身と伝統的なPM論との差異を強調するようになった（Storey, 1992;
Kaufman, 2015a; Boxall & Purcell, 2022）。HRM論に立つと，PM論は以下のような
理由により人事管理実務に対する貢献可能性を欠くとされる。①人事管理におけ
る長期的な視野が欠如している。②主たる分析対象を人事管理の方針や戦略では
なく施策の細目に置いている。③方針・戦略・施策の整合的な関係に着目しない。
④投資（費用対効果の最大化）ではなくコスト最小化という視点で従業員へのかか

わりを捉える。⑤企業と従業員のあるべき関係を統合ではなく交換と捉える。⑥
経営環境の複雑性や動態性を想定していない。こうした点における優位性の確立
が，HRM 論の目標とされた[10]。

　HRM 論を理解するには，人的資源の概念的特徴に加え，それが登場した頃の
社会状況を踏まえる必要がある。1960 年代のアメリカは，対外的にも国内的に
も経済的そして政治的な困難に直面していた。対外的には，共産主義化を防ぐた
めの発展途上国への経済的支援は十分に機能せず，自国の経済成長は復興著しい
西欧や日本と比べて低調であった。国内では，人種差別の撤廃を求める公民権運
動に加え，反戦運動，女性解放運動，学生運動，環境保護運動，消費者運動など
が盛んになった。経済発展が頭打ちになる中，それによって覆い隠されていた，
企業や社会全体を覆う過剰管理や人間性疎外に対する抵抗が，多くの市民から生
じたのである。

　こうした中，経済政策の担当者，さらには企業の関心を集めたのが「人的資
源」である。一般的に人的資源は，①開発可能な人間の生産能力（ability），②基
本的欲求と就労環境との適合性に左右される人間の職務への動機づけ（motiva-
tion），という 2 つの側面から把握される。それぞれの把握の背景にあるのが，人
的資本（human capital）に関するマクロ経済学と，産業・組織心理学も一部に含
む学際的な行動科学（behavioral science）的アプローチである（岩出, 1989）。

　人的資本論によると，一国の経済成長は，物的・経済的資本の増強や労働投入
の増加のみならず，教育投資の産物としての人的資本の成長によって説明できる
（Becker, 1975）。Ginzberg（1976）は，一国の経済成長の先行要因となる人的資源
の開発主体として，家庭，教育機関，雇用組織の三者を指摘した。一般的教育で
は教えきれない，企業特有の文脈で育まれ，その企業でより高い価値を発揮する
能力（関係特殊的技能）を要する職務を多く有していることが，企業が従業員の能
力開発の主体となるべき理由となる。

　また，行動科学における人間像として「全人」（the whole man）仮説がある。
それは，経済的あるいは社会的な欲求のほかにも，自由，公正，自尊，責任，成
長，創造などといったさまざまな事柄を重視する（しうる）という，人間の多面
性を言い表したものである。この仮説によると，人的資源の開発や発揮は，企業

10）　ただし，PM 論の内的な発展の中で人的資源という概念が創出された事実を踏まえると，PM
　と HRM の間に概念上の本質的な差はないといえる（岩出, 1989；Kaufman, 2014; 2015a）。

から信頼され，それの協調的な関係を通じて目標を共有する従業員が，自己統制的に職務に従事することによって達成される（McGregor, 1960）。こうした管理方針の効果は，従業員への抑圧的な統制による効果を上回る。従業員の「全人」性への配慮が，人的資源の蓄積や発揮を促すのである。たとえばリッカートは，従業員の知能や才能，改善や革新の能力，動機づけの水準，コミュニケーションの質といった人的資源の経済的価値を引き出すものとして，上司から部下への権限委譲や信頼に基づく集団型・参加型の意思決定などを特徴とする「重複的集団型組織」（システム 4）の有効性を主張した（Likert, 1961）。

　人的資源（human resource）について最も早期に論じ，かつ経営実務に対して大きな啓示を与えたとされる，ドラッカーの存在も指摘しておきたい。Drucker (1954) は，経営資源としての人間に，「物理的なエネルギー・正確性・反応においてしばしば劣るものの，調整・統合・判断・創造という固有の能力を有する」（邦訳 116 頁）という，他の経営資源には見られない特徴を見出した。さらに人的資源は一人ひとりの人間ごとの固有性を有しており，彼らの人格に根ざした自発性がなければ十分にその能力が発揮されないとした。Drucker (1954) によると，目標の管理が，個人の自律性と組織としてのまとまりの両立，ひいてはマネジメントの要諦である。それは，個人が目標遂行に付随する待遇に満足するからというよりは，目標遂行に対して積極的に参画・関与し，その中で潜在能力を開花させるからである。ドラッカー自らは人的資源観に立った人事管理研究を展開したわけではない。しかし，当時隆盛していた人間関係論的な人事管理研究，すなわち PM 論に対しては，その人間像が「社会人」への傾斜を見せているとして，批判的であった。

　この時期に至り，人事管理業務における経済合理性を達成するため，コスト低減のみならず，人的資源への投資という側面が重視されるようになった。人的資源，とくに関係特殊的技能についての議論は，「独自の組織能力による差別化」という経営戦略論の知見（Wernerfelt, 1984；Barney, 1991）による補強も得て，今日でも人事管理研究において大きな影響力を有している。また，人事担当者には，企業や従業員が有するさまざまなニーズへの対応や労使関係の安定化に加え，人種や性などに由来する差別的取り扱いを禁じる法律にも精通することが求められるようになった（谷口, 2005；DeNisi *et al.*, 2014）。

2.6 不確実性に向き合う人事管理研究 (20世紀終盤～21世紀)

PM論やそこから派生したHRM論は，直面する経済的・社会的・法的・政治的な状況に対応する形で，その学説を磨き上げ，実務家に対する発信を行ってきた。しかし，経済学における人的資本論，産業・組織心理学における行動科学的アプローチを単に取り込むだけで，企業が直面する経営環境の複雑さや変動性への対応に，人事管理として十分に貢献できるとは限らない。とくに1970～1980年代にかけて，多くのアメリカ企業が日本企業からの激しい挑戦を受け，競争力に翳りを見せていた。

こういった点に問題関心を抱く研究者から，人事管理に関する新たな視点が提供された。この視点は，後に戦略的人的資源管理 (strategic human resource management : SHRM) 論と呼ばれるものになる。SHRM論は，個別あるいは複数の人事施策の束 (bundle) が，産業構造や労働市場などからなる外部環境，経営戦略や組織構造といった内部環境に対する適応を通じ，従業員の労働生産性や企業の収益性・持続的競争優位などを高めるメカニズムに着目してきた。従来のHRM論が職場や従業員個人のレベルへの影響に着目してきたのと比べると，よりマクロ的なアプローチであるといえる (Delery & Shaw, 2001；Wright & Boswell, 2002；田中, 2008；Jackson *et al.*, 2014)。今日，SHRM論の研究はきわめて多く存在するが，劈頭に現れたいくつかの研究は，その実務志向の強さに加え，その後の約40年の研究が有してきた特徴をすでに有している。

SHRM論の基礎を形づくったものとしては，「ハーバード・グループ・モデル」(Beer *et al.*, 1984) と「ミシガン・グループ・モデル」(Fombrun *et al.* eds., 1984) があげられることが多い (たとえば，岡田, 2004；Kaufman, 2015a)。そこで本章では，これらを代表するものとして Beer *et al.* (1984) について検討する。*Managing Human Assets: The Groundbreaking Harvard Business School Program* と題された同書は，ハーバード・ビジネススクールの人事管理関連の講座のため，同校の教員が執筆した教科書である。

ビアーらは，人事管理の主体としてのゼネラル・マネジャーに対し，変化する環境下での企業成長に必要な4つの指針を示した。第一に，個々の問題に場当たり的に対応してまとまりのない施策群・活動群を設けるのではなく，事業や雇用関係における長期目標という観点から，個々の施策や活動にまとまりを持たせるべきである (邦訳2-7頁)[11]。第二に，人事管理を体系的に行う際には，株主，経営者，従業員集団 (労働組合)，行政，公衆などのステークホルダーとの利害関係の

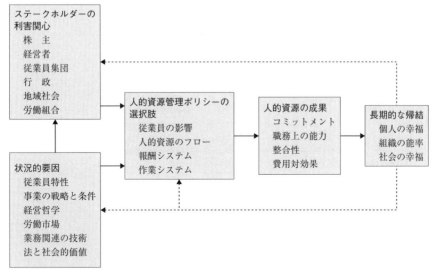

図1-1 戦略的人的資源管理の全体像

(出所) Beer et al. (1984) p.16 より筆者作成(邦訳31頁の内容も適宜参照している)。

安定性に常に留意すべきである(邦訳38-41頁)。第三に,企業は,ステークホルダー関係を安定化しつつも,経営上の戦略や理念,従業員・労働市場・技術・法律の動向を踏まえた柔軟な人事管理を行うことが必要になるが,具体的な管理のあり方はこうした環境要因の特性に応じて多様でありうる(邦訳41-42, 63-66頁)。第四に,こうした活動によって創出される人事管理の短期的〜長期的な成果が,企業のステークホルダー関係や環境要件を循環的に規定する(図1-1)。[12]

戦略的な人事管理と業績との循環的な関係において Beer et al. (1984) が重視したのが,最終的な成果を直接的に規定する従業員レベルでの成果の定義と,そ

---

11) Beer et al. (1984) は,人事管理の対象,すなわち相互の整合性を確保すべき個別の活動領域として,従業員の影響力,人的資源フロー(従業員をどう雇用・活用し,退出させるか),報酬システム,職務システム,という4つを置いている。
12) これらの指針は,一般システム理論で論じられた開放系(オープン・システム)としての組織というメタファーの影響を受けたものであると思われる。このメタファーは,コンティンジェンシー理論に見られるように,当時の組織研究の主流パラダイムとなっていたが,1960〜1970年代の一部のPM論やHRM論もすでに採用していた(岩出,1989)。その意味では,SHRM論以前の議論が戦略性をまったく欠いていたわけではない。ちなみに,Beer et al. (1984) の著者陣の中には,コンティンジェンシー理論の代表的な論者の一人であるローレンスがいる。

表1-1 さまざまな作業システムの対比

伝統的な作業システム	高コミットメント作業システム
1. 狭く定義された職務	1. 広く定義された業務
2. 従業員の専門化	2. 職務を通じての従業員のローテーション
3. 特定の職務内容による給与	3. 習得した技能による給与
4. 直接監督による考課	4. 同僚による考課
5. 厳重な監督下での労働	5. 本人または同僚による監督
6. 規則による残業命令あるいは異動	6. チームが柔軟な方法でメンバーを配置して空席を補充
7. キャリア開発なし	7. 学習や成長への関心
8. 個人としての従業員	8. チーム・メンバーとしての従業員
9. 従業員はビジネスについて無知	9. チームが事業を運営。事業データを広く共有
10. 階層を補強するために用いられるステータス・シンボル	10. 地位の違いを最小限にとどめる
11. 従業員はほとんど意思決定に寄与せず	11. 広い従業員が意思決定に参加

（出所） Beer *et al.* (1984) 邦訳281頁より筆者作成。

れを高める人事管理手法である。まず著者らは，従業員成果として，4C，すなわち組織へのコミットメント，総合的能力，組織目標と整合した個人目標，コスト有効性を置いた。それらが従業員成果のすべてではないとしつつも，おおむね網羅しているため実務上の努力を傾けるに値する対象であるとした。そして，これらの従業員成果を実現するための手法として，アメリカを中心に発展してきた行動科学や組織行動論の知見，イギリスのタヴィストック人間関係研究所を中心に蓄積された社会工学的な知見，日本を含む世界各国の労働生活の質（quality of work life：QWL）を高めるさまざまな実践に裏づけられた，「高コミットメント作業システム」（high commitment work system）を提唱した。著者らはそれを，執筆当時のアメリカにおいてもなお主導的であった，テイラー主義的な伝統的管理手法と対極的なものと捉えた（表1-1）[13]。彼らによると，伝統的な作業システムが能率と管理に直接的に注力するのに対し，高コミットメント作業システムは組織と個人のニーズ統合を通じて結果として能率と管理を達成する。

　こうした新たな経営手法に対する懐疑の声が多いことを認めつつも，著者らはその有効性を信じ，書籍の読み手に対して実施を強く勧めた（邦訳292-296頁）。高コミットメント作業システムないしはそれと類似の「高業績作業システム」

13）　高コミットメント作業システムは，高業績作業システム（high performance work system）と呼ばれることもあるが，概念的には同義と見なされる。具体的な操作化のあり方は多様で，たとえばPfeffer (1998) では，①雇用の保障，②徹底した採用，③自己管理チームと権限の委譲，④高い成功報酬，⑤幅広い教育，⑥格差の縮小，⑦業績情報の共有，といった特徴を指摘している。

(high performance work system) の有効性の検証は，SHRM 論の主題の一つとなった（たとえば，Huselid, 1995；Huselid & Becker, 2000；Cappelli & Neumark, 2001；Combs *et al.*, 2006；Jackson *et al.*, 2014）。

1970 年代までのアメリカ企業の人事管理については，従業員の内部育成や内部昇進に注力してきたという主張もあれば，テイラー主義的な管理手法が温存されてきたという主張もある。それを PM と呼ぶのか HRM と呼ぶのかは別として，従業員をコスト最小化の対象としての労働力と捉えるのか，費用対効果を最大化する投資対象としての人的資源と捉えるのかという点が，企業ごとでも企業内でも多様だったと考えられる。ただし，多くの企業におおむね共通していたのは，直面する競争環境が年々厳しさを増すにもかかわらず，少なくとも中核労働力に対し，雇用保障とはいわないまでも，長期勤続の機会が提供されていたことである。高コミットメント（業績）作業システムも，従業員の長期勤続を前提とし，むしろそれを促すような人事管理を描いていた。

しかし，1980 年代のアメリカで実際に広く見られたのは，それとは逆の，レイオフ（雇用削減）そして即戦力人材の外部調達の動きであった（Cappelli, 1999; 2008）。1990 年代の景気拡大期になると，レイオフは減少したものの，各社の即戦力人材へのニーズの高まりから転職市場は加熱化し，従業員の引き止めと定着が多くの企業の課題となった。多くの企業が人材育成を「他社を利するもの」と見なし，敬遠するようになった。そして，従業員の離職を防ぐのに用いられるのは，給与等の経済的報酬となりがちであった。

キャペリは，安定性を前提とした旧来の人事管理モデルとは異なる，不確実性やリスクを前提とした人事管理モデルを示した。*Talent on Demand: Managing Talent in an Age of Uncertainty* という書名，とりわけサブタイトルにあるように，Cappelli（2008）の議論の前提は，人的資源の需要と供給の双方の予測が困難であることである。同様に，人的資源にまつわる費用対効果の明示が，経営者や株主等のステークホルダーの関心事であることにも注意を払っている。

キャペリが人事管理実務に対して示した処方箋は，主に以下の 4 つである。第一に，従業員の過少よりも過剰を回避すべきである。雇用過剰に伴うコストは従業員不足に外部調達で対応するコストよりも大きくなりがちであり，労働需要予測を少なめに見積もることが期待される。第二に，従業員の能力と活用のサイクルをより短期化し，人的資源の需要予測の不確実性を下げるべきである。業務上の必要に応じた能力開発プログラムをそのつど提供し直すのである。第三に，従

業員の能力開発の費用対効果を最大化すべきである。たとえば，能力開発に伴う日常業務への支障をアクション・ラーニングなどによって抑えることは，能力開発費用の低下につながる。また，従業員本人がその成長機会に対して前向きになることが，能力開発効果の増大につながる。第四に，従業員と仕事のマッチングを柔軟に行うため，従業員自身にキャリア開発の権限を移行し，社内公募制を積極的に活用すべきである。企業には，従業員がキャリア開発権限を適切に行使し，企業内でのマッチングに前向きになれるよう，コーチングを行うことが期待される。

2.7 小　　括

今日に至るおよそ100年にわたり，少なくとも一部の人事管理研究者は，アメリカの人事管理やそれを取り巻く環境，そしてそれらに対する実務家の対応の現状を踏まえた，固有の問題意識を形成してきた。そして，その問題意識に基づいた思考を重ね，彼らなりの「よき人事管理」の体系を実務家に示してきた。

研究者による発信は，実務の現状のみならず，過去の研究者の知見の刷新をも含むことが多かった。まず，科学的管理法の強みを活かしつつ，産業・組織心理学の知見に基づいてその弱みを補えるような人事施策を考案するPM論が形成された。PM論は，科学的管理法で想定されていたものよりも複雑で多様な人間像を想定していた。そうしたPM論から派生したHRM論は，従業員について，企業目標の達成に資する能力や意欲を有する経営資源であり，その資源の効率的活用に向けて報酬や職務，教育訓練といった投資を行う対象と捉えていた。そうした投資について，企業の経営状況に応じた形で，すなわち費用対効果を意識しながら対象を特定し，かつ柔軟に行うべきことを勧めたのがSHRM論であった。

3　日本の人事管理研究における実務志向

3.1　科学的管理法に向き合う人事管理研究（20世紀前半）

日清戦争以降の日本では，従来から近代的産業の中心であった繊維業・鉱山業・運輸業に加え，軍工廠や造船場に典型的に見られる機械産業，官営八幡製鉄所を代表とする官民の金属産業，肥料などを扱う化学産業が発展し，大規模組織

が数多く生じた。大組織においては，経営幹部およびその候補生（職員）を対象とした長期雇用や内部登用の慣行が体系化した（ゴードン，2012）。その反面，生産現場を担う労働者（職工）に対しては，抑圧的な管理統制，低賃金，長時間労働，劣悪な食事や寄宿舎，日給か出来高給といった過酷な条件しか提供されず，組織的怠業，労働争議や暴動，流動的な雇用関係，労働者の健康状態悪化の温床となっていた。こうした慣行の背景には，富国強兵という国家の指針に加え，自由主義経済における資本家（株主）の影響力の強さがあった。

　労働者が直面する過酷な状況への対応としては，たとえば，労働組合の結成や労働条件の交渉といった労働者主体のものがある。そのほか，官民双方での対応もとられた。政府によるものとしては，たとえば，1916年に施行された工場法により，女性や年少者の就業制限，労働環境における安全や衛生の確保，違反する工場への主務大臣による履行の強制，などが定められた。1919年に設立されたILO（International Labour Organization，国際労働機関）に即時加入したことも，労働環境の整備に対する政府・行政としての関心の強化につながった。企業側においても，手厚い福利厚生（住宅，扶助救済，修養，娯楽）を従業員に提供する代わりに企業への自発的従属を求める「経営家族主義」（間，1964）的な施策が講じられた。賃金関連では，明治期より採用されてきた従業員の技量や能率に対応した給与に加え，勤続手当，年功加給，賞与，退職手当などが，従業員の定着を奨励する目的で，大正期になって新たに広まった。三菱長崎造船所や八幡製鉄など，職工を対象にした職業訓練プログラムを提供する企業も出た（ゴードン，2012）。

　この頃の日本経済はたびたび不況に直面しており，人員削減の中でも競争優位を保つため，多くの企業が従業員の作業能率の向上を図った。機械化の進展による固定費増大も，従業員の生産能率の向上をより喫緊の課題とした。こうした中，とくに1910〜1920年代にかけて，アメリカ発の科学的管理法の摂取が一部企業において見られるようになった。企業によるこの動きは，コンサルタントや民間団体による啓発，さらには産業合理化を推進する政府による後押しを受け，大きな広がりを見せた。その反面，業務の単調化，経営による統制強化などへの労働者側からの反発も見られた。

　科学的管理法は，当時の経営学者，とりわけ人事管理に関心を持つ者の間で広く議論されていた。以下に紹介するような一部の議論は，その単純な是非論にとどまらず，科学的管理法が実施できる条件の解明を試みた。「科学的」に分析さ

れた業務に従事する従業員，業務ないしは従業員の集合体としての企業のありように関心を向け，それを理解しない限り，科学的管理法についての議論は表層的なものにとどまり，適切に活用しえないとされた。

日本の産業・組織心理学の草分けである淡路圓次郎が著した『職業心理学』（教育研究会，1927年）は，企業における従業員の配属が主観的判断に基づきがちだったことを踏まえ，「適材を適所に配置して職業活動を合理化せんがために，人間力利用の原理並びに方法」について，応用心理学の立場から検討した。作業能率を高める手法として当時の実務界で広がりを見せていた科学的管理法について，淡路は「人間能率の技術的物理的増進に終始し，その心的増進に関係せる処は実に些少である」とし，人間を機械視するものとして批判した。

淡路によると，真に能率的な適材適所を実現するにあたっては，「職業分析」，そしてその中でもとくに「性能分析」が求められる。「職業分析」とは，仕事の形式的・技術的・経済的側面に加え，心理的側面を客観的に測定するものである。心理的側面に該当するのが「性能分析」であるが，それは，職業一般，あるいは個別の職務が求める性格や知能など，人間の心理的側面を客観的に測定するものである。こういった，今日でいう心理アセスメントに基づいた適材配置を行わない限り，従業員一人ひとりに対する標準作業量や差別的出来高給の割り当ても，無用の長物となりかねない。

同書では，「職業分析」と「性能分析」の理論についての説明の後，実務のあり方についても，紙幅を割いて議論された。とくに，2つの分析を前提として行われる，各労働者の適性検査，さらには，当時公的な整備が進みつつあった職業指導や職業紹介のあり方についても，実務家への紹介が行われた。

科学的管理法を企業の経営体系に埋め込まれたものとして捉え，その実態を評価したのが，古林喜樂による『経営労務論』（東洋出版社，1936年）である。同書は，経営学的な人事管理研究を日本に確立させた，はじめての体系的研究であると評されることが多く（三戸，1968；吉田，1991；西村，2019），科学的管理法に関す

---

14) 以下の紹介は，原著ではなく，藤林（1928）に準拠して行われた。

15) 本章での検討は，海道進によって編纂された「古林喜樂著作集」の第2巻として1979年に再刊されたバージョンに基づく。

16) 海道（1979）によると，古林喜樂は，資本主義的下の労働者と労働が現実として持つ，あるいは持つべき性質について徹底的に向き合ってきた研究者ではあったが，本書が刊行された時期の日本は総動員体制あるいは戦時体制にあったため，そうした問題意識は必ずしも最前面に出されていない。しかし，「理論的研究書であると同時に，技術論的研究方法の特徴を有している」と

第1章 人事管理研究者の実務への対峙 35

る検討は全体の一部に過ぎない。また，学説史的な検討も多く，実務家向けに書かれたものだとは言い難い。しかし，本書は，単なる技術論としてではなく，企業の価値創造プロセスの一端として科学的管理法を捉えており，当時の人事管理研究者が実務をどう捉え，そこにどのようなことを発信しようとしたかを窺い知れる数少ない，かつ格好の事例である[17]。

古林によると，生産プロセスの機械化が行き着く先においては，労働者の手作業的で複雑な熟練は無用となり，機械の自動運動に従属し，補助することが，労働者には求められるようになる。たしかに，テイラーが直面した実際の労働過程においては，依然として個々の労働者が主導的に機械を操作する段階にあり，だからこそ，科学的管理法の要素をなす時間研究や動作研究，さらには労働者個人の能率に対応した給与制度が意味をなした。しかし，テイラー以降の機械化がさらに進んだ段階においては，労働者個人の作業の能率性を論じることが意味をなさなくなる。また，あくまで個人の作業能率に着目する科学的管理法は，大規模化・複雑化する組織において労働者の協働関係をどう確立するかについて十分な示唆を示せない。

古林は，科学的管理法に潜む非科学性についても警鐘を鳴らした。テイラーは，標準作業量の設定を，一流の労働者（first-class man）の分析を通じて行った。それは，一流の労働者が分析対象として適切である，また，適切な刺激を与えれば，すべての労働者が一流の労働者たりうる，とテイラーが想定したためである。しかし，大半の（普通の）労働者にとっての標準作業は，達成に向けた過剰な努力を強要するものであった。また，過剰な努力を伴わずに労働者が標準作業を遂行するための企業による配慮は，一流の労働者に頼らない形で標準作業量を導出することなども含めて，ほとんどなされなかった。

3.2 能力主義と人事管理研究（20世紀後半）

第二次世界大戦後，日本企業において，長期雇用や内部育成という慣行，それ

評されるように（海道, 1979, 281頁），人事管理実務における実際の問題を解決する意図，すなわち著者の抱き続けた問題意識は，同書にも含まれている。

[17] そうした発信の意図は，以下のような記述にも見られる。「現実の制度としてのテイラー制度において作用しているところのテイラー原理の把握には，単にテイラーの趣旨をくむだけでももとより不充分である。われわれは進んでその制度をば，その成立せる経営の地盤における具体的条件との関連において究明し，その客観的な性質を明らかにしなければならぬ」（古林, 1979, 64-65頁）。

らに通底する年功主義が，一部大企業の職員（経営幹部ないしはその候補生）にとどまらない範囲で適用された。この直接的な契機が終戦後の労使関係にあったことは広く知られているが，その淵源が1930年代後半〜1940年代前半の戦時体制（総動員体制）にあるとする見方も，すでに学術上の定説となっている（ゴードン，2012；草野，2021参照）。当時の国是が雇用関係の安定化や平等化を要請したのである。1940年に全面解散された労働組合に代わるものとして政府が設置を主導した産業報国会は，各企業の従業員を戦争目的に動員するためのものであったが，雇用や労働の条件に関する協議を企業ごとで行う体制のルーツとなった。

　ただし，第二次世界大戦終戦後の雇用や人事の体系は，戦時中のものをそのまま継続したわけではない。戦後の雇用管理・人事管理の到達点の一つとして「能力主義管理」の定義と実行があげられるが，それはその時代のさまざまな社会的，経済的そして経営的な要因の影響によるものであった。

　企業側が能力主義管理を志向した背景として，第一に労働側の動きがある。終戦後まもなく，占領軍により労働組合は再び合法化され，数年内には生活給を中心とした給与体系（たとえば，電産型賃金）に関する組合側の要求が企業に受容されるなど，産業民主化の勢いは顕著であった。そのため企業側は，経営権の回復の一環として，従業員の職務内容や生産能率に紐づいた報酬の体系，さらには雇用保障の中でも柔軟に労働力を活用するための幅広いジョブ・ローテーションの体系，そしてそれらを実質化するための査定付き定期昇給の体系を，時間をかけて模索し，実現していった。

　第二に，事業上の必要性がある。戦後当初の人事管理は，国際競争からの保護，生産技術や管理技術における変化の停滞，労働供給過剰といった状況のもと，若年層の低賃金が際立つ年功序列，勤務態度に評価上の力点を置く精神的努力主義などの特徴を有していた（森・松島, 1977）。これは，雇用保障や福利厚生といった施策と補完的な，戦前以来の経営家族主義的な規範（間, 1964）を残すものであった（津田, 1970）。その反面，適材適所，能力開発，職場や職務の設計，といった経営能率向上のための「近代的な」管理機構の整備は不十分であった。そうした年功主義的な人事管理は，経済発展に伴う労働力不足，技術革新に伴う必要技能の変化，労働者の価値観の変化や多様化（戦後世代の増加），国際競争への直面，新たな組織構造や経営管理手法（ライン・アンド・スタッフ組織や分権化）の導入，といった1960年前後以降の状況下で，その難点を露呈し，抜本的な変化が要請されるようになった。

これらの背景から，年功や学歴に代わる社内序列基準と目されたのが，「職務遂行能力」であった。それを鮮明にし，実務家に大きな影響を与えたのが，日経連能力主義管理研究会の約2年の研究成果として1969年に出版された『能力主義管理——その理論と実践』であった。[18] 研究会では，当時の先端的な経営学や行動科学の知見のほか，森五郎や津田真澂といった，当時の日本を代表する人事管理研究者の議論が参照された。しかし，実務と研究に一線を引くという観点から，研究者を研究会のメンバーとして招くことはなかった（八代ほか編，2010，46-48頁）。

日経連能力主義管理研究会編（2001）では，まず，「職務があって人があるのであり，人があって職務があってはならない」（70頁）という，日経連伝統の職務先行の思想が置かれている。その上で，従事する職務ごとに異なる職務遂行能力を，従来よりも正確・厳正な形で，発見・開発・活用し，従業員に報いるという人事管理のあり方と，具体的な手法や事例が示されている。職務遂行能力については，体力・適性・知識・経験・性格・意欲という6つの次元からなる広範な定義がなされた（19頁）。能力主義管理の構想は，「経済合理性と人間尊重の調和」という企業側による従来の主張の一環として示されたものであったが，人間尊重とは，具体的には，「従業員の能力に応じた機会を企業は与える」「集団への忠誠心や帰属意識を持つ従業員の経営参加」「少数にすれば精鋭になる」といった考え方をとっており，多分に「経営主義」の色が濃いものである（序章3.2項参照）。また，従業員側の「やめる自由」と企業側の「やめさせる自由」の双方を推進しつつも，長期的な雇用関係という日本的特徴の骨格は維持された。

『能力主義管理』の刊行後，職能資格制度や職能給，さらには人事考課といった諸施策が広く普及した。こうした中，多くの人事管理研究者が，人事管理における能力主義について，批判的検討に加え，実務の改善につながる提言を行ってきた。その最初期の例が，津田真澂による『日本の労務管理』（東京大学出版会，1970年）である。

津田によると，年功主義的な労使関係や人事管理が解体されつつある背景には，技能，より広範には職務遂行能力の本質の変化がある。技術革新に伴う生産の機械化・自動化により，作業内容は単純化・客観化しつつ拡大した（多能工化）。ここで従業員に求められるのは，所定の生産目標に合致させるために機械や計算機を制御するという適応能力であった（126-130頁）。旧来の手工業的で習得に年数

---

18) 本章での検討は，2001年に再刊された新装版に基づく。

を要する技能は陳腐化し，新たに求められる職務遂行能力を習得する障害とすら見なされた（213頁）。

　津田は，能力主義への一般的理解に対する批判をしばしば展開した（192-195頁）。たとえば，『能力主義管理』においては，職務遂行能力のみならず職務の規定が困難なことについて触れられていない。能力主義が含む個別管理や効率重視の傾向が職場集団の安定性や健全性を害しかねない点についても，同様に言及されていない。こうした状況下における「人間尊重」のための従業員による経営参画は，彼らの内的動機の発露というよりは，企業側の要請に応じた心身の摩耗を伴いかねないのである。[19]

　ただし，津田は能力主義概念そのものを否定するのではなく，企業におけるその定着のあり方を模索し，提言した。たとえば，「従業員支配」に転化しかねない「人間尊重」については，その具体的な形として，企業による自立的な専門家の養成を挙げた。従業員が自身の専門性の水準に応じた職務に従事する道筋と，専門性を高める能力開発機会を企業が設けることは，（とくに若年の）従業員の将来への希望や成長意欲，ひいては職務への能動性を生み出す。こうした従業員をまとめ上げるリーダーを確保する道筋についても，検討された。職場の長としての「適齢期」である中年層の多くは，第二次世界大戦のため若い時期に十分な教育を受けられず，就業後に蓄積した技能も旧来型のものであった。そのため著者は，企業による手厚い能力開発機会や，彼らでも十分に力を発揮できるような業務体系の整備が重要であるとした（223-226頁）。

　1970年代の人事管理をめぐっては，研究者と実務家の双方が，環境の絶えざる変化を主張していた。低成長経済の定着，技術革新の進展，労働力不足と従業員の高年齢化，所得水準向上に伴う労働者の価値観の変化，などがその最たるものである。こうした中では，企業の人事管理には柔軟性が求められるようになり，個別施策レベルでの場当たり的な対応は望ましくない。

　当時アメリカで勃興しつつあった（S）HRM論を部分的に先取りすらするような形で，人事管理における「システム思考」を示し，経営目標への貢献の道筋を示そうとしたのが，森五郎と松島静雄による『日本労務管理の現代化』（東京大学出版会，1977年）であった。彼らは，刊行時点では大半の企業がシステム思考を

19）　同様の指摘は，「強制された自発性」論などにあるように，労使関係論や労働社会学の立場からも行われてきた（たとえば，熊沢，1997；伊原，2003；大野，2003。序章3.2項も参照）。

有していないことを確認しつつ，システム思考に立った人事管理について論じた。具体的には人事管理の個別の活動を相互依存関係にあるものと捉え，それらを統一的な方針や計画に結びつけようとするものである。その方針や計画は，実際の活動の効果測定の結果，さらには企業内外の環境条件を踏まえて，適宜修正されなければならない。

森らによると，こうした思考は日本人が不得手とするものであるが，人事管理を日本固有の形で「現代化」し，システム性をすでに備えつつあるアメリカ等の諸外国の企業と競争するため，実施が不可欠なものである。SHRM論で主張された経営環境から企業業績に至る一連の因果連鎖や，その中で人事システムが具現化するべき，従業員の能力や意欲の向上，それらの活用を目的とした，人事システムと環境要因の整合性（外的整合性），人事システムを構成する要素間の整合性（内的整合性）についての議論（本章2.6項参照）が，1970年代の日本ですでに行われていたのである。

3.3　複雑化・混迷する実務に向き合う人事管理研究（20世紀終盤～21世紀）

『能力主義管理』が示した職務先行の思想，あるいは職務遂行能力についての包括的な定義・開発・評価は，年功主義の払拭を明確に意図したものでありつつも，その後において必ずしも徹底されなかった。職務規定や人事評価基準の曖昧性が解消されなかったこと（遠藤, 1999；江夏, 2014）の帰結として，慣行としての年功序列が残り続けたのである。年功的なものにおける，こうした意図と結果のギャップを埋めることが，20世紀末から今日に至るまでの，日本企業の人事管理上の課題とされ続けた。

年功序列を打破するための議論・実践は，まず，1990年代から2000年代にかけて，人事管理の基本方針を「成果主義」化する，という方面でなされた。そこでは，給与や賞与における個人業績連動部分を高める，評価結果に応じて賃金を「積み上げ」るのではなく「洗い替え」る，個人業績を測定するために従業員とその上司の間での話し合いを重視する目標管理を用いる，昇進や昇格の運営において年齢や滞留年数の制約を緩和または除外する，年俸制を導入することを通じ

---

20)　人事管理のシステム性のなさについては，「教育訓練・能力開発管理に力を入れて，従業員の能力育成に努力しても，雇用管理や他の諸管理が悪く，従業員に定着性を期待することができなければ折角育成した能力も活用できないことになる」（森・松島, 1977, 223頁）といった例が多く示されている。

て退職金に代表される「後払い賃金」を圧縮・撤廃する，社員格付けの基準を職務遂行能力（何ができるか＝ヒト）ではなく職務内容や役割（何をすべきか＝仕事）に置く，といった措置がとられることが多かった（江夏, 2011）。

こうした流れは多くの労働者の不安を呼び起こし，否定的に捉えられた。人事施策の設計や運用における不備の実態を内部告発的に記す書籍（城, 2004）が注目された。また，経営組織論の研究者による，年功序列的な人事管理を再評価する書籍（高橋, 2004）もベストセラーとなった。

もっとも，多くの企業における成果主義という看板の実態は，能力主義的管理の不徹底に伴って温存された年功序列を踏まえた，「能力主義管理の理想への再挑戦」という色彩が強いものだった。実際，成果主義を謳う人事施策の多くが，「成果」の意味の規定も含め，施策の設計や運用における大きな変化を伴うものではなかった（中村・石田編, 2005）。

こうした現実に対する観察を踏まえ，成果主義的な人事管理に対する過剰な賛美も反対も戒めようとしたのが，中村圭介の『成果主義の真実』（東洋経済新報社, 2006 年）であった。中村は書籍の冒頭で，人事管理が経営に果たしうる貢献が限定的であり，事業戦略が的外れでないこと，仕事管理が適切であることこそが直接的な経営成果につながることを説いた（8-14 頁）。成果主義の正負の影響を過大に捉えがちな風潮への批判の後，事例研究をもとにした「さまざまな成果主義」が示された。多くの企業で観察される成果主義は，「出来高＝成果」といった単純なものではなく，業務プロセスや発揮能力など定量化が困難な要素に着目していた。だからこそ，職場のメンバー同士が互いの業務状況を確認したり，目標を設定・確認したりするための日常の仕事管理のプロセスを確立することがまず必要で，それが成果主義的な人事管理が職場に受容される前提となる[21]。

2000 年代後半以降，人事管理実務における主たる関心は，直接雇用する正社員の評価・報酬以外の側面へと拡散していった。企業経営上の合理性の追求が，人事管理にかかわる経営者以外のさまざまなアクターからのさまざまな異議申し立てにつながり，人事管理上追求すべき目標が一気に複雑化した。異なる雇用―就業形態間での不公正な待遇格差の是正，男性・若年と中壮年・日本籍以外の多様な労働力の活躍推進，従業員の仕事と仕事外の活動の両立支援，従業員の副業や職場外勤務の是認などは，その一例に過ぎない。そして，2020 年代に至って

21）　同様の視点に立って成果主義的な人事評価のあり方を論じたものに，江夏（2014）がある。

も残存する年功的な人事慣行をめぐっては，能力主義や成果主義の「失敗」を経て，「ジョブ型雇用」と呼ばれる職務主義という思想と，それを裏打ちする人事諸施策による克服が目指されている。

しかし，昨今の「ジョブ型雇用」ブームは，就業機会の平等性や質，さらには労使関係の対等性をめぐる，社会や国家のレベルでの労働政策や雇用システム全域に関する元来の議論を，企業の人事戦略上の選択肢の一つと読み替える，ある種の矮小化や曲解の上に成り立っているものとも読める。「ジョブ型雇用」という言葉の生みの親である濱口桂一郎は，『ジョブ型雇用社会とは何か——正社員体制の矛盾と転機』(岩波書店，2021年)において，従業員の能力や年齢などの属人的な要因ではなく，特定の職務の市場的ないしは社内的な価値に基づいて雇用条件が決定する「ジョブ型雇用」の成立条件について，改めて検討した。

濱口によると，「ジョブ型雇用」実現の道筋は，個別具体の人事施策，労使協議の体制，労働者の活用や解雇に関して雇用主（企業）に課せられた種々の規制，社会保障や職業訓練の政策，就業機会の平等性や質を重視する労使双方の意識，などの相互補完を検討すべきである。その延長線上では，正社員という日本的な雇用慣行の抜本的な解体も射程に入る。

今日の日本企業の多くが，そうした，国家や社会のレベルでの雇用システムと各企業の雇用慣行との複雑な補完性についての検討を十分に行わないまま，給与や等級などに関する個別施策の変更を先行させている[22]。これを，企業側の独断専行と見るべきか，労働政策や労働者の意識の遅れないしは不徹底と見るべきかは，一概にいえない。しかし，「ジョブ型」と「メンバーシップ型」の概念的特徴を踏まえるといずれが優れているかは即断できないにもかかわらず，それぞれの雇用システムへの毀誉褒貶を繰り返すメディアや「専門家」，それに追従する人々が，制度的補完性を前提とした人事管理の構想を難しくしてきた側面は否定できない。

人事管理上の課題の多くが，長きにわたって人事管理の実務家により向き合われてきたものである。解決策と目されているさまざまな手段も，実はその多くが目新しいものではない。目先の課題を多く抱える人事管理の実務家には，個々の

---

22)　企業の意思決定上，こうした漸進的な変更には一定の合理性がある。しかし，こうした漸進性の実態が従業員や社会と十分に共有されず，個別施策の変更をもって「大きな改革」と思われている，あるいは企業側から思わせているのだとすると，変更の連続性や継続性は失われ，雇用システムとしての「ジョブ型」の実現は覚束なくなるだろう。

課題に対応するための種々のノウハウに加え，複雑に絡み合う課題群の包括的な解決にじっくりと取り組むための視座が求められている。こうした状況の中，人事管理の研究者の一部は，人事管理が企業経営において果たすべき役割についての議論を，実務家に対して持ちかけている。

守島基博は，『人材マネジメント入門』（日本経済新聞社，2004年）において，人事担当者がコスト管理，短期的な戦略達成，労働政策の推移等に振り回されすぎる傾向に警鐘を鳴らした。そうした状況対応に従事しつつ，組織能力の確保・向上という観点から，戦略構築能力を有しつつ，所属企業への信頼感やコミットメントを併せ持つ従業員を時間をかけて育成すべきであることを説いた（198-200頁）。また，長期的視点に立った活動のため，当座の戦略遂行に加え，従業員に対する公平で透明性の高い処遇を行うことが求められる。守島によると，こうした複数の提供価値（デリバラブル）を実行する企業は，有能な従業員を労働市場から獲得する，彼らが自社内に定着する，ということの期待値を高めることができる。

3.4 小　括

アメリカと同様，日本の人事管理研究者は，実務家が直面する困難な状況を定義し，それに則した問題解決のアプローチの提案を行っていた。提案のベースになるものとして，海外発の概念や取り組みが用いられることが少なくなかったが，全面的で無批判な参照は必ずしも多くなかった。こうした研究者は，人事管理の実務における複雑性，そこにある矛盾や補完性といったことを指摘してきた。また，包括的な視点に立ち，かつ基本的な方針や哲学を有した上で，丁寧に物事に対処すべきであることを訴えてきた。

そうした主張の背景にあるのは，実務家自身が人事管理の複雑性を十分に理解していない，あるいは理解をしていても実際の対策にまで落とし込めていない，という問題意識であると推察される。生産システムの進化に伴い従業員を刺激するだけでは能率性向上が難しくなっているにもかかわらず科学的管理法が信奉されてきたことを批判する古林喜樂，雇用の流動化や人件費管理の進めやすさといった観点から「ジョブ型雇用」を論じることを批判する濱口桂一郎が展開した議論が，その典型である。

4　研究と実務の架橋に向けて

　研究者のこうした問題意識が実務家に共有され，知識の共有が進んできたのかどうかについて，さらなる検討を進める必要がある。序章で示したように，人事管理についての研究者と実務家の理解や関心がずれている傾向が，海外では観察される（Rynes *et al.*, 2002；Deadrick & Gibson, 2007; 2009; Markoulli *et al.*, 2017）。そこで本書では，人事管理について日本の研究者と実務家のそれぞれが抱く理解や関心を解明した上で，両者の間のずれの構図を読み解いていく。

　研究者には，ずれの構図を明らかにした上で，その背景について経験的かつ論理的に特定し，両者の望ましい関係性について見解を示す必要がある。しかし本書では，日本における研究者と実務家のずれの背景について，直接的な「エビデンス」に基づく検討ができない。この点については，研究者と実務家が置かれた状況やそれに由来する双方が重視する知識についての先行研究の知見（序章第3節参照）と，本書が分析対象とする場面や時期（1971～2020年の日本）の特徴を踏まえた，分析結果の解釈に頼らざるをえない。終章に示す研究者と実務家の望ましい関係性についての提言は，こうした解釈の上に立ったものであると，あらかじめ明言しておきたい。

　序章でも述べたが，研究者と事務家の間での，人事管理に関する理解や関心のずれの主要な背景としては，研究者が提供するものが実務家のニーズに応えきれていないこと，研究者が提供するものを摂取したいにもかかわらず実務家がそれを十分に行えないことがありうる。DeNisi *et al.*（2014）は，1960年頃から徐々に深いものとなっていった人事管理におけるリサーチ（研究）・プラクティス（実務）・ギャップの原因（表1-2）を示した上で，ギャップを埋める責任が研究者と実務家の双方にあることを指摘した（序章3.2項参照）。

　デニシらは，研究者の生み出す知見における科学的厳密性へのこだわりと実務的ニーズの軽視の背景には，彼らが所属する機関の経営方針や，そこから導かれる安定就業に向けた条件があると主張した。研究者の安定就業の条件となるのが「トップジャーナル」への掲載であるが，その編集方針の中に実務的ニーズの充足は含まれていないのである。また，実務家においても，科学的厳密性を有するかどうかではなく，ベンチマークとする企業が利用しているかどうかで，着目すべき知見を決定づける傾向がある。また，たとえ他社の動向になびく傾向がない

表1-2　研究と実務のギャップが生じる構図

	研究側のギャップ生成要因	実務側のギャップ生成要因
マクロ・レベル	●大学内での正統性を模索するビジネススクールの運営方針 ●社会科学の研究教科というビジネススクールの運営方針	●市場で普及する知見を導入することによる企業としての正統性の模索
ミクロ・レベル	●研究者に課せられる終身在任権（テニュア）獲得要件 ●研究者による「誤った研究テーマ」への従事 ●研究者による実務的ニーズの無理解 ●研究成果において実務への示唆がそれほど問われない状況	●人事施策の実施に伴う法的リスク ●研究者の知見の実践に要する時間の長さ ●研究者の知見の実践に要する金銭の大きさ ●現場にとっての示唆が不明確な研究者の知見を実践するリスク

（出所）　DeNisi *et al.* (2014) p. 223 より筆者作成。

としても，多くの実務家が研究者の知見を取り込むことに伴う種々の負担やリスクを知覚している。

　さまざまな制約を克服した上で，リサーチ・プラクティス・ギャップを前に，研究者と実務家には何が求められるのだろうか。人事管理に関する日本の研究と実務の動向を踏まえた提言は終章で行うが，ここではそれに先んじて，一部それを先取りする形で，これまでの検討内容を踏まえた提起を行いたい。

　第一に，科学的知識と実践的知識の成り立ち，目的，果たす役割の違いを，研究者と実務家の双方が理解すべきであろう。他の領域と同様，人事管理領域においても，研究者と実務家は異なったフィールドで異なった目標のもとに，それぞれが知識の産出・利用を行ってきた。そのため，元来が特定の調査対象の文脈に根ざしていない（ことを志向する）科学的知識と，文脈に深く埋め込まれている実践的知識とが完全に一体化することはない。2つの知識を混同しないということが，研究者と実務家の関係を建設的なものにするための第一歩である。

　第二に，研究者が実践的知識に，実務家が科学的知識に，それぞれ関心を持ち，積極的に触れるべきであろう。そのためたとえば，研究者が自らの研究上のテーマや問い，枠組みを（再）設定する起点として，先行研究のみならず実務の動向や実務家との関係を活かすことがもっと肯定的に捉えられ，増加してよいだろう。

　Markoulli *et al.* (2017) は，実務上の関心が高いにもかかわらず研究としてカバーできていない領域を見出し，それに焦点を当てた研究の方向性を提案した（序章2.3項参照）。実際の研究においては，所定のテーマに基づく問いや分析枠組みを，先行研究のみに囚われずに設けることが必要だろう。社会調査，とくに

第 *1* 章　人事管理研究者の実務への対峙　45

フィールドワーク，アクション・リサーチ，共同イベントといった調査協力者とかかわりを持ちながら進める定性的調査に関連して，調査対象の変化，調査協力者の反応を機敏に察知しながら，調査のテーマや手法を柔軟に修正すべきであることが指摘されてきた（たとえば，佐藤，2002）。この点は，実務との架橋を目指す研究が心がけるべきことでもあろう。

ただしこれは，研究者が実務家のように，あるいは実務家が研究者のように考え，振る舞うことを意味しない。科学的知識やその背景にある自らの規範を実務家に対して一方的に押しつけるような構図を，研究者は避けるべきである。科学的知識と実践的知識のかかわりを促す研究者と実務家の相互作用は，それぞれの有する知識を交換する[23]ことにはとどまらない。研究者と実務家が相互に移入し合う「対話」を通じてこそ，他者そして自分自身についての理解が改まったり，理解しえない領域が浮上したりする。大きく異なる2つの知識であるが，同じ事象に対する異なる見方に触れることで，研究者と実務家の双方が，当初想定しなかったような形での内省や学習，すなわちこれまで保持してきた知識の吟味と，知識体系の変化を経験できる可能性が高い（江夏，2022）。

科学的知識と実践的知識が交わりつつ，かつ一体化しないため，研究者と実務家の双方に求められる第三のこととして，研究者は科学的知識を，実務家は実践的知識を深めることに注力すべきである。研究者同士および実務家同士のかかわりの中で経験学習を進めるのである。こうした「内向き」のコミュニケーションは，「外向き」のコミュニケーションにおける研究者および実務家としてのアイデンティティの表出に寄与するだろう。

そもそも経営学領域においては，他の研究領域と同様に，経験的な一般性という意味での法則性を有する客観的な知識の確立が重視されてきた。そうした知識の探究は，観察対象であり，かつ研究成果の受け手になりうる実務家の多様で固有の行為能力，とりわけ実践の中での内省や概念化（Schön, 1983；Kolb, 1984）を軽視するものでもあった。こうした知識を研究者が実務家に対して発信することは，「事実に基づく経営」という観点からすると自然視されがちではあるが，実

---

23)　Rynes *et al.*（2018）は，実務家における科学的知識への不信を軽減するために研究者がとりうる戦略として，①トークイベントやビデオ公演などの代替的な発信媒体の採用，②物語・メタファー・図画などのより粘着性の高いメッセージの使用，を指摘している。また，同様の主張として，研究界から実務界への知識伝達上のロスを最小化すべきとするものがある。実務家が学術誌にアクセスしやすくすることや，概念の命名法の工夫などが，そのための手段として指摘できる（Shapiro *et al.*, 2007；Podgorodnichenko *et al.*, 2022）。

は自己破壊的でもある。実践的知識の再編は，その特性上，科学的知識の「受け売り」という形をとらない。ある観察対象についての研究者の知見を観察対象を構成する当事者が彼らなりのやり方で受け入れることで，観察対象の特性自体が変化し，知見の妥当性そのものが揺らぎかねないのである（Giddens, 1984; 1993）。

ただしそのことは，研究の失敗を意味しない。経営学領域においては，実務家により参照され，彼らの内省や学習を促すことを想定しない科学的知識は，たとえ客観的・一般的という意味での法則性があったとしても，十分な存在意義を持ちえない（沼上, 2000）。実務家の学習を促す科学的知識をその都度つくり直すこと，自らが示す暫定的な事実説明の妥当性を実務家から評価され続けることこそが，研究者の社会的実践であるといえよう。

科学的知識を生産し，利用するプロセスにおいては，研究者と実務家の双方による他者との対話，その中での内省や概念化が欠かせない。こうした実践に付随して生じる認知的な混乱や心理的な葛藤を抱え続けることは，研究者と実務家の双方にとってたやすいものではないが，それは割に合わないものだとは言い切れない。研究者と実務家の関心のギャップが，科学的知識と実践的知識の違いによってのみ生じているとは考えにくい。2つの知識を交差させつつ，それぞれの固有性を徹底させるような研究者と実務家の関係性の欠如こそが，リサーチ・プラクティス・ギャップを根底で規定しているのかもしれない。

5　さいごに

100年以上にわたる人事管理研究は，日本でも海外でも，研究成果の発信を通じて人事管理実務の改善を目指してきた。しかし，理解と関心の両面での研究と実務の間のギャップが，とくに海外の経験的研究でたびたび指摘されてきた。そうした事象が日本においても観察される可能性は高い。その点については第3章以降で具体的に検討するが，100年以上にわたる人事管理研究が，人事管理という事象への理解や関心における研究と実務のギャップを埋めてきた可能性のみならず，かえって拡大させてきた可能性もある。

ギャップを具体的に示すにあたっては，当事者を対象としたサーベイのほか，研究に関連した媒体と実務に関連した媒体を比較する，体系的文献レビューという手法が導入されることが多い。次章では，日本の人事管理研究に関する実際の検討に先んじて，人事管理研究における体系的文献レビューについて，量の推移，

関心や分析手法のバリエーションという観点からレビューしていきたい。体系的文献レビューを進める上での有望な方法である計量書誌学的手法についても，詳しく紹介する。

第 *2* 章

人事管理研究における体系的文献レビュー

1 はじめに

人事管理領域で研究者と実務家の間に見られる理解や関心のずれを，多くの研究が指摘してきた（Rynes *et al.*, 2002; 2007; 2018；Deadrick & Gibson, 2007; 2009；Markoulli *et al.*, 2017）。同様の事態は日本でも生じている可能性があるが，明示されてこなかった。その実態を解明するのが，本書の目的である。

研究「界」や実務「界」といった広範な領域における全体傾向を捉えることで，両者の比較が可能になる。全体傾向への接近のあり方として，人事管理研究を含めた経営学や社会科学領域で着目されているのが，体系的文献レビュー（systematic literature review，以下 SLR）の一種で，統計学的な手順で大量のレビュー対象を扱う計量書誌学（bibliometrics）的手法である（Zupic & Čater, 2015；Donthu *et al.*, 2021；柿沼, 2023）。SLR と一言でいっても，取り扱う先行研究の内容や知識の体系化の手法における多様性があるし，SLR 論文のすべてが計量書誌学的手法を採用しているわけではなく，それが必須だというわけでもない。しかし，計量書誌学的手法に基づく SLR は近年増加傾向にある。

本章では，これまでの人事管理研究における SLR についてレビューすることで，本書で行うレビューに向けた道筋を示す。まず，SLR や計量書誌学的手法について，経営学領域における議論を踏まえて，その登場の背景，特徴を確認する（第 2 節）。この議論を前提に，人事管理研究において SLR や計量書誌学的手法を採用するレビュー研究について，その量や検討対象，さらには具体的手順という観点から振り返る（第 3 節）。SLR という手法自体の特性とその普及に関する検討を通じ，現在の SLR が抱えがちな課題と，それを踏まえて SLR に対し研

究者が求められる姿勢について述べる（第4節）。

2 経営研究における体系的文献レビュー

2.1 体系的文献レビューとは何か

研究領域に関する既存の理論や発見事実（エビデンス）の動向を読み手に伝え，将来研究されるべき方向性を示すことが，文献レビューの基本的な方針であり続けてきた。既存の知識を要約し，そこに潜む矛盾やギャップを特定し，問題解決の道筋を提唱することは，それ自体が一つの研究になりうるし，将来の経験的研究の前段階となる（Sayer, 2018；服部, 2020b）。

人事管理研究においても，とくに戦略的人的資源管理（strategic human resource management：SHRM）論が興った1980年代以降，数多くの文献レビューが生み出されてきた（たとえば，Wright & McMahan, 1992；Delery & Shaw, 2001；Wright & Boswell, 2002；Lengnick-Hall *et al.*, 2009；Jiang & Messersmith, 2018）。そこでは，①HRM論やSHRM論といった研究領域における中核的概念の定義，②それらの登場の背景，③類似概念との比較，④人事管理研究が向き合ってきた問い，⑤人事管理とそれが埋め込まれた状況や生み出す帰結との因果関係，⑥問いへの回答につながる理論枠組み，⑦経験的研究が示してきた発見事実，⑧理論的あるいは経験的研究を進める際の方法上の留意点，⑨今後の研究が向き合うべき課題，などが検討されてきた。数々の良質な文献レビューが，人事管理研究に対する読み手の理解を刷新し，深めてきた。

しかし近年，従来の文献レビューが採用してきた手法に対して，人事管理研究，ひいては経営学や社会科学全般で批判が集まるようになった。経営学領域における批判の嚆矢となったのが，Tranfield *et al.* (2003) である。トランフィールドらは，従来型の文献レビューのあり方を，再現可能性・科学性・透明性を欠いた物語的な（narrative）ものとして否定的に評価した。その上で，研究者の関心や認知バイアス，不十分な認知能力に制約されない，エビデンスに基づいた科学的厳密性（rigor）と実務的有用性（relevance）の双方を持ちうる知見を導出できる体系的な（systematic）文献レビューが医学領域ではすでに標準となっており，経営研究でも導入されるべきとした（p. 208）。

この問題提起をきっかけに，経営学領域においてSLRの実践や，方法論的検討が行われるようになった[1]。とりわけ，さまざまなエビデンスの集約のあり方が

本格的に議論され始めた。Tranfield *et al.*（2003）と同様の問題意識に立ち，物語的なものから体系的なものへと文献レビューのあり方の刷新を提起したのがRousseau *et al.*（2008）である。ルソーらによると，経営や組織についての研究において，経験的研究が示すエビデンスはしばしば矛盾する。こうした中では，包括的な資料収集，透明性の高い分析，省察的（reflective）な解釈を通じて研究領域の全体像を把握することが必要になる。それによってこそ，より普遍的で妥当性の高い知見に到達し，かつ経営実務への積極的な応用が可能になる。

　ルソーらは，先行研究が示す数々のエビデンスの整理を通じた「研究の体系的合成」（systematic research synthesis）を行う際には，以下の6つの基準が留意されるべきとした（pp. 481-484）。この研究はSLRの具体的手順を意図して示したものではないが，それが備えるべき内容が示されている。

　(1)　構成概念妥当性（construct validity），すなわち理論概念との結びつきが確保されたエビデンスを利用する。

　(2)　内的妥当性（internal validity），すなわち関心のある因果関係を適切に推定できるモデルや尺度から導出されたエビデンスを利用する。

　(3)　変数間関係の効果量（effect size）や有意性（significance）が高いエビデンスを利用する。

　(4)　外的妥当性（external validity），すなわち経験的な一般化可能性が高いエビデンスを利用する。

　(5)　社会の規則や規範に沿った（compliance）調査手順（調査対象への介入）によって生み出されたエビデンスを利用する。

　(6)　文脈化（contextualization），すなわち調査対象に固有の状況[2]が明示されたエビデンスを利用する。

Tranfield *et al.*（2003）による問題提起があって以降，多くのSLRの事例が生

---

　1)　従来型の文献レビューを擁護しにくくなる要因の一つとして，研究の産出ペースの加速化もあげられるだろう。Jiang & Messersmith（2018）によると，Scopusに登録された中で，「strategic human resource management」という語句を含み，1980〜2016年に公刊された文献は，計8126件にのぼった。とくに，それまで年100件程度だったものが，1998年以降，刊行件数の増加傾向が顕著になり，2016年には800件弱の刊行がなされるに至った（pp. 6-7）。こうした状況では，研究者の専門的判断力に頼るのみでは，全体動向を把握したり，代表的な議論を抽出・紹介したりすることが困難になる。

　2)　ここでの「状況」とは，調査対象となる組織や個人が属する産業，活動する地域，取り巻くあるいは内面化した文化，調査時期などである。人事管理を取り巻く経済・社会・心理といった要因は，人事管理における因果関係を基礎づける，あるいは調整する要因となる。

まれたが，それとともに SLR の手順についても定式化やその改善が進んだ（た
とえば，Denyer & Tranfield, 2009；Briner & Denyer, 2012；Madden *et al.*, 2018）。手順
が洗練されてきたことに加え，研究成果の産出量が年々増加し，かつ研究上の異
なる領域やトピックの間での分断が目立つ昨今の状況が，ある研究領域の全体を
展望する SLR のニーズや有用性を高めている（Madden *et al.*, 2018；Snyder, 2019）。

2.2　体系的文献レビューの手順

　次に，今日の経営研究において一般的な SLR の手順を紹介する（表 2-1）。
　第一に，SLR の進め方に直結する研究上の目的や問いを設定する。この段階
を導くのが，研究者が事前に有する，研究対象となる事象やそれに接近するため
の理論・方法に関する知見である（Tranfield *et al.*, 2003；Podgorodnichenko *et al.*,
2020）。分析上の関心，そこから導き出される研究上の目的や問いにどの程度焦
点が当てられているか，とりわけ，特定の事象・理論・方法に焦点を絞るか否か
によって，SLR における実際の分析作業のあり方が変わってくる（Rousseau *et
al.*, 2008；Madden *et al.*, 2018；Snyder, 2019）。
　第二に，研究上の問いの解明に資する先行研究を検索し，収集するための包含
基準（inclusion criteria）を特定し，適用する。研究者が関心を有する事象・理
論・方法などに基づき，分析対象となりうる先行研究とそうでないものの境界を
設けるのである。Tranfield *et al.* (2003) は，どの研究をレビュー対象とすべき
かについての基準の特定や適用には主観的側面が含まれるため，複数の研究者に
よる確認が必要であるとした（p. 215）。この点についての定型化・客観化は，
Web of Science（以下，WoS），Scopus，Google Scholar といった，オンライン学
術文献データベース（以下，文献 DB）における検索機能の整備により，近年著し
く進展している。文献 DB には，たとえば学術論文の場合，その本文に加え，タ
イトル，著者名，刊行年，掲載誌やそのランキング，掲載の巻号，ページ数，キ
ーワード，要旨，被引用数，使用言語，学術領域などの情報が収められている。[3]
　これらの情報により，研究者が関心を有する事象，理論，方法を扱う論文，さ

---

　3)　WoS の場合，人事管理研究や経営研究は，「行動科学」（behavioral science），「ビジネス」
　　　（business），「ビジネス，ファイナンス」（business, finance），「経済学」（economics），「産業関
　　　係と労働」（industrial relations & labor），「経営学」（management），「オペレーションズ・リ
　　　サーチと経営科学」（operations research & management science），「心理学」（psychology），
　　　「応用心理学」（psychology, applied），「社会心理学」（psychology, social），「行政学」（public,
　　　administration），「社会学」（sociology）とカテゴリー化されることが多い。

第2章　人事管理研究における体系的文献レビュー　53

表2-1　SLRの手順

(1)　SLRの進め方に関する目的や問いを設定する。
(2)　先行研究を検索・収集するための包含基準（inclusion criteria）
　　を特定・適用する。
(3)　収集された文献から実際の分析対象を絞り込むための除外基準
　　（exclusion criteria）を特定・適用する。
(4)　分析対象となった先行研究が示すエビデンスを系統的に分類し，
　　個別の研究あるいは全体傾向を解釈・評価する。
(5)　分析結果に基づいた提言を行い，研究の限界を指摘する。

（出所）　筆者作成。

らには特定の範囲内の刊行年，ジャーナル・ランキング，学術領域にある論文な
どをある程度絞り込める。とりわけ，「AND」（論理積）や「OR」（論理和）のよ
うなブール代数を用いた，事象・理論・方法に関するキーワードでの絞り込みは[4]
有効である。また，たとえば，人事管理研究におけるウェルビーイングの扱いに
関してSLRを行ったPeccei & Van De Voorde（2019）は，このトピックに関す
る先駆的業績が刊行された2000年以降を，先行研究の検索・収集の範囲とした。
一定のランク以上のジャーナルに掲載された論文，特定の言語（とりわけ英語）
を使用した論文，査読付きの論文，に着目した絞り込みも頻繁になされてきた。
　第三に，ある包含基準に基づいて集められた先行研究から，実際に検討対象と
するものをさらに絞り込むため，対象外となるものを取り除く除外基準（exclu-
sion criteria）を特定し，適用する。研究者が関心を持つ概念や事象に関する語句
を使用しているからといって，その先行研究が実際にその概念や事象について論
じているとは限らない。そういった，レビュー対象に加えるべきでない文献を分
析対象から除外するための選別は，研究者による論文のサマリーあるいは本文の
読み込みによって行われることが多い。
　包含基準と除外基準の設定と適用については，研究の中で明記することが望ま
しいとされ，「PRISMA」と呼ばれるガイドラインが社会科学領域において広く[5]
用いられている。ある包含基準を通過した先行研究のうち，どれだけが除外基準
に該当するかは，それぞれの基準の立て方次第であるため一概にはいえない。包

---

[4]　真と偽（1と0）の2値のみを取り扱う数学で，本文中に示したような論理演算を行う。
[5]　Preferred Reporting Items for Systematic Reviews and Meta-Analysisの略。増加するSLR
　の少なくないものが手順そのものやその記述において不十分である状況から，ヘルスケア領域の
　研究者集団によって2009年に発表された。2020年にはその改訂版が出された。

含基準は明確な手続きに則って（機械的に）行われることが多いが，除外基準は，論文のタイトル，要旨，あるいは本文へ，研究者が実際に目を通す形で適用される。複数の研究者が同時並行で目を通し，あるいは同一の研究者が複数時点で繰り返し確認し，取捨選択の結果を照合して，類似性（評定者間信頼性）が確保されていることを確認する，といったことが行われることも多い。[6]

　第四に，分析対象が示すエビデンスを系統的に分類した上で，個別の研究あるいは全体傾向を解釈・評価する。たとえば，レビュー対象となる経験的研究の分析モデル（変数間関係）や確認された共変関係（因果関係または相関関係）を明確にし，先行研究間の比較を可能にしておく。どのような理論や変数に，どれだけの研究が着目してきたか。ある変数から他の変数への肯定的な影響，否定的な影響，無影響をどれだけの研究が指摘してきたか。個々の先行研究について特定のフォーマットで要約しておくことで，こうした検討が容易になる（Tranfield *et al.*, 2003；Jabbour, 2013；Liboni *et al.*, 2019）。

　こうした分析を通じて研究領域全体として生み出された知見を明らかにすることが，研究課題（リサーチ・クエスチョン）への回答につながる。しかし，それは機械的な整理ではない。研究課題への回答の過程では，見出された知見をもとにした，分析対象の全体像を示すような大きな因果マップの描写，関連する理論への批判的な検討も，積極的に行われることが望まれる。

　最後に，分析結果に基づいた提言，研究の限界や展望を報告する。分析結果を報告するだけでは不十分で，それが将来の理論構築や実証分析に対してどういう課題を提起しているのかを示す必要がある。また，事実に基づく（evidence-based）知見の導出を重視する経営研究としての SLR においては，その理論的洞察のみならず，発見事実の実務への適用法について報告することも重視される（Tranfield *et al.*, 2003）。

　こうした一連の作業は，手順を一つずつ踏みながら整然と進むわけではない。各段階での試行錯誤や，段階をまたぐ「行きつ戻りつ」が常に発生する（Madden *et al.*, 2018, p. 643）。SLR は研究者による恣意性やバイアス，さらには首

　6）　この手順について，Marescaux *et al.* (2021) は以下のように述べている。「これらの基準に基づき，すべての文献の要旨が 2 名以上の著者により読み込まれ，それぞれに『関係ある』『関係ない』『不明』というコードが付与された。この手順の結果，十分な評定者信頼性に到達できた（たとえば，Krippendorff の $\alpha = 0.80$）。一人以上の著者が『不明』とラベル付けした文献や著者間で評定が食い違った文献については，より詳細を読み込み合意形成した」（p. 1567）。

尾一貫性のなさを排除する目的で着想され，発展してきたが，手順が完全に標準化されるわけではない。研究者は，問題意識が適切に反映された文献レビューになっているかどうかを常に内省する必要があるが，それ自体は従来の文献レビューにも通ずる点である。

2.3　先行研究のエビデンスはどう合成されるか

　特定の因果関係やその背景の理論に関する先行研究が示してきたエビデンスの体系的合成について論じた Rousseau *et al.*（2008）によると，それは，レビューの目的や取り扱うエビデンスを異にする，4つのアプローチからなる（表2-2）。ルソーらの指摘は，SLR の具体的な手順についての方法上の基盤にかかわるものである。

　第一のアプローチが，集約的合成（aggregative synthesis）である。これは，すでに示してきたような SLR の基本的な考え方や進め方に，最も忠実に沿ったものであるといえる。そこでは，計量的分析を行った研究のみをレビュー対象とすることが多い。たとえば，特定の変数間関係（効果量）についてのさまざまなエビデンスを統合するメタ分析（meta analysis）は，この種の SLR の一例である（Rousseau *et al.*, 2008；Madden *et al.*, 2018；Snyder, 2019）。また，特定の変数間関係に関するエビデンスを，「正の相関」「負の相関」「相関なし」といった形で類型化し，各類型に収まる先行研究の量やそれぞれでなされてきた主張や依拠する理論を紹介することも，集約的合成に該当する（Tranfield *et al.*, 2003；Peccei & Van De Voorde, 2019）。

　こうしたレビュー手法には，問いや分析枠組み，さらには方法が異なる研究を同時に検討することが困難になるという弱点がある。分析の枠組みや方法における多様性は，すでに多くの研究成果が生み出された成熟した研究領域と，領域の規定自体が途上の萌芽的な研究領域の両極において，よく観察される。近年の人事管理研究では，情報化の進展や社会・自然環境の持続可能性への実社会での関心の強まりに対応したような研究が，（とくに海外において）増えつつある（Santana & Lopez-Cabrales, 2019；Vrontis *et al.*, 2022, 後出の表 2-3 も参照）。計量的分析を実施した研究のみに依拠して描写した場合，こうした動向を捉え損ねる可能性がある。その場合，特定のフォーマットで先行研究を要約し，比較検討するのではなく，研究者が実際の分析の中でアドホックに先行研究を要約し，比較検討する，研究者の解釈に強く依拠したアプローチが有効となる。

表 2-2　体系的合成のアプローチ

	集約的合成 （aggregation）	統合的合成 （integration）	解釈的合成 （interpretation）	説明的合成 （explanation）
目　的	多くのエビデンスの確保によるバイアス補正を通じ，変数間関係に関する問いへの答えを示す	異なる方法論に依拠するエビデンスを総合して，変数間関係に関する問いへの答えを示す	因果性を伴わないものも含めたさまざまなデータを総合的に検討し，理論的概念を構築する	因果関係を形づくると推測される社会的要因を独自に持ち込んで，理論的概念を構築する
定量的データ	◎	○	△	○
定性的データ	×	○	○	○
データ理解のために研究者が見出す社会的要因	×	△	○	◎

（出所）　Rousseau *et al.*（2008）に基づき筆者作成。

　統合的合成（integrative synthesis）においては，計量的のみならず定性的なエビデンスも検討範囲に加えられる。それにより，文脈的要因の影響も含めた因果関係の検討を，集約的合成よりも包括的かつ精緻に行うことで，外的および内的な妥当性の向上が目指される。検討対象となる先行研究が共有すべき問いや，それらを抽出する基準については，その射程の広さや具体性に差こそあれ，集約的合成と同様に，あらかじめ定められる。これを遂行するには，以降に述べる２つの合成手法においても同様だが，レビュー対象の選択や解釈における研究者の高いスキルを要する（Rousseau *et al.*, 2008, p. 496）。このことは，この種の合成の手法が十分に確立されていないことの裏返しでもある（Madden *et al.*, 2018, p. 644）。

　解釈的合成（interpretive synthesis）が主として検討材料とする，定性的研究の中で示されるデータにおいては，経験的に頑健な因果関係よりは，当事者の視点や経験，あるいはそれらから見て取れる社会現象の様相が描かれる。定性的なエビデンスの比較検討を通じて目指されるものは，特定の問題関心の範囲内で経験的に頑健な因果モデルではない。むしろ，さまざまな領域への適用が期待できる理論的概念である。そこでは，個別の先行研究を基礎づけているにもかかわらず言明されていない文脈的要因が推論される（Rousseau *et al.*, 2008, p. 496）。こうしたアプローチは，研究者による先行研究への解釈に大きく依拠して実施されるため，SLR が批判対象としてきた従来の「物語的で体系的でない」文献レビューへと回帰するという指摘もある（たとえば，Briner & Denyer, 2012）。

　説明的合成（explanatory synthesis）においては，ある因果関係が生じるメカニ

ズムについて，エビデンスが直接的に示さない，しかしその形を規定する歴史的・文化的・政治的要因の存在を推測・提示することが目指される。さまざまな方法に基づく先行研究のエビデンスを柔軟に活用することを通じ，ある因果関係の内的妥当性が確保される境界条件，つまり文脈的要因の特徴が模索され，新たな理論が構築される。そのため，先行研究を活用するにあたっては，それがいつ，どこの，誰に関するエビデンスであるかの重視が求められる（Rousseau *et al.*, 2008, pp. 498-499）。統一的な知見や方法が確立されていない研究領域においては，こうした合成のあり方がとくに有用である。文脈的要因についての推論を通じて理論を精緻化させるという点が共通していることから，説明的合成は，解釈的合成の一部と見なされることもある。ただし，説明図式が複雑化してしまうことで，実務への応用が難しくなりうる（Madden *et al.*, 2018, p. 646）。

　Snyder（2019）は，メタ分析に代表されるような，Tranfield *et al.*（2003）がその必要性を経営研究において指摘し，Rousseau *et al.*（2008）が「集約的合成」と呼んだアプローチに限り，SLR と見なすべきとした。[7] そして，計量的なエビデンスに分析対象を絞らないものを，「半体系的レビュー」（semi-systematic review）と呼んだ。半 SLR は，研究領域全体を概観するという（スナイダーがいう）SLR の目的が，先行研究の量的な制約により達成しにくいときに用いられる。また，そもそも既存のエビデンスの再検討を目的とした SLR が扱わない，検討対象となる研究領域における議論の歴史的な広がりや変遷が取り上げられることがある。そこでは，先行研究のテキスト（言説）の内容分析がしばしば利用される（Snyder, 2019, p. 335）。こうした，レビュー上の必要性に応じた，柔軟な先行研究の取得・活用のあり方について，研究者は明確に説明しなければならない（p. 336）。

　ただし本書では，「集約的合成」という狭義の SLR に加え，「統合的合成」「解釈的合成」「説明的合成」のような半 SLR も含めて SLR としたい。それは，Rousseau *et al.*（2008），さらには Snyder（2019）自身が指摘するように，狭義のSLR 以外のアプローチでも，分析手順の透明化や定式化は求められるためである。加えて，詳しくは後述するが，いずれのアプローチにおいても，結果の説明や解釈も含めた一連の分析手順は，研究者によるある基準に基づく判断や取捨選択の積み重ねによって成立するためである。分析結果を解釈する際に，エビデン

　7）　スナイダーのいう「体系的レビュー」（systematic review）は SLR と同義である。

スが直接的に示さない文脈的要因（1971～2020 年の日本）の存在を想定するという点では，「説明的合成」のアプローチが本書にとっては最も適合的である。

2.4　計量書誌学的手法

　これまで，先行研究が示すエビデンスを系統的に比較検討するアプローチがさまざまであることを示してきた。本書のように，研究領域そのものを分析対象とする場合，研究領域を構成するさまざまな言説，すなわち先行研究そのものをエビデンスと見なすことができる。そうしたエビデンスを対象とした SLR の一手法として，計量書誌学があげられる。

　計量書誌学的手法では，先行研究が有するテキストそのものがエビデンスとされ，計量的な検討の対象とされる（Verbeek *et al.*, 2002；Zupic & Čater, 2015；Kataria *et al.*, 2020；Donthu *et al.*, 2021）。そこでは，より網羅的な文献収集のため，WoS や Scopus 等の文献 DB を利用することが多い。文献 DB では，文献に含まれる種々の情報が統一的な基準で抽出される。計量書誌学的手法において，分析対象となる先行研究のテキストからエビデンスとして抽出されうるものには，文献タイトル，著者，著者所属機関，抄録，キーワード，参考文献，刊行年，収録媒体（ジャーナルなど）の名称，その文献の被引用数，収録媒体の影響度（インパクト・ファクターやサイト・スコアなど），などの書誌情報（bibliography）があげられる。文献の本文や研究者自身による本文のコーディング結果も，エビデンスになりうる。[8]

　計量書誌学的手法を採用する SLR では，これらのテキスト情報が計量的に分析される。計量分析にはさまざまな手法があるが（表 2-3），それらは記述統計と推測統計に大きく分けることができる。[9]

　記述統計の例としては，①文献刊行数の経年推移，②発表数ランキング，③被引用数ランキング，④抄録・キーワード・本文などにおける語句の出現頻度ランキング，がある。①の応用として，Gallardo-Gallardo *et al.*（2015）は，年ごとで

8）　研究者自身が本文をコーディングして一部内容を抽出し，計量書誌学的分析の対象としたものに，Gallardo-Gallardo *et al.*（2015）がある。タレント・マネジメント（以下，TM）論の先行研究を分析対象とした彼らは，分析対象となる文献の本文中から，問題意識，研究課題，タレントの定義，TM の定義，関心のある TM のアウトカム，理論的枠組み，調査や分析の方法，データ収集国，測定した独立変数と従属変数，を抽出した。

9）　ここで紹介していない他の分析例については，Donthu *et al.*（2021）pp. 287-291 で網羅的に紹介されている。その一部は，人事管理研究にまだ適用されていない。

第 *2* 章　人事管理研究における体系的文献レビュー　59

表 2-3　人事管理研究における計量書誌学的手法の手法例

手　法	使用文献におけるエビデンス	人事管理研究における例
文献刊行数の経年推移	刊行年	Dabic *et al.*（2015） Gallardo-Gallardo *et al.*（2015） Markoulli *et al.*（2017） Santana & Lopez-Cabrales（2019） Kataria *et al.*（2020）
発表数ランキング	著者，著者の所属機関，所属機関の立地国，収録媒体，刊行年	Dabic *et al.*（2015） García-Lillo *et al.*（2017） Kataria *et al.*（2020） Saini *et al.*（2022）
被引用数ランキング	タイトル，著者，収録媒体，刊行年	Dabic *et al.*（2015） García-Lillo *et al.*（2017） Markoulli *et al.*（2017） Kataria *et al.*（2020） Saini *et al.*（2022）
使用語数ランキング	形態素分析などで書誌情報から抽出された語句，刊行年	Dabic *et al.*（2015） Busse *et al.*（2016） Markoulli *et al.*（2017） Saini *et al.*（2022）
語句間の共起関係	形態素分析などで書誌情報から抽出された語句	Dabic *et al.*（2015） Homberg & Vogel（2016） Markoulli *et al.*（2017） Santana & Lopez-Cabrales（2019） Kataria *et al.*（2020）
引用文献（タイトル，著者，収録媒体）の共起関係	引用文献（タイトル，著者，収録媒体）	Homberg & Vogel（2016） García-Lillo *et al.*（2017） Kataria *et al.*（2020） Jotabá *et al.*（2022） Pelit & Katircioglu（2022）

（注）1）「使用される各文献のエビデンス」でリストしたもののすべてが，各手法において用いられる必要は必ずしもない。
　　　2）「人事管理研究における例」では，紙幅の都合により，各手法を採用しているにもかかわらず紹介を割愛した研究もある。
（出所）　筆者作成。

の刊行文献の総インパクト・ファクターを導出し，経年比較している。②や③については，著者，著者の所属機関，所属機関の立地国，収録媒体ごとに行われ，刊行年に着目して時期間で比較されることもある。[10]

10）　Gallardo-Gallardo *et al.*（2015）では，これらのランキングを，各文献を掲載する媒体のインパ

こうした集計によって，研究領域における個々の知識やその積み重ねの特徴は理解できるが，そこに存在しうる知的構造を特定するには，別のアプローチが必要になる。先行研究におけるエビデンスの中でも，たとえばキーワードや著者名は，研究領域における個々の知識を体現するものだが，それらの共起性（かかわり合いの強さ）から推測されるネットワークは，研究領域の知的構造を表す。ある研究領域においては，その内部ではかかわり合いが強く，外部とのかかわりが弱い，知識やそれを有する人々の塊（クラスター）が，いくつかのサブ領域を形成していると推測される。また，そうした知的構造は，年々変化しているだろう。近年の計量書誌学的手法では，研究領域のこうした知的ネットワークの構造を統計的に推測することが増えているが，「サイエンス・マッピング」と呼ばれる手法により図示することもある。

推測統計に基づいて描出される知識ネットワークの例としては，⑤語句間の共起関係，⑥引用文献の共起関係，があげられる。⑤については，ある先行研究の中で複数の語句が同時に登場する（共起する）場合，それらが連携してある事象・理論・方法を説明している可能性がある。そして，そうした研究事例が多くなる場合，共起の頻度は高まるため，そうした説明が研究領域に実在する蓋然性は高くなる。共起性に関する係数が分析対象となるすべての語句間で導出され，クラスターの数や内容を推定するための基礎材料となる。また，⑥により，どういう文献が同時に引用される（co-citation）傾向があるか，ある文献を引用している研究群（bibliographic coupling）にはどのような特徴があるか，引用－被引用のネットワークはどのような姿をとっているか，が解明される。

人事管理研究におけるネットワーク分析と，その図示の例を紹介しよう。まず，⑤に関連して，Dabic *et al.* (2015) は，海外駐在員のマネジメントと組織パフォーマンスの関係に関する先行研究の知見を検討する中で，どのような語句群が同時に発生する〜しない傾向にあるかを解明し，研究のサブ領域をサイエンス・マップの形で示した（図2-1）。また，⑥に関連して，García-Lillo *et al.* (2017) は，これまでの人事管理研究がどのような文献を同時引用しているのかを明らかにし，研究領域の知的構造を推測するための基盤を提供した（図2-2）。人事管理における持続可能性についてのSLRを行った Santana & Lopez-Cabrales (2019) は，語句間のネットワーク構造から，各研究クラスター（サブ領域）のネットワーク中

クト・ファクターでウェイト付けして算出している。

第 2 章 人事管理研究における体系的文献レビュー　61

図 2-1　語句の共起ネットワーク

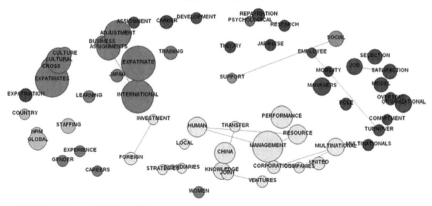

（出所）　Dabic *et al.*（2015）p. 327。

図 2-2　先行研究の同時引用のパターン

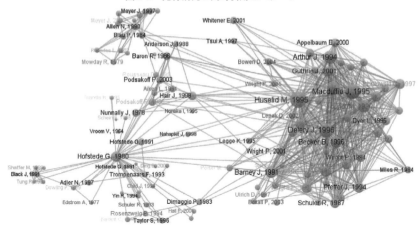

（出所）　García-Lillo *et al.*（2017）p. 1795。

心性（centrality）とネットワーク密度（density）を導出し，各クラスターが領域全体を主導する地位にいるか否か，特定のテーマに焦点を当てた研究を行っているか否かを示した（図 2-3）。

　SLR，ないしはエビデンスの体系的合成（Rousseau *et al.*, 2008）におけるさまざまなアプローチの違いを，計量書誌学的手法は架橋しうる。それは，すでに見たように計量的分析の色彩が強いものであり，Rousseau *et al.*（2008）がいう「集約的合成」に近しいものと見なせる。しかし，分析結果を，掲載されたジャーナ

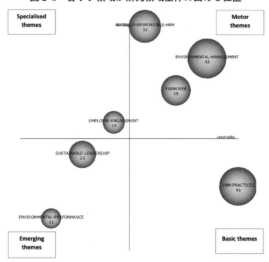

図 2-3　各サブ領域が研究領域全体に占める位置

（出所）　Santana & Lopez-Cabrales (2019) p. 1176。

ル名や掲載時期といった分析対象の性質を踏まえて解釈した場合には，「解釈的合成」や「説明的合成」の性質を帯びてくる。エビデンスがそのような形をとっている根拠を，分析対象が埋め込まれた社会・政治・経済・文化のありように求め，時に歴史的視点を交えて推論的に説明するのである。

　SLRを進める中で研究者による主観的判断がたびたび求められることは，経営研究におけるSLRの重要性を指摘した Tranfield et al. (2003) でも，すでに言及されていた。そうした判断は分析の特徴や価値に大きな影響を与えるが，計量書誌学的手法における判断の例として，分析単位としての語句に関する規定があげられる。たとえば，文献中に「労働」と「組合」が続けて登場したときには，2つの語句ではなく「労働組合」という1つの語句として扱う可能性を検討する必要があるだろう。「平成」や「考察」といった，研究領域の特徴を表すのかどうかが直感的に決められない語句についても，分析対象に含むかどうか，熟慮が必要となる。

　また，ある係数（たとえば，Jaccard 係数[11]）をもとに判断される共起性の程度は語句間でさまざまであるが，それらの間に関係の有無の境界をどう引くか，研究

---

11)　共起性の強さを表す値。詳細は第3章4.2項参照。

領域を構成するサブ領域（クラスター）の数をどう設けるかについても，研究者の判断を要する。分析のために特定のソフトウェアを用いる場合，その標準設定に従うかどうか，従わないとしたらいかなる基準が適切か，についても検討しなければならない。

さらには，サイエンス・マップなどで図示された研究領域の知的構造のうち，どの側面をどう説明するのかについての選択における，何らかの基準が求められる。本来，知的構造についての図は単なる推測統計の結果であり，それ自体は何も物語るものではない。研究者には，分析結果を図画化するのにとどまらず，もともとの研究関心や研究上および実務上の示唆も考慮に入れて，その内容を解釈し，読者に説明する必要がある。

2.5 SLRにおける知識創造の可能性

計量書誌学的手法も含めたSLRにおいては，定式化された文献の選択や検討手順の中で，研究者の想定を裏切るような，直感的には理解しにくい発見がありうる。たとえば，ある因果関係について，相反する主張や証拠が現れたり，それらを統合的に分析することで明確な傾向が現れなかったりする。あるいは，相反する主張や証拠のそれぞれが強固な論理に基づいていて，その優劣を判断しにくかったりする。サイエンス・マップなどを通じて研究領域の全体構造を示す場合，発見事実を解釈するための理論的あるいは経験的な基盤がまったくないということもありえる。

SLRには，研究領域における理論的または経験的な知見のまとまりやばらつきを説明することが求められるし，そういう研究は多い。しかし，その背景まで解釈・説明する価値は大きいにもかかわらず，そうした事例は少なく，本書はその達成を目指す。先行研究が達成してきたことに加え，限界，とりわけなぜ従来のさまざまな理論やエビデンスが首尾一貫してこなかったのかを示すということである。こうした説明を徹底することは，一見すると断片的な，あるいは矛盾しているさまざまな知見を統合するような，それぞれが各々の帰結に至ることを説明できる理論や調査の枠組みを示すことにつながる。

こうした思考や説明の過程は，「アブダクション」（abduction）と呼ばれる。それは，ある意外な事実や変則性の観察から出発して，その事実や変則性がなぜ起こったかについて説明を与える「説明仮説」（explanatory hypothesis）を形成する思惟または推論である（米盛, 2007）。研究者から見て想定外の，あるいは観察さ

れた相異なる発見事実のいずれもが「部分的に正しい」ものであると見なし，それらを横断的に説明できる図式や，これまでの研究が持ってこなかった観察対象に対する視点を推測的に導き出し，その妥当性の検証を将来の研究に委ねるのである。アブダクションでは，先行研究の理論や調査枠組みを重視しつつも，最終的にはその修正や拡張を求める説明仮説を生み出すことが目指される。

チャールズ・サンダース・パース（Charles Sanders Peirce）が概念化したアブダクションは，「発見の論理」と呼ばれ，知識創造の有力な方法として，経営学領域でも近年着目されている（たとえば，Van Maanen *et al.*, 2007；Shepherd & Sutcliffe, 2011）。SLR は，研究者の判断の範囲を絞り込むような定型的な手順を有している。だからこそ，研究者が当初想定しなかった先行研究が集められ，意外で興味深い分析結果も現れやすくなるだろう。そこでは，研究者による，研究領域の文脈に根ざした丹念な解釈が，通常の文献レビューや経験的研究以上に求められる。実際の SLR の多くは，そうしたアブダクションの可能性を十分に活かさず，分析結果を淡々と説明するのにとどまりがちである。しかし，それでは分析結果の全体像についての理解や，それを踏まえた将来展望を示すには至らず，研究的および実務的な貢献に乏しい。

SLR を行う研究者には，まず，分析結果が，人事管理に関する自らの理論的または直感的な理解とどの点で一致し，どの点で矛盾しているのかを読み取ることが求められる。その上で，ギャップの克服を将来の研究のアジェンダとして示す，あるいは，ギャップを克服するような説明仮説を導出することが期待される。

3　人事管理研究における SLR の手法上の特徴

3.1　全体的な研究動向

近年の経営学領域においては，エビデンス重視の傾向が，科学的知識の実務への普及という意味（Pfeffer & Sutton, 2006；Rousseau, 2012；Rynes *et al.*, 2018）のみならず，文献レビュー手法の洗練という意味（Tranfield *et al.*, 2003；Rousseau *et al.*, 2008；Snyder, 2019；Donthu *et al.*, 2021）でも，強まりつつある。SLR は人事管理研究においても徐々に行われるようになっており，とくにこの数年はその傾向が顕著である。

そこで以下では，人事管理研究における SLR の全体傾向を概観した上で，いくつかの研究をより詳しく紹介し，SLR の手法上の特徴を読者と共有すること

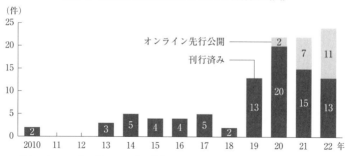

図2-4 人事管理研究におけるSLRの刊行数の推移

(注) 1) 2022年5月17日時点の情報に基づく。
    2) Web of ScienceとScopusへの登録分の合算である。
(出所) 筆者作成。

を目指す。つまり，文献レビューを通じて提示されたさまざまな知見そのものではなく，あくまでもそこで用いられた手法を紹介し，本研究でSLRを行う際の前提を確認する。さらにその上で，人事管理研究者にとってのSLRの含意について検討したい。

研究領域の全体傾向を把握するため，Web of Science（WoS）とScopusという2つの文献DBで，人事管理研究におけるSLR文献を検索した。これらのDBは，スクリーニング基準を独自に設け，それを通過した収録媒体や文献のみを登録している点に特徴がある。[12] WoSとScopusでは，登録されている収録媒体がある程度異なるため，SLR文献の刊行に関する全体傾向を把握するという目的のもと，両DBを検索対象とした。

まず，WoSで人事管理論研究のSLR文献を検索した。論題，要旨，キーワードに，「human resource management」に加えて，「systematic review」または「bibliometrics」という語句が含まれる論文の抽出を目指した。検索結果を慎重にスクリーニングしたところ，インパクト・ファクターが付与された経営管理領域の雑誌に掲載された英語論文は，2022年5月17日時点で81件存在していた。同様の手順でScopusを検索し，結果をスクリーニングしたところ，同日時点で同じく81件存在していた。多くの論文が2つの文献DBに重複して登録されているため，結局は計106件のSLR文献が抽出された（本章末尾・補論参照）。その

---

12) そうした基準を設けていない代表的な文献DBがGoogle Scholarである。登録している文献の量は他の文献DBを大きく上回るものの，刊行プロセスが不透明な文献や，（実質的に）同一の文献の別バージョンが異なる文献として登録される，といったことが生じやすい。

うちの8割弱（106件中81件）が，2019年以降の公刊，ないしはその予定であっ[13]た（図2-4）。この数年で，SLRが人事管理研究のスタイルの一つとして急速に定着しつつあることが窺える。

　これらの研究が扱うテーマは，きわめて多岐にわたっている（表2-4）。人事管理研究全体の動向を捉えようとするものから，特定のトピック（たとえば，理論，人事施策，国や地域，組織・業種・職種など）を対象とした研究に着目するもの，さらには人事管理と他の経営管理領域（たとえば，生産管理）の関係性に関する研究まである。近年では，情報技術（たとえば，Garcia-Arroyo & Osca, 2021；Vrontis *et al.,* 2022）や自然環境（たとえば，Pham *et al.,* 2020；Tanova & Bayighomog, 2022）への対峙など，従来なかった焦点も見られる。

　人事管理領域の研究者がSLRを実施する際に頻繁に利用する文献DBには，EBSCO，Google Scholar，JSTOR，ProQuest，Scopus，WoSなどがある。Elsevier，Sage，Springerなどの大手学術出版社のデータベースが利用されることも多いが，そこに登録される文献の中でも特定の媒体に収録されたものに検索・閲覧範囲が絞られることもある。こうしたデータベースでは，各文献の基本的情報のほか，被引用回数やそれを引用する他の研究などの情報が容易に入手できる。文献サーベイの網羅性を確保するために複数のデータベースが利用されることが多いが，単一のデータベースに絞り込まれることも少なくないし，そうした研究でもトップジャーナルに掲載されるケースが頻繁に見られる。

　各研究がレビュー対象としている文献の刊行時期の幅は，数年から100年超まで，きわめて広い。また，検索時の時期指定がそもそもなされていない場合には，正確な動向が把握できない。しかし，開始年と終了年の双方が明記されているレビューに限っていえば，平均的には20年程度である。

　多くの研究で，サンプルサイズ，すなわちSLRの対象となった先行研究の数は明記されている。たとえば，WoSに登録されている81件のうち75件が明記していた。このうち2件が複数のデータセットを用いているため，この範囲では合計で77のデータセットが観察された。それぞれのデータセットのサンプルサイズについて，最小値は7（Kotera *et al.,* 2019），最大値は1万6909（Talukdar, 2015）であった。25パーセンタイルは45，中央値は91，75パーセンタイルは[14]

13）　巻末・参考文献冒頭の注記2）も参照。
14）　近似値である第59位のサンプルサイズである。

表 2-4　人事管理研究における SLR のテーマ（WoS 登録分の 81 件）

カテゴリー	具体的な研究テーマ	
人事管理研究の全体を展望	HRM 論全域	García-Lillo *et al.* (2017), Kataria *et al.* (2020), Markoulli *et al.* (2017), Piwowar-Sulej *et al.* (2023)
	戦略的 HRM 論	Jackson *et al.* (2014)
	国際的 HRM 論	Cooke *et al.* (2019)
	タレント・マネジメント論	Gallardo-Gallardo *et al.* (2015), Kravariti & Johnston (2020)
	HRM の測定	Beijer *et al.* (2021), Boon *et al.* (2019)
人事管理研究における特定の理論	HR アーキテクチャ	Luo *et al.* (2021)
	HRM の個別化	Marescaux *et al.* (2021)
	人的資本	Nyberg *et al.* (2014)
	アジリティ	Salmen & Festing (2022)
	従業員の多様性	Alcázar *et al.* (2013)
	イノベーション	Jotabá *et al.* (2022)
	持続可能性	Santana & Lopez-Cabrales (2019)
	革新的職務行動	Bos-Nehles *et al.* (2017)
	雇用主-社内ブランディング	Saini *et al.* (2022)
	ウェルビーイング	Peccei & Van De Voorde (2019)
人事管理における特定の施策	人材開発	Alagaraja (2013), Kotera *et al.* (2019)
	役員報酬	Lozano-Reina & Sánchez-Marín (2020)
	業績管理	Maley *et al.* (2021)
	昇進管理	Schleu & Hüffmeier (2021)
	海外駐在	Dabic *et al.* (2015), López-Duarte *et al.* (2020)
	WLB 支援施策	Akter *et al.* (2022)
	障害者雇用	Schloemer-Jarvis *et al.* (2022)
人事管理の実行	知覚された HRM	Van Beurden *et al.* (2021)
	マネジャーの役割	Steffensen *et al.* (2019)
	人事管理実践における意思決定	De Kock *et al.* (2020)
	権限移譲	Intindola *et al.* (2017)
	ゲーミフィケーション	Murawski (2021)
人事管理に関連する組織内外の要因	CSR	Podgorodnichenko *et al.* (2020), Voegtlin & Greenwood (2016)
	コーポレート・ガバナンス	Lima & Galleli (2021)
	自然環境	Pham & Paillé (2020), Pham *et al.* (2020)
	産業 4.0	Liboni *et al.* (2019)
	サプライチェーン・マネジメント	Hohenstein *et al.* (2014)
	リーン・マネジメント	Bouranta *et al.* (2022)
	情報技術全般	Vrontis *et al.* (2022)
	ビッグデータ	Garcia-Arroyo & Osca (2021), Zhang *et al.* (2021)
	人工知能	Qamar *et al.* (2021)
	ブロックチェーン	Saif & Islam (2024)
特定の国・地域の人事管理	中　国	Zhu & Warner (2019)
	ASEAN	Do *et al.* (2020)
	オーストラリア	Sheehan *et al.* (2010)
	中　東	Budhwar *et al.* (2019)
	国際比較	Cooke *et al.* (2017)
特定の組織・産業・職種の人事管理	多国籍・多文化企業	Cooke *et al.* (2017), Nadeem *et al.* (2018)
	中小企業	Harney & Alkhalaf (2021)
	柔軟な組織	Belte (2022), Samimi & Sydow (2021)
	プロフェッショナル組織	Sokolov & Zavyalova (2022)
	観光・ホスピタリティ産業	Kloutsiniotis & Mihail (2020), Pelit & Katircioglu (2022)
	公共組織	Homberg & Vogel (2016), Xiao & Cooke (2020)
	NPO	Cooper *et al.* (2020)
社会実践としての人事管理研究	研究の生産性	Talukdar (2015)
	研究と実務のずれ	Markoulli *et al.* (2017)
上記カテゴリーの複数にかかるもの	中国における人事管理研究	Busse *et al.* (2016), Cooke *et al.* (2021), Liang *et al.* (2010)
	中国における知覚された HRM	Xiao & Cooke (2020)
	中国の HRM における CSR	Xiao *et al.* (2022)
	韓国の多国籍企業	Kang & Shen (2014)
	アジアにおける心理的契約	Kutaula *et al.* (2020)
	アフリカの多国籍企業	Horwitz (2015)
	危機状況下での国際的 HRM	Ererdi *et al.* (2021)
	サービス業のグリーン HRM	Tanova & Bayighomog (2022)
	プロジェクト組織における発言	Prouska & Kapsali (2021)
	人工知能と国際的 HRM	Budhwar *et al.* (2022)
	人工知能を介した知識共有	Malik *et al.* (2022)
	教員評価のためのビッグデータ活用	Xu *et al.* (2022)
	高度外国人材の定着	Whittek (2021)
	高齢者の就労可能性	Pak *et al.* (2019)
	オーストラリアの遠隔医療従事者のストレス	Onnis & Pryce (2016)
	看護師のウェルビーイング	Xiao *et al.* (2022)

（出所）　筆者作成。

¹⁵⁾
186 であった。

　分析対象となる文献は，英文や査読付きの学術論文が多い。つまり，査読なしの学術論文に加え，書評や会議報告が分析対象から除外されることが多い。学位論文や学会のプロシーディング（報告要旨）など，公刊物とはいえない「灰色文献」（gray literature）も同様である。その背景には，質が担保された論文に分析対象を絞ることでより正確な分析結果が導出されるという想定があり，分析対象をトップジャーナルに絞り込む研究も少なくない（たとえば，Nyberg *et al.*, 2014；Beijer *et al.*, 2021；Marescaux *et al.*, 2021）。また，計量的な経験的研究に分析対象を絞ることも多い（たとえば，Boon *et al.*, 2019；Peccei & Van De Voorde, 2019；Kloutsiniotis & Mihail, 2020）。

3.2　SLR の手順についてのいくつかの実例

　実際の SLR 論文がどういう構成をとり，分析を行うのか，本章で抽出された106 の文献のうち，いくつかの事例からその概要をつかむことにしよう。人事管理研究全体を分析対象としたもののうち，検討対象の体系的な絞り込み以外の側面において質的手法が目立つものとして Jackson *et al.* (2014) を，計量書誌学的手法に立ってクラスター分析などの推測統計を多く用いたものとして Markoulli *et al.* (2017) を，それぞれ紹介する。その次に，人事管理研究領域の一部に着目したものとして，ビッグデータと人事管理のかかわりを検討した Garcia-Arroyo & Osca (2021) を紹介する。その後，日本発の人事管理研究や組織行動研究における SLR の事例を 2 つ紹介する。

　表 2-5 に示したように，3 つの研究が用いる手法はさまざまな面で異なっている。Rousseau *et al.* (2008) の分類に当てはめるならば，Jackson *et al.* (2014) は種々の方法論に基づくエビデンスをあらかじめ定められた分析枠組みに基づいて比較検討しており，「統合的合成」に近い。また，Markoulli *et al.* (2017) は，検討対象やそれらが生み出すエビデンスが背負う社会的要因について考察せずに計量書誌学的な分析の結果を議論しており，「集約的合成」に近い。最後に Garcia-Arroyo & Osca (2021) は，研究領域におけるエビデンスに焦点を当てた検討を行っておらず，Rousseau *et al.* (2008) の分類には当てはまらない。検討対象の絞り込みの手順を除いては，物語的な文献レビューにむしろ近い。

---

15)　近似値である第 19 位のサンプルサイズである。

第 *2* 章　人事管理研究における体系的文献レビュー｜69

表 2-5　SLR の構成の多様性

	Jackson *et al.* (2014)	Markoulli *et al.* (2017)	Garcia-Arroyo & Osca (2021)
レビュー対象の設定における概念的側面	人事システムに着目した計量的研究	人事管理の研究および実務の全般	人事管理とビッグデータの関係性に着目した研究
レビュー対象の設定における手続きの側面	特定の概念，手法，時期，収録媒体（文献 DB および著者判断）	特定のキーワード，時期，収録媒体（文献 DB および著者判断）	特定のキーワード，時期，収録媒体（文献 DB および著者判断）。PRISMA を使用
レビュー対象の質基準	公刊論文，査読付き，英文	研究：公刊論文 実務：購読者数が最も多いと推定される英文専門誌	とくになし
レビュー対象におけるエビデンス	論文全体	タイトル，要旨	論文全体
概念的なフレームワーク	人事システムをめぐる因果連鎖を，レビューに先んじて著者が導出	人事管理研究を構成する 5 つのサブ領域を，計量書誌学的な分析を通じて導出	人事管理とビッグデータに関する研究を構成する 5 つのサブ領域を，著者がレビュー対象を読み込んで導出
レビュー・パートの構成	因果連鎖の部分ごと	統計的に導出されたサブ領域ごと	解釈的に導出されたサブ領域ごと
用いられた統計的手法	記述統計（因果連鎖にかかわる各変数に着目している研究の量の比較など）。論文中に明記はないが，おそらく論文の内容についての著者の判断に依拠	記述統計（語句の登場頻度や文献の被引用数の比較など），推測統計（語句の間の共起性の強さに基づきサブ領域を推定）。語句＝形態素の抽出も含めて，ソフトウェアを使用	記述統計（5 つのサブ領域に帰属する研究の量を，刊行年ごとにカウント）

（出所）　筆者作成。

(1)　体系的に収集された文献の質的な分類・解釈 (Jackson *et al.*, 2014)

　ジャクソンらは論文の冒頭で，SHRM 論のおよそ 30 年にわたる学際的な展開の全体を可視化する，人事システムに関する因果関係を網羅したフレームワークを示した。彼女らは人事システムを，組織内外のさまざまな利害関係者のそれぞれに便益をもたらすための管理ツールと捉え[16]，システムの全体や特定の側面が種々の便益につながると主張した上で，そうした因果メカニズムの理論的根拠と

---

16)　従業員には人的資本や経済的収入，ライン管理者には従業員の定着や組織能力，株主には投資先の財務業績や社会的評判，顧客には品質や価格，他の組織には信頼性や共同での問題解決，社会には法の保持や自然環境の持続可能性，をもたらしうる (Jackson *et al.*, 2014, p. 3)。

なりうる議論を，学説史的な視点を交えつつ包括的に収集・整理した。このフレームワーク自体は，彼女らの質的な学説理解に基づくものであり，メタ分析のような定型化された手順により導出された形跡はない。一連のレビューを通じ，固有の関心や理論のもとで展開される個々の経験的研究が包括的な視野に立てないことは不可避であるとしつつも，論文中で自ら包括的な視野を示し，それらを参照しながらイノベーションや持続可能性といった重要な経営課題のために複数の利害関係者を同時に利する管理のあり方を発見・描写することの必要性が訴えられた。

　ジャクソンらのSLRの基本方針は，通常のレビューにおける「何が学ばれてきたか」（What has been learned?）の探究ではなく，「何が研究され，何が見落とされ，何が今後研究されうるか」（What has been studied, what has been ignored, and what can be done next?）の探究であった。フレームワークのどの部分が，実際の経験的研究で探究されたかを示すことにより，リサーチ・ギャップが明らかにされた。レビュー対象となった154の経験的研究は，以下の5つの条件により抽出された。①人事施策単体ではなく施策の「束」（bundle）に着目した。②計量的分析を実施した。③査読を経た。④英語で書かれた。⑤1992〜2013年に刊行された。いくつかの文献DB，[17]過去のレビュー論文における引用リスト，Academy of Managementの人事管理部会のメーリング・リストの記載内容から，上記の5条件を満たす研究が抽出された。

　次に，ジャクソンら自身が導出したフレームワークに基づき，①人事システムの先行要因としての組織内外の環境，②さまざまな利害関係者において生み出される人事システムの成果，③人事システムとその成果の間を媒介する要因，④人事システムが成果を創出する可能性を促進あるいは抑制する要因，に関する先行研究が検討された。そして，以下のような事柄が数的な証拠とともに示された。①人事システムの先行要因については，事業戦略や文化—風土といった組織内部の要因に主たる関心が集まってきた。②人事システムの成果については，財務業績，生産性，離職，心理的ウェルビーイングといった多様な利害関係者に関する事柄に満遍なく関心が寄せられてきた。③人事システムと成果の媒介要因については，人的資本論やAMOモデルなどの理論的視座に加え，[18]実証例が蓄積されつ

17）　具体的には，Business Source Premier, Google Scholar, PsycInfo, WoSの4つである。
18）　人的資本論については，第1章2.5項および第5章全体とりわけ2.2項（2）を参照のこと。
　　AMOモデルとは，従業員の能力（ability），動機（motivation），活躍機会（opportunity）を高

つある。④人事システムと成果の関係を調整する要因としては，①でも指摘した事業戦略や文化一風土に多くの関心が寄せられてきた。

こうした検討を通じ，ジャクソンらは，これまでの研究蓄積が量的にも質的にも不十分で，今後探究されるべきトピックを，多く指摘した。それにはたとえば，人事システムの測定尺度の標準化，人事システムが成果を創出するメカニズムを解明するための組織と利害関係者の相互作用への着目，多様な環境に同時に直面するグローバル企業や多様な雇用関係を抱える企業における複雑な人事システムを説明するモデルの開発，複数の利害関係者のニーズを同時に満たす人事システムの解明，知識労働者・チーム・自然環境の持続可能性といった新規性の高い事象への着目，実務的有用性の確保，が含まれる。

(2) 計量書誌学的手法による研究領域の知的構造の描写（Markoulli *et al.*, 2017）

Markoulli *et al.*（2017）では，人事管理研究で蓄積されつつある SLR のうち[19]，領域全体を分析した5つの事例を検討し，SLR が抱えがちな問題が指摘された。まず，領域全体を構成するサブ領域の範囲や内容の定義が研究者の直感に基づいて行われている。また，分析対象を特定のジャーナルに絞り込んでいるためサンプルに代表性がない（p. 368; pp. 370-371）。彼女らはこうした問題を克服するため，①計量書誌学的手法を用いる，②人事管理に関する実質的にすべての文献を分析対象とする，という調査戦略を採用した。

この研究におけるサンプルは，第一に，WoS に収められている経営学系の132のジャーナルに1992〜2015年の間に掲載され，タイトルあるいは要旨に「HR」，「SHRM」，「HRM」，「human resource」（および suffix＝接尾辞），「personnel manage」（および suffix）が含まれている文献（7887件）である。第二に，人事管理領域に特化したジャーナル8誌へ[20]1992〜2015年に掲載された文献である

める人事システムが企業業績の先行要因となることを示す図式を指す（Gardner *et al.*, 2011；Lee *et al.*, 2019）。

19）マルコウリらは「構造的レビュー」（structural review）としているが，その意味は SLR と同様である。

20）この8誌は2つのサブグループからなる。一つは，*Asia Pacific Journal of Human Resources*, *Human Resource Management*, *Human Resource Management Journal*, *Human Resource Management Review*, *International Journal of Human Resource Management*, *Personnel Review* の6誌である。これらは，各誌に掲載されている文献の40％以上において，そのタイトルまたは要旨に，第一のサンプリングで用いられた語句が含まれることから選ばれた。もう一つは，*International Journal of Manpower* と *International Journal of Selection and Assessment* であるが，これらが選ばれた理由は明示されていない。

図2-5　5つの研究領域とその関係性

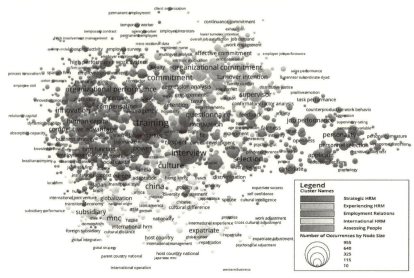

（出所）　Markoulli *et al.* (2017) p. 373。

(1674件)。第三に，第二群のサンプルを引用している，上述の文献以外の文献である（2596件）。

　これら計1万2157件の文献のタイトルと要旨が，自然言語処理ソフト（VOSviewer[21]）を用いて分析された。10件以上の文献に現れた語句（ただし名詞のみ）[22]が抽出され，各語句が研究上の「how」「who」「what」「where」のいずれに該当するかが著者らによって判断され，いずれにも該当しない語句は分析対象から除外された。分析対象となった1702語の間の共起関係が測定され，共起性が相対的に強い語句群（クラスター）が5つ特定された。それらは，「戦略的HRM」「HRMの経験」「雇用関係」「国際的HRM」「人の評価」という人事管理研究におけるサブ領域に該当する。これらのサブ領域は総じて独立性が高いが，「雇用関係」クラスターのみは他の4つのクラスターとある程度かかわり合っていた（p. 373; pp. 375-376；図2-5）。こうした予備的な分析を踏まえ，それぞれのクラス

---

21)　ライデン大学で開発された，以下のリンクからの無償利用が可能なソフトウェアである（https://www.vosviewer.com，2024年3月3日閲覧）。
22)　VOSviewerのプログラムにより，分析対象となったテキストが形態素ごとに分解され，名詞のみが自動抽出された。

第 2 章　人事管理研究における体系的文献レビュー　73

表 2-6　研究と実務における関心のギャップ（一部抜粋）

語　句	実務誌での登場数	学術誌での登場数	注目度の不一致[1]	注目度の比率[2]
1)　Employer	1419	647	17.89 %	4.36
2)　Company	1693	1531	15.10 %	2.20
3)　HR professional	842	244	11.76 %	6.86
4)　Employee	2139	2848	11.56 %	1.49
5)　Program	816	581	8.57 %	2.79
6)　Plan	462	187	6.02 %	4.91
7)　Time	750	816	5.55 %	1.83
8)　Cost	528	411	5.26 %	2.55
9)　Benefit(s)	575	595	4.51 %	1.92
10)　Expert	331	120	4.43 %	5.48
11)　Business	503	477	4.30 %	2.10
12)　Law	274	89	3.75 %	6.12
13)　Job	631	833	3.47 %	1.15
14)　Worker	642	863	3.40 %	1.48
15)　Service	418	509	2.65 %	1.63
（中略）				
91)　Administration	98	86	0.90 %	2.27
92)　American	79	49	0.89 %	3.21
93)　Fund	58	8	0.88 %	14.42
94)　School	100	94	0.86 %	2.12
95)　Computer	88	71	0.86 %	2.46
96)　Talent	153	201	0.85 %	1.51
97)　Senior vice president	53	3	0.84 %	35.13
98)　Professor	62	22	0.83 %	5.60
99)　Saving	59	18	0.82 %	6.52
100)　Benefit plan	50	1	0.81 %	99.42

（注）　1)　「注目度の不一致」とは，ある用語に言及する実務誌の割合から学術誌の割合を引いた値である。
　　　　2)　「注目度の比率」とは，ある用語に言及する実務誌の割合を学術誌の割合で割った値である。
（出所）　Markoulli *et al.* (2017) pp. 386-387 より筆者作成。

ターにおける①登場頻度の高い語句，②近年登場しやすい語句，③影響力のある研究で登場しやすい語句，④引用される頻度が高い研究，⑤かかわりの強いジャーナル，が紹介された。

　次に，人事管理領域における研究者と実務家の関心の相違が計量的に明らかにされた。結果は序章2.3項に示したため，ここでは手順のみを紹介する。第一に，実務家の関心を明らかにするため，人的資源管理協会（Society of Human Resource Management）が刊行する *HR Magazine* に 1992〜2015 年に掲載された 6114 件の記事[23]が分析対象とされた。第二に，これらの文献のタイトルと要旨から語句（ただし名詞のみ）が抽出された。第三に，実務領域と研究領域のそれぞれにおける，

　23)　書評，イベントの案内，会員向け情報といった周辺的なドキュメントは含まれない。

各語句の登場の程度（各語句が登場する文献の比率）が導出された。第四に，各語句の登場の程度における実務領域と研究領域の差分を導出した。第五に，分析上の意義が乏しい語句を除外しながら，実務領域でより使用されやすい上位100語を特定した（表2-6）。これらは序章2.3項で示した7つのトピックに関するものと解釈され，それぞれのトピックにおける研究不足の実態が，例外的な研究例を交えつつ説明された。

これらの先行研究における体系的な分析を通じて，将来有望な研究領域が示唆された。Jackson *et al.* (2014) が，リサーチ・ギャップを，自らの理念型的なフレームワークを実際の研究がカバーしている程度に着目して示したのに対し，Markoulli *et al.* (2017) は，実務家の関心を研究者がカバーしている程度に着目して示した。

(3) 特定のテーマに関する文献の系統的な選定（Garcia-Arroyo & Osca, 2021）

Garcia-Arroyo & Osca (2021) は，近年の経営実務のあり方を大きく変えつつあるビッグデータが，人事管理の全体および特定領域に及ぼす影響についての研究上の知見を，系統的に確認しようとした。

まず，SLR領域で広く参照されるPRISMAガイドラインを参照し，レビュー対象となる文献の選定（絞り込み）を行った。具体的には，いくつかの文献DB[24]に収められているさまざまな文献のうち，そのタイトルに，「big data」「data analysis」「big dataset」「massive data」の1つ以上，および，「human resource」「human resource management」「personal」「work」の1つ以上が含まれているものが，検討対象の候補として抽出された。文献の中には，通常含まれることが多い査読付き論文のほか，査読なしの論文，博士学位論文，書籍，編著本の各章が含まれる。これらの文献で引用されている文献も，検討対象の候補となった。選定対象となった文献は2000年1月〜2019年4月に刊行されたもので，この時点で1565件が抽出された。

これらのうち，重複文献（603件），タイトルと要旨の内容から彼らの研究関心にそぐわないと判断された文献（894件），その文章内容から人事管理への言及がないか記述の質の面で問題がある文献（27件）が，順次検討対象から除外された

---

24) 具体的には，PsycINFO, Academic Search Premier, Open Dissertations, EBSCO, eClassics Collection（EBSCOhost），E-Journals, ERIC, GreenFILE, International Political Science Abstracts, Library Information Science & Technology Abstracts, PsycARTICLES, Psychology and Behavioral Sciences Collection, The Serials Directory の13である。

図2-6 レビュー対象となる文献の選定に関するPRISMAフローチャート

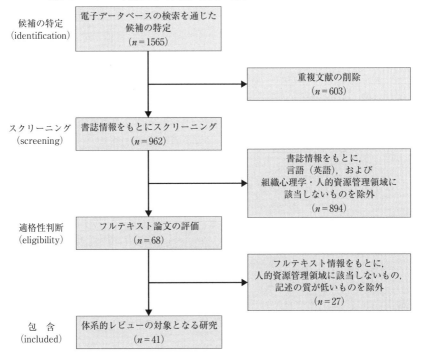

（出所）　Garcia-Arroyo & Osca（2021）p. 5 より筆者作成。

（図2-6）。その結果として，41の文献が検討対象として選ばれ，これらが，著者らが設定した「人事管理の研究と実務」（5件），「選抜・採用」（4件），「アセスメント・能力開発」（4件），「情報・学習・知識」（19件），「戦略・能率・業績」（9件）という5つのカテゴリーに区分された。そして，カテゴリーごとに，そこに分類された研究について，質的なレビューが行われた。

　質的なレビューを通じ，既存のSHRM論で指摘されてきたような，人事システムが企業の競争優位に結びつくメカニズムが，ビッグデータを活用した人事管理によって実現しやすくなる可能性が見出された。彼らによると，従来の，あらかじめ存在する理論仮説に基づいた演繹的な意思決定のみならず，理論仮説を裏

25）　このうちの54.8％が，WoSまたはScopus所収のランキングが付与されたジャーナルの査読付き論文であった。28.6％は書籍または編著本の章，16.6％が博士論文または上記2種のデータベースに収められていない査読付き論文であった。

切るようなエビデンスを踏まえた帰納的な意思決定が，実務上の有力な選択肢となる。しかし，ビッグデータの導入・活用に際しては，意思決定主体によるビッグデータに対する十分な理解と，管理システム，とりわけ情報セキュリティ体系の整備が必要となる。

(4)　日本における先行研究事例（柿沼, 2023；服部, 2020a）

本章では，WoS と Scopus を用いて SLR 文献を抽出したため，分析対象から外れた文献は，日本語のものも含め，多くある。人事管理研究における SLR の全体傾向を把握するという意味では大きな問題はないかもしれないが，日本の読者に先端的な議論を紹介するという意味では，日本の人事管理研究における SLR を紹介できないことに「片手落ち」の感はある。

そこで以下では，日本初の優れた SLR の好例として，人事管理研究の一部であるタレント・マネジメント研究の構造について計量書誌学的手法で解明を試みた柿沼（2023）と，人事管理研究の近接領域である組織行動論の近年の動向について記述統計ベースで丹念な検討を行った服部（2020a）について，その内容を紹介したい。

柿沼（2023）は，戦略的人的資源管理（SHRM）との比較を通じてタレント・マネジメント（TM）の概念的特徴を抽出するため，両語句を論題・要旨・キーワードのいずれかに含む 1990 文献を Scopus から抽出し，著者キーワードが付された 1662 文献を分析した。この文献の中には著者キーワードとして 3497 語句が含まれており，これらを対象に①出現頻度ランキング，②主要 2 語句（talent management および strategic human resource management）の年ごとの出現頻度，③主要 2 語句を中心とした頻出語句間の共起ネットワーク，④主要 2 語句との関係から見た頻出語句の分類，⑤主要研究テーマの時系列変化，を示した。TM と SHRM の主な違いとして，第一に，TM が個別の管理施策と個人レベルの成果に関心を向け，SHRM が管理施策群と組織レベルの成果に関心を向けるという分析レベルにかかわるもの（75 頁），第二に，SHRM には経営戦略との接合にかかわる語が多用されるが TM にはそれがないという補完性にかかわるもの（72 頁）がある。さらには，被説明変数（TM）と媒介変数（SHRM）という扱いの違いはあれ，ともに個人の態度や行動に着目し（72-73 頁），多くの語句が TM とも SHRM とも共起しており概念的境界は曖昧である（74 頁）。

服部（2020a）は，2000 年時点での組織行動論における主要 49 トピックの研究動向を紹介して包括的な問題提起を行った Heath & Sitkin（2001）を踏まえ，そ

の後の研究動向を確認した。組織行動論を取り扱う主要 8 誌に掲載された実証研究について検討した結果，既存の 49 トピックに加え，プロアクティブ行動，ジョブ・クラフティング，ポジティブ組織行動などの 7 トピックで新たに研究蓄積が進んでいることが示された（15-20, 28 頁）。また，マクロ現象のミクロ的基礎，エビデンス・ベースド・マネジメントといった，特定の研究分野の枠を超えた研究スタンス上の新たなトレンドも観察された（20-23, 29 頁）。さらに，組織行動論に特化した 2 誌（*Journal of Applied Psychology* と *Journal of Organizational Behavior*）に 2001 年 1 月から 2019 年 1 月までに掲載された実証研究を検討し，リーダーシップおよび上司行動，チーム・グループ，公正性，業績，パーソナリティの 5 つが主要トピックであること，逆に，21 のトピックにおいてほとんど研究蓄積が見られないことを示した（26 頁）。こうした研究蓄積の偏在から，Heath & Sitkin（2001）が指摘した「コア・コンピタンス問題」（組織の中だからこそその人間行動を説明していない），「中心性問題」（組織についての理解増進につながらない），「オリジナリティ問題」（基礎学問の知見を十分に翻案せずに組織領域に持ち込む）が依然解消されていないことが示された（30-31 頁）。

　これらは多くの示唆を有する研究であるが，分析対象が海外文献である。日本の人事管理研究の動向を知るためには，手法の面では大いに参考になるものの，発見事実という面では直接的に参考にしがたく，本書独自の文献レビューが求められる。

4　人事管理の研究者は SLR にどう臨むべきか

4.1　SLR におけるエビデンス重視の実態

　第 2 節で検討したように，経営学領域における SLR の初期の主導者は，従来型のレビューにおける問題を，その手順に研究者の恣意性やバイアスが入りかねない点に見出した。そして，その打開策を，先行研究，とりわけ経験的研究の体系立った扱いに求めた。第 3 節では，人事管理研究において同様の趣旨に立った研究事例を紹介した。

　こうした主張が生じた 2000 年頃，経営学領域では，科学的厳密性と実務的有用性の両立のための最適な経路として，学術的なエビデンスに基づいた実務上の[26]

26）　Rousseau（2006）は，科学的手順により導出され，因果関係についての経験的一般性が確保

処方箋を重視する潮流が生じていた（Pfeffer & Sutton, 2006；Rousseau, 2006; 2012）。エビデンスとその活用法の提示を通じて実務に貢献することを望む研究者自身が，エビデンスに基づいて研究領域を理解すべきである。もしそうしたことを SLR が含意するなら，それは同時代の経営学の潮流の中にあるといえる。

　従来の（物語的な）文献レビューを含む先行研究の根底にある研究者の恣意性やバイアスについての，エビデンス重視側からの指摘は，事実説明としては正しいだろう。「研究者自身，正確な主張を行おうとしても行いきれない」という認知限界に由来する問題を軽減させることには一定の意義がある。

　しかし，先行研究を偏りなく収集・分析することは実際に可能なのだろうか。先行研究の収集の段階では，公刊された文献，とりわけ一部のトップジャーナルに範囲が絞られがちだが，それが研究領域を正確に理解する手段として有効だとは限らない。以下の背景から，たとえ SLR において研究者が自身の観点，別の言い方をすれば恣意性やバイアスを排除しようとも，当のエビデンスに恣意性やバイアスが含まれており，研究領域の現状について「エビデンスそのものに語らせる」ことを難しくするのである。

(1) エビデンスへの到達基準としてのジャーナル編集方針

　研究の世界では，公表されていないが価値ある分析結果も多数ある。また，ある理論仮説，とりわけ定評ある理論に基づく仮説に対して否定的な結果，あるいは肯定しない結果に基づく「独創的な」研究は，ジャーナルに採択されにくい可能性がある（Franco *et al.*, 2014；佐藤, 2016）。こうした「公表バイアス」（publication bias）がある場合，研究者は目にすべきエビデンスの一部にしかアクセスできなくなる。掲載のための制約が多いトップジャーナルに分析対象を絞ることで，その傾向が助長される。一部のエビデンスを体系的に検討することで，ある因果関係についての多様な見解を表しにくくなり，その実在性について不正確な評価をしてしまうリスクがある。

　多くの研究者が，既存の理論の追試，それによる理論の精緻化や適用範囲の限定に加え，それらとは真逆の，新しい理論の構築や，その理論の妥当性を裏づける初期的な調査にも動機づけられてきた。研究者のこうした行動の背景には，彼らが自らの研究成果の公表を期待するジャーナルの，着想の新規性を重視する

　された「大文字の E（big E）のエビデンス」を，局所的な事象に着目したために普遍性の低い「小文字の e（little e）のエビデンス」と対比し，前者の実務上の有用性を指摘した（p. 260）。

編集・査読方針があると推察される（Madden *et al.*, 1995；Rousseau *et al.*, 2008；Edwards, 2010）。こうして産出されるエビデンスは多様ではあるものの，外的妥当性を十分に確保できていないことが多く，SLR の対象としては不適切である可能性が排除できない。しかし，査読をクリアしているという理由で，SLR の対象に組み入れられることが多い。

実際には，度重なる追試に耐えてきた定評ある理論であっても，別の理論による反証を受けるということが，とりわけ経営現象を対象とした研究では多い[27]。同じ事象について相反するエビデンスが積み上げられるわけだが，このずれの背景を説明したり，それぞれの理論を再構築あるいは統合したりするような動きは，それぞれの視点を徹底する研究の進展と比べると乏しい。特定の理論の妥当性がSLR を通じて再確認されたとしても，その理論が元来抱える弱みの克服には至りにくいのである。

(2) エビデンスへの到達基準としての組織観

学術的なエビデンスたりうるものを提出し，受理する研究者の間には，それぞれの研究者が有する組織観をめぐって対立や一致が存在する。研究者が有する組織観には，「組織とはこのようなものだ」といった事実認識に加え，「組織とはこのようなものであるべきだ」といった規範や倫理観も含まれる（Burrell & Morgan, 1979；Alvesson & Deetz, 1996；Post *et al.*, 2020）。

とりわけ後者についていえば，経営に関する多くの研究が，それに参加する人々の間の利害対立を想定せず，組織と個人の統合が可能，あるいは統合されるべきものとしてきた。第 1 章で検討したように，人事管理研究においても，とりわけ戦略的人的資源管理（SHRM）論の登場以降，同様の傾向が見られるようになった（Keenoy, 2009；Greenwood & Van Buren, 2017；江夏・穴田, 2021）。こうした組織観は，多くの実務家が有する経営管理上の目標とも親和性が高く，研究者が示すエビデンスの多くは，そうした実務の追認や改善提案という形をとりがちである。

反面，統合という方向性に疑義を示すエビデンス，あるいは疑義から始まる批判的研究は，経営管理を担う実務家には支持されにくく，研究領域のメインストリームにもなりにくい（Learmonth, 2008; 2009；Tourish, 2013）。ただし，計量的分

---

27) たとえば，企業による業績連動型のインセンティブが従業員の将来の業績を高める可能性について，経済学的視点に立つ先行研究では，その成立条件の提示も含め，肯定的に評価されることが多かった。その反面，心理学的視点に立つ先行研究の多くが反証例を示してきた（江夏, 2020）。

析を通じて産出されたエビデンスは，統合のための経営管理の有効性を統計的に一定程度支持しつつ，そうした管理実践の影響が及ばない領域が経営組織に存在していることも，同時に示している[28]。同じエビデンスに対する解釈は研究者の組織観によって変わってくるが，往々にして経営管理の有効性を支持するほうに解釈が引き寄せられる。

経営や人事管理の研究におけるエビデンスをめぐる公表バイアスには，こうした一元主義的，別の言い方をすれば経営主義的（managerialistic）な組織観（序章3.2項参照）が潜在しうる。SLRによって研究者は，そうしたバイアスを示して弱める方向にも，隠蔽して強化する方向にも導かれかねない。しかし多くの査読を経ている論文を分析対象とすることが多い先行例の動向を見る限り，公表バイアスの強化への力は大きいようだ。経験的研究の産物としてのエビデンスに関するSLRに単純な組織観を持ち込むことの弊害は，複雑な利害関係の上で成り立つ人事管理について分析する際には懸念されるべきであろう（守島，2010；Morrell & Learmonth, 2015；Madden *et al.*, 2018）。

4.2 研究者の組織観を SLR にどう位置づけるか

研究上のエビデンスは，それを生み出す研究者の恣意性やバイアス，その背景にある組織観と無関係に成立しているわけではない。望ましい社会・組織・人間のあり方はどのようなものか。その理想のもと，誰にどういうメッセージを発信すればよいか。常識のどの部分を受け入れつつ，どこでオリジナリティを提示すべきか。発信媒体やキャリアの段階に応じて主張の内容をどう調整していくべきか。研究者はこうした問いにキャリアを通じて向き合ってきた。エビデンスとは，こうした問いに導かれた研究者による，観察対象についての特有の物語（narrative）なのである（Fleetwood, 2004；Tourish, 2013）。

このことを念頭に置くことで，SLRを実施する研究者がエビデンスを扱う際の指針が見えてくる。エビデンスの内容のみならず，その背景にあるそれを産出した研究者の組織観，さらにはそれがエビデンスのあり方に及ぼす影響についても，一次情報の読解や合理的な推論に基づいて説明・評価することが期待される。こうした読解・推論・説明は，エビデンスおよびそれが依拠する理論の多様性の

28）たとえば，ある経営管理の有効性を確認する回帰式の決定係数が0.3であったとして，そのことは，「被説明変数の分散の30％を説明できた」と積極的に捉えることもできるし，「被説明変数の分散の30％しか説明できなかった」と否定的に捉えることもできる。

発見や理解に加え，異なる理論の架橋や統合，新たな理論的探究が求められる領域の提示にもつながりうる（Post *et al.*, 2020, pp. 359-360）。レビュー対象についての単純明快な描写が難しくなるかもしれないが，それは研究領域に関する知識の増進，あるいは描写内容を受けての新たな問いの創出には少なくともつながるため，必要なことである。

　研究対象におけるエビデンスのみならず，SLR を通じて種々のエビデンスを取り扱う研究者自身の恣意性やバイアス，組織観についても，検討および記述の対象になりうる。繰り返しになるが，SLR の手順すべてを定型化できるわけではない。①研究対象やそれにかかわる問いの設定，②先行研究の包含基準の設定と適用，③除外基準の設定と適用，④先行研究が示すエビデンスの分類と解釈・評価，⑤提言と研究の限界の指摘。こうした手順のすべてにおいて，研究対象や研究者自身についての省察が伴う。たとえば，計量的な分析を行う対象を絞り込むための検索語句の定義は，現実の経営組織や関連する理論への研究者の問題関心に導かれる。検索によって機械的に抽出された数多くの文献から実際の分析対象を絞り込む際には，研究者は研究領域に関して自らが有する知識や分析ノウハウを動員する。分析対象となった論文を直接読み込むことで，あるいは推測統計などの分析を行うことで見出された，研究領域全体や各サブ領域の特徴の理解や説明も，研究者の問題関心や知識に即して行われる。一連の分析において，研究者自身の問題関心や知識が更新され，それが再分析を導くことも決して珍しくないだろう。

　つまり，SLR に付随する問題は，エビデンスやそれを取り扱う研究者が恣意性やバイアスを有することにはない。それらの中身や研究活動に及ぼす影響を明示しない，あるいは自覚しないことにある。SLR で重視される諸々の手順は，特有の恣意性やバイアス，組織観を有する研究者が，研究上の目的を達成するための，手段あるいは道具以上のものでもそれ以下でもない。SLR を通じてエビデンスを扱う研究者が探究すべきは，研究の手段の厳密性のみならず，その目的，および目的と手段の結びつきにおける妥当性である。なぜある分析の対象や手順が採用され，結果についてのある評価がなされたかを説明する。そのことが，公表された研究成果に対する読み手からの批判や提案をより建設的なものにし，研究成果の継続的な発展につながるだろう。

　こうした事柄は，エビデンスを重視する研究に限って求められることではない。しかし，エビデンスを重視する研究においては，恣意性やバイアスを排除すべき

という価値中立的なメッセージがとりわけ発信されやすく，結果として言行不一致，読み手や自身への欺瞞につながりやすく，とりわけ注意が必要となる。

4.3　計量書誌学的手法への示唆

計量書誌学的手法においては，一般的な SLR とは異なり，分析対象となる文献の内容が個別に検討されるわけではない。個別の文献の著者情報や，引用情報，被引用情報のほかにも，語句（形態素）に分解されたタイトル，要旨，キーワード，そして時に本文も含めたすべてのテキストに対して，計量的な分析が行われる。テキストを構成するそれぞれの語句（形態素）の登場頻度や語句の間の共起ネットワークを可視化することを通じ，エビデンスすなわち研究領域の知的構造が浮上する。

計量書誌学的手法は大量のサンプルを扱うため，個別の文献の背景にある研究者の組織観を直接洞察するのは，実質的に不可能である。研究領域の知的構造の存在理由を説明し，その実態を評価するためには，研究における多様な組織観について，分析結果を踏まえて推測する必要がある。それは，その分析対象に特有の「集合意識」「時代精神」を再構築する作業だともいえる。その際には，必要に応じて，レビュー対象となった文献の掲載先の特徴，文献が刊行された時期の人事管理，企業経営，さらには社会全体の動向も，適宜考慮に入れられるべきである。繰り返しになるが，それは Rousseau *et al.* (2008) で主張された「説明的合成」に該当する。

従来型の質的レビューよりも SLR，SLR の中でもとりわけ計量書誌学的手法と，レビューの手法が定式化されるほど，研究領域についての描写はある意味で平板で，薄いものになりやすい。しかし，そうした定式化によって，レビュー結果からの理論的あるいは実践的な洞察が読み取りにくくなるべきではない。良質な洞察を示すためにあくまで必要なことは，浮かび上がる実態についての研究者の解釈と説明，そして評価である。この重要性はあらゆるレビューに共通することである。しかし，すべての一次資料を深く読み込まず，さまざまな研究者の組織観に直接触れたり推測せずにレビューしがちな計量書誌学的手法においては，そのことがとくに強く意識されるべきだろう。「説明的合成」としての SLR を構成する際に，従来型のレビューから学ぶ点は多い。「物語的」であることは，必ずしもネガティブに捉えられるべきではない。

5 さいごに

　本章では，SLR，そしてそこでしばしば採用される計量書誌学的手法の特徴について，実例も交えながら説明した。その上で，そうしたエビデンスを重視した研究が主導される背景にある「恣意性やバイアスの排除」という目標について，批判的に検討した。何らかの研究目的や研究対象を設定し，その範囲でエビデンスを収集し，検討することで，何らかの恣意性やバイアスは必然的に発生する。そうした経緯，さらには研究者自身の研究動機の背景にある利害や組織観を積極的に読み解いていくことが，先行研究レビューの要にすらなることを示した。

　こうした方法的検討を踏まえ，次章では，本書が日本の人事管理における研究者と実務家の関心，および両者のずれを，どのようなエビデンスや分析手法を用いて解明するのかについて紹介する。本章では，SLR を行う際のエビデンスの設定のあり方，とりわけ匿名の研究者による公式的な査読を経ない，非公開であることも多い「灰色文献」（gray literature）の扱いに関しては，その留意点や意義も含め，ほとんど検討してこなかった。次章ではこの点についても検討する。

補論　体系的文献レビューの対象の絞り込み手順

WoSで文献を検索するにあたり，検索結果の絞り込み条件を設定した。①「management」「business」領域とカテゴライズされる媒体に掲載されていること，②SSCI（Social Science Citation Index）が付与されインパクト・ファクターが算出された媒体に掲載されていること，③英語で書かれていること，である。検索窓には，TS＝（"human resourc* management" AND "systemati*" AND "review"），および TS＝（"human resourc* management" AND "bibliometri*"）という，2種類の文字列を入力した。TSは，検索範囲を論文のタイトル，サマリー，キーワードに絞り込むための指示である。" "を付与することで，その内部の記述に完全一致する単語あるいは複合語を含む論文を抽出する。ANDにより，その前後の単語・複合語の双方が含まれる論文を抽出する。そして*は，その部分にいかなる文字群が入ることも許すもの（suffix）である。たとえば，resourc*という指示により，resource と resources の双方が検出できる。

検索用の第一の文字列により134件の論文が，第二の文字列により32件の論文が抽出された。人事管理を中心的な論題としない論文を除外し，分析対象論文として，第一の文字列に対応するものが70件，第二の文字列に対応するものが18件で，重複は7件が抽出された。

Scopusの文献の分類基準はWoSのそれと異なるため，前者を極力後者に合わせた。つまり，以下の基準に該当する媒体に収録された文献のみ，抽出対象とした。WoSにおける基準①に対応するものとして，「business, management and accounting」領域を示すコードが筆頭に貼り付けられていること（Scopusに登録される収録媒体には，研究領域が近い順にいくつかのコードが付与される）。基準②に対応するものとして，WoSによって抽出された81文献を収録する媒体のうちインパクト・ファクターが最も低い媒体のCiteScoreと同等以上（正確にはその値である1.1をやや下回る1.0以上。2022年時点）であること。基準③および検索文字列は，両DBで同様である。

検索用の第一の文字列により115件の論文が，第二の文字列により28件の論文が抽出された。人事管理を中心的な論題としない論文を除外し，分析対象論文として，第一の文字列に対応するものが64件，第二の文字列に対応するものが22件で，重複は5件が抽出された。

なお，こうした分析手順の説明は，透明性に加え再現可能性の観点からなされることが多いが，後日における完全な再現は，多大な手間を要する可能性がある。文献DBにおける，分析対象文献およびその収録媒体の掲載や取り消し，あるいは，各文献がオンライン先行公開状態から巻号やページ数が付与されるといった登録の形の変更が，最初に分析した日以降に行われうるためである。登録の形の変更により，オンライン先行公開文献の発行年に変化が生じることが多い。

第 *3* 章

体系的文献レビューのためのデータと手法

1 はじめに

　序章では，研究の知見が実務に十分に反映されていない可能性，そして実務的な問題関心が研究領域に共有されていない可能性について検討した。第1章では，およそ100年にわたる人事管理研究における，実務との架橋を目指した日米での試みを紹介した。こうした試みが実際の架橋につながっているのかどうか，架橋のために必要なことは何かについて，日本の事例をもとに検討するのが本書の目的である。そこで第1章の末尾では，架橋のために研究者と実務家の双方に求められることを提示した。

　そして第2章では，研究と実務の架橋を果たす「切り札」として一部の研究者が想定している，経験的研究の発見事実，すなわち「エビデンス」を重視する研究スタイルについて検討した。とりわけ，種々のエビデンスを体系的に整理して科学的厳密性と実務的有用性が両立した知見を導出する先行研究レビュー，すなわち体系的文献レビュー（systematic literature review：SLR）の考え方と，人事管理研究におけるSLRの動向を紹介した。一連の検討を通じ，エビデンス重視のSLRであったとしても，研究者自身の関心，すなわちある種の恣意性やバイアスを主張のベースとせざるをえないこと，そして，そうである以上，データの収集・分析・解釈において用いられる基準を明示すべきであることを示した。

　本書では，日本の人事管理50年の動向について，とくに研究者と実務家それぞれの関心の推移，そして双方の間のずれに関し，SLRを通じて明らかにすることを目指している。SLR，とりわけ計量書誌学（bibliometrics）的な分析を，人事管理研究に関する言説のみならず（第4章，第5章），人事管理実務に関する言

説をも対象に行い（第6章），両者の結果を比較検討する（終章）。人事管理についての日本の研究と実務を対象とした本格的なSLRの先例はない。研究と実務の関心の対比についても，双方の間のギャップがたびたび取り上げられるにもかかわらず，世界的に見ても Deadrick & Gibson（2007; 2009）や Markoulli *et al.*（2017）のような少数の例外があるのみである。

　本章ではまず，本書の分析で用いる2つの分析サンプルを紹介する。近年のSLRの大半とは異なり，今回の研究は，既存の電子データとして利用可能な文献DBに依拠したものではない。それは，本書の研究対象となる日本のおよそ50年分の人事管理研究および人事管理実務に関する文献の多くが，非公刊で日本語で書かれてきたものであるという事情による。また，そうした文献の電子化や，学術的〜非学術的なデータベースへの搭載は，近年のものを除き，行われていない。そうしたことから，種々の文献についてのデータセットの構築を，筆者自身で行うことを余儀なくされた。本章の最後では，2つのデータセットの分析手法について説明する。

2　人事管理研究に関する分析サンプル

2.1　日本労務学会の文献の概要

　日本の人事管理に対する研究上の関心の構造や推移を解明するため，日本を拠点に研究活動を展開する日本労務学会（Japan Society of Human Resource Management）が1971〜2020年に産出してきた，2種類の文献を分析対象とする。第一が，学会設立以来，毎年の全国大会に前後して刊行された『日本労務学会全国大会研究報告論集』（以下，論集[1]）に掲載された文献であり，主として全国大会における統一論題報告と自由論題報告に関する論考からなる[2]。第二が，1999年発刊の，匿名レフェリーによる査読付き学術論文などを収める『日本労務学会誌』（以下，機関誌）に掲載された論文である。その内訳は改めて説明するが，分析対象となる文献の数は合計で1745件にのぼる。

---

1)　この名称は第28回全国大会以降のものである。第1〜10回大会に関する論集は『経営労働研究叢書』，第11〜27回大会に関する論集は『日本労務学会年報』という名称であった。『経営労働研究叢書』は商業的な出版もなされた（中央経済社刊）。

2)　統一論題報告者には実務家が含まれることもあるが，統一論題では研究者との討議が行われるため，実務家による報告内容も研究上の文献としてカウントした。また，これらは基本的に日本語で執筆されているが，外国語（英語またはドイツ語）によるものも若干存在する。

日本労務学会は，1970年に「労務問題」についての研究を多様な学問的スタンスから発展させるために発足した。1971年以降，年に1度の頻度で全国大会が開催されてきた。北海道・東北・関東・中部・関西・九州という地域ごとの部会を有し，各部会では年に1～数度の研究会が開催されている。会員数，設立からの年数，研究成果の総量から見ても，日本を代表する人事管理研究のコミュニティである。

日本の人事管理研究の関心の長期的な推移を捉えるにあたり，日本労務学会の文献はいかなる意味で代表性を有しているといえるだろうか。まず，日本労務学会は50年以上にわたって研究成果を産出しており，研究関心の長期的な推移を捉えやすいデータソースである。また，自らのありようについて，「経営学・経済学・社会学・心理学・法律学・労働科学の諸分野より，雇用・労働・人事・管理・経営・労使関係など広義の労務問題を多面的多角的に研究しています[3]」としている。実際，筆者が文献の内容を確認したところ，各分野の濃淡や，その時期による違いはあるものの，背景の学問領域は多様であった（江夏ほか, 2022）。また，第4章と第5章で詳しく検討するように，人事管理に関する多様な研究テーマが扱われてきた。

サンプルサイズをより大きくするため，他の学会，その他組織が刊行してきた媒体を分析対象に含める可能性も検討したものの，最終的には含めなかった。たとえば，日本社会学会，社会政策学会，日本経営学会，組織学会など，日本労務学会よりも会員数の大きな学会，あるいは労働政策研究・研修機構のような公的機関が，人事管理研究「も」取り扱う媒体を長年にわたって刊行してきた。しかし，各媒体に収められたさまざまな文献には，その学術領域の広さから人事管理研究と見なしてよいかどうか，明確な基準を定めきれないものが少なからず含まれてしまう。このため，SLRにおいて行われる除外作業（機械的にリストアップされた分析対象から研究者自身が手作業で行う）が膨大かつ不正確となり，日本の人事管理研究の全体を把握し損ねるリスクがある。

また，日本労務学会よりも後に設立された，経営行動科学学会，労務理論学会，人材育成学会，キャリアデザイン学会などの学会も，種々の媒体を刊行してきた。しかしこれらは，人事管理領域の全体を射程に入れた日本労務学会と比べると，特定の事象に研究上の焦点が当たる傾向にあり，必ずしも人事管理研究の大半を

---

3) https://www.ibi-japan.co.jp/jshrm/aboutus/aim.html（2024年3月3日閲覧）。

網羅しているとはいえず，刊行が始まった年数もまちまちである。

このように，どの媒体を分析対象に加えるについての線引きがいかなる形をとったとしても，何らかのサンプリング・バイアスの発生は避けられない。そこで筆者は，サンプルサイズを大きくすることで説明不可能なバイアスが生じることを回避するため，分析対象を日本労務学会が産出した文献に絞った。たしかに，母集団としての日本の人事管理研究全体と比べると，日本労務学会の文献は，数量としては限定的なサンプルである。しかしそれは，人事管理研究の多様性が反映された研究蓄積であり，一定の代表性を有すると判断した。

2.2 分析対象とした文献の詳細

日本労務学会の全国大会の論集に掲載される主な報告として，まず，大会実行委員会やプログラム委員会[4]によって企画されたものがある。そこで筆者は，分析対象として，①各大会の統一論題に関する報告を文章化したものに加え，②統一論題報告に対する他の研究者によるコメントや総括を文章化したもの，③統一論題とは別企画の研究報告や講演を文章化したもの，に着目した。それらに加え，④全国大会とは直接関連しないものの論集のために特別に文章化されたもの，にも着目した。

これらの文献が掲載された論集は，第 27 回全国大会（1997 年）以前には大会開催後に，第 28 回全国大会（1998 年）以降には大会開催時に刊行されてきた。[5]ただし，刊行の形式・時期や，その時々の大会実行委員会やプログラム委員会の方針の違いもあり，文献の分量や体裁にはばらつきがある。とくに第 28 回全国大会以降は，統一論題報告について，論集では簡潔な記載にとどめ，加筆修正したバージョンを機関誌に掲載し直すケースが多く見られた。こうしたケースについては，論集掲載の文献と機関誌掲載の文献を合わせて 1 つの文献とし，前者のみカウントした。これらの文献は第 1 回全国大会より毎年産出されており，計413 件がカウントされた。

論集に掲載されるもう一つの主たる報告が，会員の希望に応じて実施される自

---

4) 第 34 回全国大会（2004 年）から設置された委員会で，統一論題を含む全国大会の報告企画の立案を専門的に担う。それ以前は，大会実行委員会が，経費管理・会場運営・広報に加え，企画業務も一手に引き受けていた。

5) 『経営労働研究叢書』は，第 1〜10 回の全国大会（1971〜1980 年）が開催された翌年度に論集が刊行された。『日本労務学会年報』は，第 11〜27 回の全国大会（1981〜1997 年）が開催された年度内に論集が刊行された。

由論題である。自由論題報告は第 2 回全国大会（1972 年）から実施されており，それから第 10 回全国大会（1980 年）までは，そのうちの少数がその後に文章化され，論集に掲載された。第 11〜27 回全国大会（1981〜1997 年）の報告は，その大半がその後に文章化され，論集に掲載された。第 28 回全国大会（1998 年）以降は，報告に先んじてその内容に関する原稿を全国大会の主催者に提出することが，報告者には求められている。この文献に加え，全国大会でのポスター報告を文章化したものや，地方部会での研究報告を文章化したもののうち，論集に掲載されているものについても，全国大会での自由論題報告に関する文献に準ずると見なし分析対象に加えた。これらの文献は，論集に掲載される水準にあると全国大会の主催者が判断したと考えられるためである。これらについては計 1190 件がカウントされた。

一方，機関誌『日本労務学会誌』は，1999 年に発刊され，年度当たりおおむね 2 度刊行されてきた[6]。ここで分析対象としたのは，2020 年 10 月刊行の第 21 巻第 1 号までの 41 冊に掲載された，①匿名レフェリーによる査読を経て採択された学術論文，②査読なしの学術論文，である。つまり，巻頭言や書評，あるいは不定期に連載されるエッセイなどは分析対象に含まれない。

これらの学術論文の中には，全国大会での自由論題報告に基づくものが一部含まれるが，機関誌への投稿のために大きな改訂が加えられており，また，学術論文としての内容や体裁を編集委員会や匿名レフェリーから求められている。そのため，同じテーマではあっても，論集掲載のものと機関誌掲載のものは，別内容であると判断した。これらの文献については，計 142 件がカウントされた。

なお，機関誌には統一論題報告の一部が文章化されて，掲載されることがある。これらについては論集掲載文献と同一と見なし，分析対象としてカウントしていない。また，引用文献情報の扱いについては次項末尾で説明する。

2.3 データベースの構成

1745 件の文献について，論集や機関誌における記載内容をもとに，著者名，出版年，文献の種別，掲載された媒体といった属性的情報に加え，タイトル，タ

---

6) 唯一の例外は 1 年度に 3 号が刊行された 2020 年度（第 21 巻）であるが，ここでは第 21 巻第 1 号までを分析対象としたため，2021 年に刊行された第 2 号・第 3 号は分析対象外となる。

イトルの英訳,[7] 要旨,キーワード,引用文献を特定・抽出し,表計算ソフト（Microsoft Excel）上に構築した集計表に入力した。文献ごとに1行ずつを用いた。[8] 集計表には,著作権上の理由,[9] および文献の大半が電子データとして存在していないこと[10]から,各文献の本文情報は入力していない。

　これらのうち,分析対象となるのは,各文献のタイトルと引用文献に関する情報である。ただし,ここで作成したデータベースにおいては,とりわけ論集に収められた文献において一定の不完全さがある。タイトル情報がないというケースはないものの,引用文献については記載が部分的または全体的に省略されるケースが存在している。全国大会の自由論題に関する文献においては,本文に多くの紙幅を割いた結果として,そうしたことがしばしば起こりうる。また,統一論題報告や,それ以外の研究・講演企画といった,自由論題以外の文献の一部については,論集に掲載されている内容が要旨に近い。そうしたものは,全国大会での報告以降に,より詳細な内容が機関誌に掲載され,参考文献情報が補足されていることが多い。機関誌に収められた文献については,こうした問題は見られない。

　人事管理領域も含む経営研究におけるSLRでは,とくに計量書誌学的手法が採用される場合,各文献の要旨やキーワードが分析対象として用いられることが多い。しかし,本書で用いるデータにおいては,上述のような執筆規定上の理由もあり,それらを完備している事例のほうが少ない。

　このことを踏まえ,本書の分析では,各文献の関心を表しているものとして,論題と引用文献に着目した。統一論題報告に関する機関誌掲載の文献は,その引用文献情報を分析対象とした。論集掲載の文献における引用文献と見なし,重複分は一つに集約した。

---

　7)　タイトルが日本語の場合に限る。

　8)　それぞれの文献が有するデータは,刊行時期,刊行媒体,文献の種別の違い,あるいは著者が執筆規定を遵守する程度などに応じて,一様ではない。たとえば,タイトルの多言語表記（日本語＋英語など）や,要旨あるいはキーワードの記載がある場合もない場合もある。

　9)　論集掲載分については,著作権の所在が明文化されていない。機関誌掲載分の著作権は,第8巻第1号までは著者に,それ以降は日本労務学会に帰属している。

　10)　論集に掲載されている論文は公刊物ではないため,テキスト・データ化は不可能ではない。ただし,そのために要する手間や費用を鑑み,本研究ではその作業には従事していない。また,機関誌の電子データは,第9巻以降については,「科学技術情報発信・流通総合システム」（J-STAGE, https://www.jstage.jst.go.jp/browse/jshrm/-char/ja）上で閲覧・入手できる（2024年3月3日現在,同日閲覧）。

2.4 データベースについての留意事項

市場への流通を想定したものではないものの，非公開または機密の資料でもない文献群は，「灰色文献」（gray literature）と呼ばれる。灰色文献の長きにわたる特徴の一つが，非商用であることと，その点に由来したアクセスの困難さであった。非商用であることは，依然として灰色文献の中核的な特徴であり続けている（池田, 2015）。ただ，アクセスの困難さについてはインターネットの普及によって一部改善している。

本書における分析対象のうち，論集，とりわけ第11回全国大会以降のものは，種々の口頭報告に関連した文献が集められた非公刊物であり，灰色文献の中核的な定義をおおむね満たす。アクセスの困難さについていえば，論集は，近年（2019年）に至るまで紙媒体で発行されてきたが，その各巻は，大学等の図書館や個人研究者等により数十から数百冊が保管されているに過ぎないと推察される。また，論集に収められた文献の大半が日本語で執筆されたものであり，とりわけ海外の人々にとってはアクセスが困難である。言語的特徴を踏まえると，機関誌に収められた査読付き論文ですら，世界的に見た場合には灰色文献に近いといえなくもない。

灰色文献の代表的な種類に①テクニカル・レポート，②学位論文，③会議録があり，本書での分析対象のうち論集は③に該当する。こうした文献には，「専門的な知識の体系をより豊かにする未開拓の情報資源」および「一過性の利用価値の低い情報」という両極的な評価がなされる（池田, 2010）。多くのSLRが，分析対象を収集するためにWeb of ScienceやScopusのような文献DBを活用しているが，その結果として灰色文献が分析対象外となることが多い。そうした文献DBでは，一定の学術水準を備えた文献のみを搭載するための基準を設けているためである（Martín-Martín *et al.*, 2018）。機械的に文献搭載を進めるGoogle Scholarのような一部の文献DBが灰色文献の検出を可能にしているが，そうした文献DBを使う著者の判断により，灰色文献は分析対象から除外されてしまうことが多い（第2章2.2項・3.1項参照）。また，多くの文献DBは，非英語の文献，査読を経ない文献などについて，検索対象からあらかじめ除外する機能を備えており，実際にそれが用いられることが多い[11]。

11）　人事管理研究におけるSLRにおける数少ない例外として，たとえば，Garcia-Arroyo & Osca（2021）やZhu & Warner（2019）が学位論文を，Busse *et al.*（2016）やLiboni *et al.*（2019）やZhu & Warner（2019）が非英語の論文を，レビュー対象に含めている。

こうした絞り込みの背景には，その質の高さについて研究界で合意がとりやすい文献に分析対象を絞ることで，より正確な分析結果が導出される，という想定がある。しかしこの想定には，少なくとも 2 つのリスクがある。第一に，灰色文献の中の良質な研究成果を見落とし，本来の目的を阻害しかねない。そして第二に，結果として研究領域全体の動向を捉え損ねかねない。

SLR の目的が，特定の因果関係について計量的側面から確認するような，メタ分析を含む集約的合成（Rousseau *et al.*, 2008）の場合，第二のリスクは重要ではないかもしれない。しかし，ある研究領域に内在する言説の多様性やその推移を捉えようとする場合，こうした絞り込みは問題になりうる。Madden *et al.* (2018) では，SLR の対象に灰色文献を含めるための，文献の検索と絞り込みの手順の定式化を試みた。また，Podgorodnichenko *et al.* (2020) は，非英語文献にもレビューの範囲を広げることでこそ，ある事象の意味や現れ方についての地域的あるいは文化的な多様性をより豊かに描けるとした。[12]

灰色文献は無数に存在する。より正確にいえば，存在の範囲が特定しがたい。そのすべてを網羅的に検討することは不可能であり，研究者自身が自らの問題関心に即して，検討の対象を絞り込む基準を明確にする必要がある。本書では，人事管理をめぐる日本の研究と実務に関し，その言説の全体像やその推移を長期間にわたって確認できる情報源を必要としている。長期間にわたる推移を確認するという問題関心から，人事管理について専門的に取り上げてきた特定の，代表的であると考えられる媒体を利用する，という判断を下した。

日本労務学会で産出された文献に関する情報を集計表に入力したのは筆者に加え，筆者がパートタイムで雇用した大学生であった。入力作業は主に，冊子体に印刷された文章を読み込み，集計表に転記する作業となった。筆者は，自らの入力作業のかたわら，大学生の入力内容の確認も行った。転記ミスを確認し，修正する作業を含めて，正確性には極力留意したものの，転記ミスが残っている可能性は否定できない。また，筆者が確認したところ，文献の原文にも，誤字・脱字の可能性のある箇所がしばしば確認された。この点については，評定者間信頼性に留意して，筆者全員の合意がとれた件に限り，修正した。

機関誌の一部の文献は電子化され，オンラインでアクセス可能なデータベース

---

12) Podgorodnichenko *et al.* (2020) の関心事象は，企業の社会的責任や持続可能性と，人的資源管理の関係性であった。

（J-STAGE）にて公開されている。また，第50回全国大会（2020年）以降，各報告に関する文献は，ウェブサイト上に格納された電子ファイルを閲覧，ダウンロードする形で利用できるようになった。これらの電子化された文献情報については，コンピュータ上で集計表に転記（コピー・アンド・ペースト）された。

筆者は，論集や機関誌のうち，自分たち自身が日本労務学会に入会する前に発行されたものを所有していなかった。これらの媒体をすべて保管する機関はなかった。そのため筆者は，複数の大学の図書館を訪問し，文献を閲覧し，必要情報が収められたページを複写した。大学図書館が所収していない媒体については，それを所有している複数の研究者から一時的に借り受け，必要情報が収められたページを複写した。

3　人事管理実務に関する分析サンプル

3.1　分析対象としての『労政時報』[13]

株式会社労務行政が発行する人事・労務関連雑誌である『労政時報』は，1930年の創刊以降，「人事労務の総合情報誌」というスタンスをとり続けている，実務家向けの専門誌として日本で最も長い歴史を有するものである。本書の研究では，この雑誌のスタンスを端的に示す「特集」および「相談室」というカテゴリー[14]で掲載された記事のタイトルに着目し，人事管理実務における関心の構造と，その推移について検討する。より具体的には，1971年1月1日に刊行された第2064号から，2020年12月25日に刊行された第4006号までの，1942冊分を分析対象とし，日本労務学会の分析対象と刊行年を揃えた。[15]

特集では，その時々の人事管理の実態や，将来の人事管理の指針になりうるものが取り扱われてきた。より具体的には，企業事例・法規制・労働政策の内容紹介や解説である。それに加えて，数カ月数から年に1度のスパンで繰り返し実施される，編集部自身あるいは他機関による調査の結果を紹介・検討する記事もある。[16]特集記事のタイトルを見ることで，人事管理における時を超えて抱かれ続け

---

13)　筆者は，分析を進めるプロセスにおいて，雑誌の性質をめぐり『労政時報』編集経験者に何度かインフォーマルな聞き取りを行った。以下の記述内容の妥当性については，彼らから2024年3月13日に最終確認をとった。

14)　特集と相談室以外の掲載カテゴリーには，労働法令や判例の紹介，連載，種々の他機関調査の紹介，ニュースなどに関するものがある。

15)　第2065号と第2066号は合併号であり，1冊とカウントした。

た普遍的な実務家の関心，そして，成果主義やメンタルヘルスなど，特定の時期にとくに寄せられた関心の双方が折り重なる大きな潮流を明らかにできる。これらの記事は，編集部のメンバーのみならず，外部の専門家によって執筆される。1冊は通常，複数の特集記事を中心に構成される。分析対象となった記事の数は計6022件である。

　一方，相談室の記事では，法規制や労働政策，あるいは労使関係などに向き合いながら展開される，日々の人事管理実務にかかわる事柄が取り扱われる。たとえば，「業績不振により，一度締結した一時金協定の支給月数を引き下げまたは不支給にすることは可能か」（第3886号，2015年）といった労働条件に関する相談，「事業譲渡の計画を口外しないよう，労働組合・組合員に義務づけることはできるか」（第3758号，2009年）という労働組合対策などが相談として寄せられている。近年では，第3997号（2020年）において「新型コロナウイルスへの感染を恐れて出社を拒否する社員にどう対応すべきか」といった相談も寄せられている。総じて日常業務上の問題への具体的な解決策が示されており，この具体性が特集との違いを際立たせている。執筆は，弁護士や社会保険労務士など，人事管理の実務を支援する専門家によって担われている。分析対象となった記事の数は計5723件である。

　特集と相談室の双方の記事は，①読者ニーズをタイムリーに捉えて提供する，②労使いずれの立場にも偏らない，③普遍的な読者ニーズの網羅に意を用いつつ他誌が見落としがちなトピックを取り扱う，④他誌よりも深く取材・報告する，といった方針のもとに企画・執筆されてきた。明文化されているわけではないものの，これらを満たす限りにおいて，編集メンバーによる新規性の高い提案が期待され，歓迎されてきた。

　発行頻度は時期によって異なっており，今回の分析期間では，1971年から2004年3月までは毎週発行（1562冊），2004年4月から2020年は隔週発行（380冊）である。隔週発行への移行に伴い，各号のボリューム（ページ数）が増加し，特集と相談室の双方とも，1冊当たりの掲載記事数も併せて増加した。特集は1

---

16)　たとえば，「○○年度モデル賃金・年収調査」といった特集記事や，毎年の「春闘賃上げ見通し」「春闘交渉妥結結果」の速報といった特集記事が，定期的に発信される。編集部が各号の特集内容を決める際には，定期的に発信される調査系の記事の掲載枠をあらかじめ確保してから，空いた枠にその時々の状況や読者ニーズを踏まえた内容の特集を立案し，当てはめる。

17)　もっとも，筆者の聞き取りによると，特集との趣旨の違いが明確に意識されているわけではない。特集と相談室，それぞれの趣旨をそれぞれの担当者が追求してきた。

冊当たり約 2.71 件から約 4.70 件に，相談室は 1 冊当たり約 2.78 件[18]から約 7.02 件に，それぞれ増加した。

3.2 データベースの構成と留意事項

特集の記事 6022 件，相談室の記事 5723 件のタイトルを，表計算ソフト（Microsoft Excel）上に構築した集計表に入力した。日本労務学会の文献と同様，記事タイトルを集計表に入力したのは，筆者に加え，筆者がパートタイム雇用した大学生である。特集と相談室は別々のシートへ入力し，それぞれ雑誌の号ごとに 1 行を用いた。記事タイトルは，直近 4〜5 年の号については，株式会社労務行政のウェブサイトにおいて無料で確認できる[19]。これらの情報については，コンピュータ上で集計表に転記（コピー・アンド・ペースト）された。それ以前の号については，タイトル名を筆者やほかの作業者が直接入力した。

日本の人事管理実務における関心の長期的な推移を捕捉するにあたっての，『労政時報』の記事の代表性を確認しておきたい。考え方は人事管理研究の場合と同じだが，まず，50 年以上にわたって刊行されてきた媒体は，『労政時報』以外にそれほど多くない。産労総合研究所が刊行してきた『賃金事情』（1938 年〜），『労働判例』（1962 年〜），『労務事情』（1964 年〜），『人事の地図』（1964 年〜），『企業と人材』（1968 年〜）は，数少ない例外である。ただしこれらは，人事管理の特定の領域に焦点を当てたもので，これら 5 誌を集めても，人事管理の全体像をカバーできているとは言い切れない。反面，すでに述べたように，『労政時報』は，読者のニーズを踏まえながら人事管理の全域をカバーすることが明確に目指されている。そのため，『労政時報』に加えてこれら 5 誌を分析対象にすることで，サンプリング・バイアスが新たに，あるいは形を変えて改めて生じる可能性も懸念される。より最近刊行されたさまざまな媒体を追加しても，上述のようなサンプリング・バイアスが生じる可能性に加え，時系列比較が難しくなる可能性もある。

---

18) 1 件以上の記事が掲載された 1098 号分をベースにした計算。

19) 「WEB 労政時報」ウェブサイト（https://www.rosei.jp/readers/backnumber）において，有料会員は 2001 年以降の記事を検索・閲覧できる。2000 年以前の分については，「国立国会図書館デジタルコレクション」内で各号の情報を部分的に確認可能である（https://dl.ndl.go.jp/pid/2895310）。しかし，どの記事が特集に該当するかどうかが判然としないこと，相談室における具体的な相談内容（記事タイトル）が確認できないこと，の 2 点から，筆者にとっては十分に有用であるとはいえなかった（2024 年 3 月 3 日閲覧）。

『労政時報』の編集経験者への聞き取りから，読者のニーズを踏まえつつ，人事管理やその周辺で起きている事実を伝えることを重視する，という編集ポリシーが確認された。逆にいえば，編集側として伝えたいメッセージ，あるいは人事管理に関する理想像に，編集ポリシーが引っ張られているわけではない。もちろん，こうした自己定義の妥当性については検討の余地はある。しかし，そうした編集ポリシーが今日に至るまで長きにわたって保持されてきた事実も，無視できない。これらから，『労政時報』のデータは，日本の人事管理実務の関心やその推移にかかわるデータを一定程度以上代表できると判断した。

4　分析方針

本書の分析対象は，日本の人事管理研究に関する文献のタイトルと，それらが引用してきた文献のタイトル，そして日本の人事管理実務に関する文献のタイトルである。これらに着目した計量テキスト分析に基づき，人事管理の研究と実務の双方における関心の多様性，とりわけ領域全体を構成するさまざまなサブ領域の特徴や規模，それらの推移について解明する。さまざまな分析を織り混ぜ，また分析結果に詳細な解釈や推論を加える中で，人事管理の研究と実務，双方の関心の重複やずれを明らかにする。その際には，背景にある社会・経済的要因も加味して検討する。その意味では，本書の分析は説明的合成（第2章表2-2参照）を目指すものといえる。

人事管理研究に関する文献におけるSLRでも，人事管理実務に関する文献におけるSLRでも，前者における付加的な分析（第5章）を除き，基本的に同様の分析手順を採用した（第4章および第6章）。まず，共通の分析手順について紹介し，その上で，人事管理研究に関するSLRに限って採用した分析の手順について紹介する。

4.1　分析期間の区分

本書では，研究と実務の双方の領域における関心の推移を把握するため，50年間の分析期間を，「前期」（1971〜1987年），「中期」（1988〜2003年），「後期」（2004〜2020年）に区分した。この時期区分は3等分を意図した，いわば機械的なものであるが，それぞれの時期の日本の経済・経営・人事管理の特徴を大まかに把握しておくことは，分析結果の背景を解釈する上でも重要なことである。

(1) 前期 (1971～1987 年)

前期の序盤において，日本の GDP を世界第 2 位にまで押し上げた高度経済成長が終焉し，安定成長時代へと切り替わった。1971 年のニクソン・ショック（ドルの金兌換停止）から 1973 年の円の変動相場制への移行に伴う円高，あるいは1973 年の第 1 次オイル・ショックにより，多くの日本企業が変動費と固定費双[20]方の削減を目指す，いわゆる「減量経営」に移行した。その後も，第 2 次オイル・ショック（1979 年）やプラザ合意（1985 年）に伴う円高を経験したが，政府による赤字国債の発行や日本銀行による公定歩合（市中銀行への貸出金利）の上下動により，景気の低迷は回避され，日本経済の国際的存在感が高まった。

この間，日本企業の製品輸出や海外拠点の設置，「減量経営」に伴う作業プロセスの機械化・自動化・情報化が，生産系のみならず事務系・開発系・管理系の職場でも進展し，多くの業務内容が高度化した。こうした状況に対応すべく，人事管理の領域では職能資格制度に代表される能力主義的な取り組みが普及し，社会的には「整理解雇の 4 要件」に代表される解雇規制が強ま[21]り，長期安定雇用と，その中における従業員間での熾烈な競争の慣行が定まった。

もっとも，業務内容の高度化，さらにはそれと補完的な人事管理の適用は，主として正社員が経験するもので，必ずしも全面的なものではなかった。たとえば，「減量経営」の別の帰結でもあるパートタイム従業員および単純業務の増加は，業務内容における分断を生んだ。この時期，女性の社会進出が進んだが，業務内容における分断と男女間での機会や待遇の格差は，同じ雇用形態の中ですら一定以上に相関していた。男女間格差是正へのニーズは強く，男女雇用機会均等法が1986 年に施行されるに至った。また，業務内容が高度化する中，既存の熟練の一部は解体され重要性を失ったが，このタイミングで 60 歳への定年延長を目指した労働政策上の展開が見られたため，各企業は高齢者向けの人事管理の再検討も迫られた。

このような前期（1971～1987 年）の人事管理の特徴を要約するならば，「安定成長下での，一部の従業員グループにおける長期安定雇用と能力主義的人事慣行の確立」とすることができる。日本企業の人事管理におけるプロトタイプがそこに

---

20) 従業員の雇用，とりわけ正規雇用にまつわる費用は，その下方硬直性から固定費の代表的なものである。

21) 日本の解雇権濫用法理は，1970 年代に最高裁判決によって最終的に確認されて確立に至った（濱口, 2017）。

ある。

(2) 中期 (1988～2003年)

中期の序盤における日本経済を特徴づけるのが,「バブル景気」の加熱と崩壊,崩壊後の後遺症であった。不良債権の処理に苦しむ金融システム, さらには急速に進む円高に影響され, 経済全体が停滞した。阪神・淡路大震災 (1995年), アジア通貨危機 (1997～1998年), アメリカや日本での「ITバブル」の崩壊 (2000年前後) などもあり, 日本経済にとっての1990年代は「失われた10年」と呼ばれた。有効求人倍率は1999年に0.49まで低下し, 失業率も2002年には5.5％にまで上昇した。景気低迷に対応すべく, 経済, 金融, さらには雇用・労働に関するさまざまな規制緩和が1990年代半ばから加速した。

パーソナル・コンピュータやインターネットの普及は, あらゆる職場での情報化の流れをより顕著なものにした。また, マクロ・レベルで見ると経営や組織のグローバル化が進んだ。こうした流れの中で企業の競争力を維持あるいは再構築するため, 多くの企業が従業員の業績向上意欲を強めるべく, 洗い替え式の業績給に代表される成果主義的な人事施策や, 昇進・昇格に関する年齢制限の緩和を進めた。しかし, 変化の程度は, 従業員や労働組合の反発を防ぐために限定的なものにとどめられ, 長期安定雇用と能力主義的人事慣行という正社員向けの人事管理の中核は保たれることが多かった。

景気低迷に対するこの頃の人事管理上の措置として最も顕著だったのが, 非典型労働力の活用の加速であった。労働者派遣法の度重なる改正により労働者派遣が可能な職種が拡充されてきたことも, 加速の流れを後押しした。[22] 非典型労働力の活用は, 長期安定雇用と能力主義的人事管理を適用される典型労働力 (正社員) の絞り込みを伴った。正社員の絞り込みは, 退職者を学卒者で補充するという従来の手法の抑制によって行われたため,「ロスト・ジェネレーション」が学卒後に非典型雇用下で就業するケースの増加や長期化といった社会問題が生じた。

人事管理上の一連の対応の根底にあったのは, 労働力の活用にまつわる種々の費用の抑制や柔軟化である。報酬のみならず能力開発投資が正社員でも抑制された結果, キャリアや生活の形成に関し, 幅広い労働者に「自己責任」の色彩が強まった。その反面, 従業員のニーズや法律の動向に応える形で, 労働時間の減少

---

22) 労働者派遣法は1986年に施行された。そして, 1996年には派遣対象職種が拡充し, 1999年には派遣職種が原則自由化された (ネガティブリスト化)。このように, 中期は労働者派遣が一般化した時期であるといえる。

や弾力化，さらにはワーク・ライフ・バランス（仕事と生活の調和）支援が進み出した。

このような中期（1988～2003年）の人事管理の特徴を要約するならば，「景気低迷下での，安定成長期に確立した人事慣行の部分的修正と，その慣行が適用されない労働者の増加に伴う，就業環境の不安定化」とすることができる。日本企業の人事管理におけるプロトタイプに対する企業側の自信は揺らぎ，しかし新たな道を見つけるには至っておらず，労務費の抑制や柔軟化によって当座の困難をしのごうとしたのである。

(3)　後期（2004～2020年）

後期の日本経済においては，バブル崩壊以降の構造調整を済ませた企業，株主との関係を深めた企業，外需に支えられた企業を中心に，多くの企業の収益性が改善した。アメリカの金融不安に端を発した世界的な経済危機（2008年[23]），東日本大震災（2011年），2度にわたる政権交代（2009年と2012年）などを経験しつつも，企業の収益や国全体の経済規模は緩やかに拡大した。しかし，2010年代までは賃金も物価もほとんど上がらず，個人消費が伸び悩んだ。企業が利潤を株主に還元したり，内部留保したりする中，生産性向上のための設備や従業員への投資が不十分で，企業の収益と労働者の賃金の双方が上昇するサイクルが実現しなかったのである。

2010年前後の数々の出来事を経て，日本経済への政府の姿勢は，規制緩和を進める「新自由主義」的なものから，景気刺激的な介入により注力するものとなった。日本銀行による金融緩和やそれに伴う円安の影響もあり，企業活動は活発化し，国内外で外需の取り込みが行われた。企業利潤の労働者への還元については，2010年代中盤以降になって徐々に動きが見られ出した。その背景には，少子高齢化に伴う労働力人口および就業者数の減少予測や，最低賃金および労働条件の改定に関する労使間の団体交渉（いわゆる「春闘」）に対する政府の関心・関与の強まりがあった。しかし，すでに述べたような賃金の横ばい傾向は，2020年代に入るまで，変化に向けた強い兆しは見られなかった。

労働政策のレベルでは，とりわけ2010年代以降，すでに見た労働者の賃上げ関連のほかにも，「働き方改革」と呼ばれる，就業者数の増加および就業継続の

---

23)　いわゆる「リーマン・ショック」であるが，これは和製英語であり，また，リーマンブラザーズの破綻自体は経済危機の端緒の一事例に過ぎない。この事象は海外では「金融危機」（the financial crisis）と呼ばれることが多い。

ための働きやすさ促進や，労働生産性向上のためのさまざまな取り組みがなされた。労働者派遣に関する規制の再強化，65歳までの雇用確保の義務化，男女間での差別的取り扱いの禁止，時間外労働の上限規制の強化，同一労働同一賃金，職場内外での能力開発の推進などが見られた。その背景には，バブル崩壊以降の継続的な規制緩和による就業環境の不安定化の弊害が，いわゆる「リーマン・ショック」期の雇用調整やそれに伴う社会不安，あるいは労働者の職務遂行能力（人的資本）蓄積の不十分さ，潜在労働力の労働市場への参加抑制などにつながったという意識があったと思われる。

　この時期の職場では，従来よりも女性や高齢者が増加し，従来ならば正社員が担っていた業務を非正社員が担うようなことも増えた。出産・育児・介護によって就業機会やキャリア形成機会が狭まらないことへの強いニーズが，はじめは女性を中心に強く示され，それが徐々に男性にも波及した。労働者の多様な属性や働き方を許容し，活かすことが企業の人事管理の重要な課題となり，新たな雇用区分制度の導入や異なる雇用区分間での均衡・均等待遇の流れが強まった。また，2010年代後半からは，グローバルに活動する企業を中心に，従業員の職務遂行能力ではなく職務内容に基づいて待遇を決定する「ジョブ型」の人事管理が広まり出した。たとえば年功的運用を招きやすい能力主義的な人事管理を，職務主義的な人事管理に置き換えることである。そうすることで企業は，年齢や勤続年数を重ねるだけで昇級や昇進・昇格が生じる傾向を弱めたりなくしたりし，従業員の業績向上，成長，キャリア形成への意欲を高めようとしたのである。

　新型コロナウイルス感染症が流行した2020年以降，企業は従業員に対し，リモートワークの推進，データや生成AIの活用，副業・兼業の許容，いったん離職した後の復帰の許容，週休3日制の試行など，新たな就業環境を提供し始めた。従業員の職務遂行能力（人的資本）への投資，学習意欲の涵養に注力してこなかったことへの反省も，少なくない企業で見られる。「タレント・マネジメント」とも呼ばれる従業員一人ひとりの特徴を踏まえたポスト管理や後継者育成，社内公募制の広がりなど，従来の企業主導型の配置転換やキャリア形成にも変化の兆しが見られる。

　このような後期（2004〜2020年）の人事管理を要約するならば，「低成長・労働力減少下での，企業と労働者の双方にとって効率的かつ公正な，新たな人事慣行に向けた模索」とすることができる。前期で確立された人事管理のプロトタイプへの総括がようやく進む可能性がある。また，中期では達成できなかった，長期

安定雇用を必ずしも前提としない形での安定的な就業環境についての試行錯誤も，従来以上に進む可能性がある。

4. 2　人事管理研究に関する分析（1：第4章）

(1)　予 備 作 業

日本労務学会が刊行する論集と機関誌に掲載された文献やそこで引用された文献のタイトルに着目し，「KH Coder」[24]というテキスト分析用のソフトウェアを用いた2種の分析を実施した。実際の分析のために，データベースの文献情報を加工した。

まず，各文献が有する，表計算ソフト上の別々のセルに入力されたタイトル情報，引用文献情報をもとに，「タイトル名，引用文献タイトル (1)，引用文献タイトル (2)，……，引用文献タイトル (n)」という「文章」を，文献の数だけ構築した。これは，ある「文章」の中に登場する複数の語句の間には共起関係があるが，それらと，別の「文章」に登場する複数の語句との間には共起関係がない，という想定のもと，さまざまな語句間の共起関係の強さを測定するためである。

次に，「文章」を構成する語句には名詞・動詞・形容詞などさまざまな品詞があるが，そのうち名詞のみを分析対象とするようにソフトウェア上で設定した。KH Coder では，語句（形態素）にさまざまな品詞のカテゴリーが自動的に割り振られるが，その機能を利用し，名詞以外の品詞について，品詞単位で除外設定できるものはその設定を行い，できないものについてはその品詞に該当する語句を除外設定した。[25]

さらに，共起性の強い複数の語句の中から，複合語を構成すると思われる組み合わせを抽出した。そして，そうした語句の組み合わせを一つの語句として分析するよう，分析ソフトウェアの設定を変更した。こうすることで，共起ネットワーク分析を行った結果として描出される図の視認性を，「ある程度」高めることができる。具体的には，50年分のデータにおける登場頻度がおよそ150位以内に該当する語句に対して共起ネットワーク分析を行い，一定以上の相関関係（基

---

24)　樋口耕一氏によって開発されたフリーソフトウェアである。計量テキスト分析またはテキストマイニングが可能で，アンケートの自由記述やインタビュー記録など，さまざまなテキストの分析に使用できる（樋口，2004; 2020）。

25)　非日本語における助詞や冠詞については品詞単位での除外設定が行えなかったため，英語とドイツ語の一部の語句（a, and, among, an, as, at, between, for, from, its, in, of, on, the, to, toward, with, der, des, die, du, durch, einer, fur, im, und）の除外設定を行った。

表 3-1　複合語のリスト（研究領域）

human resource
人的資源
成果主義
日　米
労使関係
ワークライフ

（出所）　筆者作成。

表 3-2　同義異綴の語句の表記統一（研究領域）

behavior	人事労務管理
center	人的資源管理
labor	スタディ
neighbor	ソフトウェア
organization	ダイバシティー
program	トヨタ
protégé	年　齢
toward	ファミリー・フレンドリー
US	ホワイトカラー
エンプロイヤビリティ	マネジメント
キャリア	マネジャー
高齢者	モチベーション
コンピテンシー	労働組合
障　害	我が国
質問票	ワーク・モチベーション
人事評価	ワーク・ライフ・バランス

（出所）　筆者作成。

準値は $r = 0.400$）が確認できた複数の語句について，複合語たりうるかどうかを検討した。たとえば，「労使」と「関係」は 0.44 の相関係数を示したが，内容を勘案すれば「労使関係」という一つの語句と見なすのが妥当であると判断した。語[26]句間の一定以上の相関が現れなくなるまでこうした作業を繰り返し，表 3-1 にあるような複合語を抽出した。

　最後に，データベースにおけるさまざまな語句の中には，同じ意味だが表記を異にするものがしばしばある。「マネジャー」と「マネージャー」や，「labor」と「labour」などである。「HRM」「労組」「春闘」などが，「Human Resource Management」「労働組合」「春季賃上げ闘争」などの略称として用いられる場合もある。これについては，筆者のそれぞれがデータセットに複数回目を通して同

---

26)　「労使」は，「関係」のほかにも，「協議（制）」「委員会」などとも結びつきうるが，それらの間の相関係数は 0.40 を下回った。そのため，「労使協議」「労使委員会」という語句は複合語として形成していない。ほかにも同様の例が見られた。

　つまり，複合語の要素として考えるのが通念上妥当な複数語句において，その一方がまったく別の語句とも結びつきやすい場合には，複数語句間の相関が低くなってしまう。本書では，いわば統計的な相関性より通念上の妥当性を優先させたわけだが，そこには，①共起ネットワーク分析の結果の視認性を「ある程度」高められたら十分である，②複数語句を結合させるか否かについての通念上の判断の境界を明確に定めることが困難である，といった背景があった。①は，分析対象を頻出上位 150 程度の語句に絞った理由でもある。

義異綴の語句群を検出し，どの表記で統一するかを協議した。表記の統一を経た語句群を表3-2に示す。

(2) 分析手法

　実際の分析として，第一に，分析対象となる語句の登場頻度を集計した。より具体的には，前期・中期・後期ごとに，語句の頻出上位150語程度をリストした。このランキングによって，当該時期における人事管理研究者が，どのような事象に関心を持ってきたかについて，その大枠を推測できる。「程度」としたのは，同じ登場頻度の語句をリストした結果としてリストされた語句の合計が，しばしば150を若干超えたためである。

　ただし，関連する数多くの語句の登場頻度を比較するだけでは，人事管理研究に関する関心という複雑な事象を十分に理解することはできない。関心は，同時期に複数存在しうるが，それらの特徴や差異に関する深い理解は，それぞれの関心を表徴するであろう複数の語句の結びつきを明らかにし，それらについて概念的な解釈や翻案を行うことによってこそ可能になる。

　こうしたことを踏まえ，第二に，人事管理に関する研究者の複数の関心の存在を解明するため，共起ネットワーク分析を実施した。この分析を通じて，出現パターンの似通った複数の語句の組み合わせが明らかになる（樋口, 2004; 2020）。「似通った出現パターン」とは，一定の範囲の「文章」において，ある語句と別の語句がともに登場する頻度が高いという意味で，塊（クラスター）を形成していることを指す。共起ネットワーク分析では，分析対象となる語句間のすべての二者関係について，共起性の強さを算出する。共起性の強さは，たとえば，「ある語句と別の語句の双方が登場する頻度をいずれかが単独で登場する頻度で割った値」としてのJaccard係数で可視化される。共起性が強い2つ以上の語句は，個々ではなく複合的に，人事管理への研究上のある関心を表現していると推測できる。それらの語句から，関心の内容を解釈した。

　ある領域における関心の構造は，ネットワーク図で表現できる（サイエンス・マッピング）。一般的にそうした表現には，各語句の登場頻度の違いを円の大きさで示し，一定水準以上の共起性を有する2つの語句の間に線を引く[27]，共起性の高い複数語句を近接させて塊（クラスター）を想起させる，といったものが含まれ

---

27)　分析ソフト（KH Coder）の設定で，Jaccard係数が0.3を超える場合に，図において実線で示される。図に現れる破線は，係数が0.2以上0.3未満であることを示し，実線が太くなるほど，係数の値は大きくなっている。実際の分析では，実線の共起関係のみに着目した。

る。こうした図は，人事管理研究における関心の構造についての，分析者や分析
結果の読み手の理解を促進するだろう。

　人事管理の研究者と実務家の関心を推測するにあたり，分析を通じて統計的に
析出されたすべてのクラスターに着目したわけではない。大小さまざまなクラス
ターが生じる中，クラスターを構成する語句の登場回数の合計が登場頻度第10
位の語句の登場回数を上回る場合，人事管理に関する一定程度以上の強い関心が
現れているとした。そして，クラスターを構成する語句の特徴を踏まえ，人事管
理の研究者の関心を表す名称を設定した。

4.3　人事管理研究に関する分析（2：第5章）

　上述の分析では，人事管理研究における関心の構造や推移が，計量的な分析を
通じて把握された。もっとも，研究者の関心は，計量的分析の結果を解釈するこ
とのみならず，研究における関心の構造や推移についての，より定性的な分析か
らも解明できる。

　その手がかりの一つが，研究者が研究成果を生み出すために引用してきた先行
研究群である。被引用数は当該研究を客観的に評価するための一つの指標であり，
多くの研究者の関心を測定する有力な代理指標となる[28]。そこで本書では，前期・
中期・後期ごとに被引用数上位の文献タイトルをリストする。

　まず，前期で検討対象となる文献群の選定を，その代表性と解釈可能性を極力
両立させるという観点から絞り込んだ。詳しくは後述するが，被引用回数が3回
以上の文献群が引用された回数の合計が，この時期の総引用数に占める割合（カ
バー率）は6.56％であった。被引用回数を4回以上に絞ったときと比べると，研
究者の多様な関心を捉えることができる。被引用回数を2回とすると，検討対象
が膨大になり，解釈可能性が低くなる。被引用回数が2回にとどまる文献が当時
の研究者の関心を表しているとも言い切れないが，このカットラインで代表性が
確保されているかについては留保を要する。

　以上の検討を踏まえ，中期と後期における主要な被引用文献の選定も，前期と
同水準のカバー率になるような形で設定した。それぞれの期において，検討対象
となった文献の被引用回数の下限は6回と8回であったが（それぞれのカバー率は

---

28)　実際，ジャーナルの価値指標として近年広く用いられるインパクト・ファクターの値は，ジャ
　ーナルに掲載された論文の被引用数の合計に大きく影響される。

7.56 ％と 6.09 ％），下限を 1 回分切り下げたとしても，抽出される研究者の関心の多様性に違いは生じなかった。このことから，中期と後期においては，検討対象となった文献群について，代表性と解釈可能性の両立が一定程度達成されたと判断した。それを踏まえると，両時期のカバー率やカットラインを設定する際の基準にした，前期での検討対象とした文献群についても，同様に代表性と解釈可能性の両立が達成された可能性を推測できるため，既述のカットラインを採用することにした。

　リストされた文献の内容を確認し，内容に応じていくつかのグループに分けることで，当該時期における人事管理研究者が，どのような事象や理論に関心を持ってきたか，あるいは，関心を有する事象に対しどのような視座で臨んできたか，その大枠を推測できる。前期・中期・後期の継続性や変化を確認するために，期をまたいで極力共通のカテゴリーを用いることを前提とし，各カテゴリーに I，II，III，……とローマ数字を割り振った。第 4 章ならびに第 6 章におけるクラスターの分類に用いたアルファベットとは異なる表記をとった。

　筆者が構築したデータベースを用いて実際にこの分析を行う際には，以下のような点に留意した。

　第一に，同一著者による同一テーマの研究が論集と機関誌の双方，もしくは複数の論集に登場している場合，複数の文献に登場する参考文献の被引用回数は 1 回とカウントした。とくに論集においては，継続的な研究における現状報告としての，同一著者による「連作」が発生しやすい。また，最終的に機関誌を含む査読付き学術誌に投稿される原稿の「仕掛品」も発生しやすい。これらでは同一の先行研究が引用されやすいが，それを一つひとつカウントすると，特定の被引用文献の人事管理研究領域全体への影響を過大評価しかねない。

　第二に，自著引用は対象としない。自著引用を行う程度は研究者によってばらつきがある。そのため，自著引用も集計の対象とすれば，特定の著者が人事管理研究に及ぼす影響を過大に評価しかねない。

　第三に，種々の白書および「労働力調査」といった定期的な刊行物に代表されるような，省庁や自治体，調査機関等の各種団体による著作は分析対象から除外される。これらは，明確なリサーチ・クエスチョンや発信したい固有のメッセージがないものが多く，それを引用する研究の主張の方向性を形づくるとは判断しにくいためである。[29)]

表3-3　複合語のリスト（実務領域）

特　集		相談室	
海外駐在	出張旅費	組合員	保険料
海外出張旅費	準備資料集	健康診断	メンタルヘルス
業務災害	通勤災害	健康保険	労働基準法
経済環境	判例研究	時間外	労働組合
国内出張	福利厚生	就業規則	労働災害
国内旅費	メンタルヘルス	損害賠償	
国家公務員	役員報酬	懲戒処分	
社会保険	労働組合	フレックスタイム	

（出所）　筆者作成。

表3-4　同義異綴の語句の表記統一（実務領域）

特　集			相談室
月　額	ストックオプション	能力主義	健康保険
月　給	社会保険	パートタイマー	労働基準法
休　業	従業員	フレックスタイム	労働組合
休　職	春　闘	保険料	労働災害
休職前	事　例	前　借	
繰り上げ	成果主義	前　払	
繰り下げ	前　日	メンタルヘルス	
健康保険	前　提	労基法	
コアタイム	退職金	労使協議制	
36協定	賃　上	労使関係	
産　前	入社前	労働組合	
事　前	年　休		

（出所）　筆者作成。

4.4　人事管理実務に関する分析（第6章）

　人事管理についての実務家の関心の構造やその推移に関する分析を行うため，『労政時報』の「特集」と「相談室」という2つのカテゴリーの記事タイトルに着目した。研究者の関心の構造やその推移に関する分析と同様の手順で，前期

---

29)　各種団体による著作のすべてが，明確なリサーチ・クエスチョンや発信したい固有のメッセージを欠いているわけではない。たとえば，日本経営者団体連盟（日経連。現，日本経団連）内の研究グループによる『能力主義管理──その理論と実践』（1969年）や『新時代の「日本的経営」──挑戦すべき方向とその具体策』（1995年）は，日本企業の人事管理に対して強い提議を行った書であり，かつ，前者は前期で6件，後者は中期で14件と被引用が多い。こうした文献は，実務のみならず研究にも影響力を及ぼしたと考えられるが，分析対象への包含または除外の基準が定めづらいため，分析対象外とした。ただし，分析結果の解釈等で適宜引用することはある。

第 *3* 章　体系的文献レビューのためのデータと手法　107

（1971〜1987 年），中期（1988〜2003 年），後期（2004〜2020 年）ごとに，①語句の登場頻度の集計，②共起ネットワーク分析，の 2 つを実施した。

　これらの分析の予備作業としてのデータベース整備手順は，以下の通りである。まず，各記事のタイトルを「文章」と見立てた上で，人事管理研究に関する分析と同様に，原則として名詞のみを分析対象とするよう，分析ソフトウェアにおける除外設定を行った。

　次に，人事管理研究に関する分析と同様の手順で，複合語を抽出した（表3-3）。さらには，同じ意味を有しつつも表記を異にすると思われる複数の語句について，表記の統一を行った（表3-4）。

5　さいごに

　本章では，人事管理に対する研究上および実務上の関心を分析するための，データの内容に加え，分析の手順について説明した。人事管理研究に関し，計量的なテキスト分析の対象として文献のタイトルを用いるものが数多くある一方で，引用文献のタイトルを用いるものは，先行例がない。多くの場合に用いられているのが文献の要旨やキーワードだが，日本労務学会の文献ではそれらのデータを50 年間分一貫して入手することが不可能なため，代替案として引用文献タイトルを用いた。結果的に，研究者の関心について，要旨やキーワードと同等あるいはそれ以上の豊かな情報を入手できた可能性がある。また，被引用文献のランキングから研究動向を推定する試みは，少なからず存在するが（たとえば，Dabic *et al.*, 2015；Markoulli *et al.*, 2017；Kataria *et al.*, 2020；Lópes-Duarte *et al.*, 2020），関心の構造の推移を長期的に捉える試みはこれまでに見られず，本書のオリジナリティといえる。

　研究対象に人事管理の実務界の動向を置いた有力な先行事例は，Markoulli *et al.* (2017) を例外として見られなかった。経営研究において研究と実務の関係性が論じられるようになって 20 年ほどが経過しているが，少なくとも人事管理領域においては，研究界と実務界の双方の文献を対象に，それを実証的に検討しようとする事例はきわめて限られているのである。本書で行われる分析は，研究界と実務界の関心のずれを，時系列的な変化の動向も交えて可視化するという点において独自性が高い。

第 *4* 章

人事管理研究における関心の構造と推移

1 はじめに

　本章では，日本の人事管理研究における関心の構造と推移を明らかにすることを目指す。具体的には，人事管理に関する研究コミュニティとして日本国内で最大規模を誇る日本労務学会（Japan Society of Human Resource Management）が1971年から2020年までの期間に産出してきた研究成果を分析対象として，計量的なテキスト分析を行う。

　分析の内容や手順の詳細については，すでに第3章で検討した。本章ではこれを踏まえて，前期（1971~1987年）・中期（1988~2003年）・後期（2004~2020年）ごとの語句の登場頻度ランキングを示した後，頻出語句間の共起ネットワークを描く。つまり，各時期における研究者の関心の構造を描くことを通じて，その推移について検討する。

　第2章で検討したように，計量書誌学（bibliometrics）的手法による分析の結果は，分析対象が置かれた時代背景も含めた文脈的要因を考慮に入れた解釈を要する。エビデンスを形づくる，多くの場合には直接物語られることのない要因を推論してこそ，分析対象についての体系的な理解が可能になる。本章でもそうした前提に基づいて，人事管理研究の特徴の構造的な解明を目指す。

2 日本労務学会の文献の分析

　本節では，日本労務学会が『日本労務学会全国大会研究報告論集』とその前身（以下，論集），および『日本労務学会誌』（以下，機関誌）という2つの媒体で刊行

してきた 1745 件の文献，とりわけそれぞれの文献とそこで引用された文献のタイトルに含まれた語句を対象とした分析を実施する。前述の時期区分に従って分析を行い，関心の構造とその推移を明らかにする。

2.1　前期（1971～1987 年）の分析

分析手順としてまず，「論集」と「機関誌」に収められた文献のうち，前期（1971～1987 年）において登場頻度が比較的高い約 150 の語句の特徴について検討する。人事管理という領域定義にかかわるような，「労働」や「管理」といった一部の語句の登場頻度が高くなることは避けられない。また，語句の登場頻度の分布は，同一順位で多くの語句が並ぶ歪度の高いものとなる。そのため，検討対象を絞りすぎても広げすぎても全体動向を把握するのが難しくなるため，どの辺りの頃合いがよいかについて筆者で吟味し，上位約 150 の語句に絞った。

次に，頻出語句を約半数にあたる上位 75 語に絞って，共起ネットワーク分析を行う。約 150 語を対象に共起ネットワーク分析を行った場合，サイエンス・マッピングにより可視化される（第 2 章 2.4 項参照）ネットワーク構造がきわめて複雑になり，人事管理研究における関心の構造について解釈や説明が難しくなるためである。逆に 20 語や 30 語など，分析対象を絞りすぎると，構造の確認はしやすくなるものの，各時期の研究関心を俯瞰するという本来の目的が損なわれる。

(1)　頻出語句

表 4-1 では，前期の論集と機関誌に掲載された文献における，登場頻度上位 154 語をリストした。最大頻度は 300 回，最小頻度は 8 回，平均出現回数は 25.81 回，標準偏差は 34.07 であった。

登場頻度がとりわけ高かったのは，「労働」（300 回），「経営」（160 回），「管理」（155 回），「日本」（141 回），「企業」「賃金」（ともに 103 回），「労務」（96 回）であった。また，英単語として「industrial」（55 回），「management」（50 回），「market」（41 回），「relation」（40 回）が上位に入っていた。これらは，人事管理に関する個々の分析対象を表す語句としてはやや具体性を欠いており，むしろ研究領域そのものについての語句だとも解釈できる。分析の際に用いられる具体的な理論や方法を推定することが容易な語句ではない。多くの研究が自己定義のためにこれらの語句を用いることが推測される。例外は「賃金」「労使関係」「定年」「参加」「高齢」であり，人事管理の中でもこれらのトピックへの研究上の関心が集まっていたことを表している。

第 *4* 章　人事管理研究における関心の構造と推移

表4-1　日本労務学会の文献における頻出語句（前期：1971～1987年）

語　句	回数	語　句	回数	語　句	回数
労　働	300	職　務	22	実　情	11
経　営	160	白　書	22	週　休	11
管　理	155	organization	21	体　系	11
日　本	141	比　較	21	対　策	11
企　業	103	婦　人	21	中高年	11
賃　金	103	organizational	20	年　度	11
労　務	96	展　望	19	福　利	11
調　査	87	理　論	19	労　使	11
研　究	79	工　場	18	behavior	10
労使関係	66	主　義	18	human	10
雇　用	64	再検討	17	QC	10
社　会	62	能　力	17	wage	10
industrial	55	分　析	17	計　画	10
制　度	53	動　向	16	作　業	10
management	50	福　祉	16	自　主	10
経　済	49	analysis	15	女　子	10
定　年	48	factory	15	対　応	10
報　告	47	job	15	地　域	10
組　織	46	科　学	15	展　開	10
実　態	44	考　察	15	変　化	10
market	41	中　小	15	保　障	10
意　識	41	内　部	15	commitment	9
relation	40	年　金	15	psychology	9
昭　和	40	democracy	14	サークル	9
labor	38	participation	14	外　資	9
参　加	38	我が国	14	革　新	9
構　造	37	工　業	14	機　能	9
職　業	34	日　米	14	厚　生	9
work	33	industry	13	成　果	9
高　齢	33	vermögensbildung	13	団　体	9
組　合	33	活　動	13	入　門	9
産　業	30	環　境	13	論　理	9
技　術	29	基　礎	13	aging	8
Japanese	28	教　育	13	development	8
theory	27	決　定	13	life	8
市　場	27	交　渉	13	new	8
人　間	27	生　産	13	practice	8
生　活	27	age	12	worker	8
行　動	26	移　動	12	working	8
人　事	26	運　動	12	コンピュータ	8
personnel	25	国　際	12	リーダーシップ	8
現　代	25	実　証	12	開　発	8
中　心	25	集　団	12	関　連	8
social	24	職　場	12	訓　練	8
system	24	人事考課	12	形　成	8
システム	24	退　職	12	女　性	8
延　長	24	統　計	12	世　界	8
課　題	23	年　齢	12	日本人	8
政　策	23	internal	11	報　酬	8
年　功	23	structure	11	方　法	8
アメリカ	22	study	11		
基　本	22	差　別	11		

（出所）　筆者作成。

(2) 共起ネットワーク分析

頻出上位語の抽出に続いて，それらの語句の共起性に関する分析を実施した。共起ネットワーク分析は，複数の語句の結びつきの強さを，出現パターン，すなわち出現する箇所の類似性から推測する分析である。共起ネットワーク分析を通じて，結びつきの強い語句を線でつないだネットワーク図を描くことができる。図においては，結びつきの強い2つ以上の語句の塊（クラスター）が示される。

図4-1に，前期における登場頻度上位75語の共起ネットワークの分析結果を示した。共起ネットワーク図において，各語句の円の大きさは，その登場頻度の大きさを示している。語句間の実線は，一定程度以上の強さでの共起性がそれらの間にあることを示している。また，共起性がそれほど強くない語句の間には，破線が引かれている。研究者の関心は，クラスターを構成するさまざまな語句のうち，中核的なものを線でくくって楕円などで示している。囲われていない語句も，共起性がある以上，クラスターの一部ではある。

図中のAおよびBは，観察対象としての人事管理についての，当時の研究者の視座を示したクラスターといえる。人事管理に関する当時の研究の多くが，労務管理論や労使関係論の名のもとに行われていた。そこでは，従業員を管理する組織内のさまざまな規則や機構，あるいは企業内や社会全体における労使関係の調整のあり方が，中心的に検討されてきた。さらに，当時の研究者は，自国の労務管理（personnel management）や労使関係（industrial-labor relations）に焦点を当てると同時に，他国のそれらについても一定の注意を払っていた。日本語の語句群と英語の語句群が別のクラスターで現れるのは，日本語文献を中心的に引用する研究者と英語文献を中心的に引用する研究者のそれぞれが多くいたことを推測させる。それらを踏まえ，AおよびBの双方を，「人事管理の本質」への研究者の関心を示すクラスターと見なした。

Cのクラスターは，まず，年功賃金への当時の研究者の関心を示している。そして，年功賃金は，内部労働市場という概念との関連の中で論じられることが少なくなかった。内部労働市場とは，「労働の価格や配分が管理規則や手続きによって統制される製造工場などのような管理上の単位」（Doeringer & Piore, 1971, p. 1）である。当時の人事管理研究者は，組織のあり方をこうした理論的概念を通じて理解し，年功賃金を，内部労働市場を秩序づける管理規則や手続きとして捉えようとしたことが示唆される。年功賃金や内部労働市場と「比較」という語句が結びついていることは，内部労働市場において年功賃金が現れたり現れなかっ

第 *4* 章　人事管理研究における関心の構造と推移 | 113

図4-1　日本労務学会の文献における共起ネットワーク（前期：1971〜1987年）

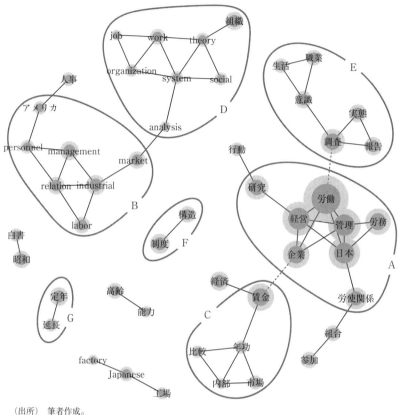

（出所）筆者作成。

たりすることを，異なる国や業種などの間の比較を通じて表そうとしていたことが推測される。このクラスターは，「組織の秩序」についての当時の研究者の関心を表しているといえよう。[1]

---

1) 内部労働市場論が日本の人事管理研究で広く受け入れられた別の背景には，同理論における労働市場の二重性，すなわち安定的な雇用条件・人的資本投資・賃金上昇が成立する内部労働市場（一次的労働市場）とそうした機会を得られない種々の意味で下層に位置づけられる労働者からなる外部労働市場（二次的労働市場）についての指摘と同様のものが，1950〜1960年代の日本の労働研究において，すでになされていたこともあろう。氏原正治郎や隅谷三喜男らを代表的論者とし，大企業と中小企業の間での待遇格差を手がかりとした「労働市場の二重構造」が示されてきた（石川，1999）。そして，1970年代以降の日本の人事管理研究は，内部労働市場すなわち企業内労働市場に主たる焦点を当て，外部労働市場すなわち縁辺労働市場への焦点は2000年前

Dのクラスターは，「作業組織」に関する研究者の関心を示している。作業組織（work organization）に関してたびたび引用されてきた英語文献の中に，1960〜1970年代に広く着目された社会—技術システム論に関するものがある。近代の生産システム，とりわけ生産に用いられる組織や技術は，労働者に単調労働を課しがちである。この理論では，そうした問題を回避して「労働の人間化」に至る，集団的作業・権限委譲・職務充実・団体交渉のあり方が論じられた（赤岡，1976；1989）。日本の生産現場におけるQCサークルは，「労働の人間化」の有力な具体例と目されていた。

Eのクラスターは，労働者の職業や生活に関する意識や実態の調査報告が多くなされ，数々の研究で引用されたことを示している。「労働者の仕事・生活調査」に研究者が関心を持っていたことが推測される。ほかにも，2語のみで構成されるクラスターではあるが，「制度」と「構造」は結びつきが強く，「人事制度の構造」への研究者の関心を窺わせる（Fのクラスター）。また，前期のみであるが，「定年」と「延長」の結びつきも強く，「定年延長」にも一定の関心があったといえる（Gのクラスター[2]）。

2.2 中期（1988〜2003年）の分析

(1) 頻出語句

表4-2では，日本労務学会が中期に刊行してきた文献における，登場頻度上位151語をリストした。最大頻度は700回，最小頻度は41回，平均出現回数は116.59回，標準偏差は121.65であった。前期と比べると，頻出語の出現数が大幅に上昇したため，平均値および標準偏差も大きくなっている。

登場頻度がとりわけ高いものは，「企業」（700回），「管理」（684回），「労働」（659回），「日本」（635回），「研究」（485回），「経営」（434回），「雇用」（406回）であった。また，英単語では，「management」（272回），「organizational」（237回），「human resource」（202回），「organization」（181回）が上位に位置していた。これらは，前期同様，分析対象または研究領域そのものを表す語句であり，特定の理論概念に関するものではない。「賃金」「技術」「女性」「キャリア」「職場」という，より具体的なトピックへの研究上の関心が集まっていたことも観察

後まで軽視しがちだったのである。

2)　この時期，1976年の第三次雇用対策基本計画，1981年の雇用審議会答申，および種々の助成措置の導入などから，60歳への定年延長が急速に進んだ（第6章2.1項・3.1項参照）。

第 *4* 章　人事管理研究における関心の構造と推移　115

表4-2　日本労務学会の文献における頻出語句（中期：1988〜2003年）

語　句	回数	語　句	回数	語　句	回数
企　業	700	職　務	96	展　開	57
管　理	684	career	93	labor	56
労　働	659	commitment	92	mentoring	56
日　本	635	行　動	89	成果主義	56
研　究	485	労使関係	88	革　新	55
経　営	434	social	87	employment	54
雇　用	406	analysis	84	教　育	54
調　査	401	new	84	従　業	54
組　織	333	実　証	84	創　造	54
制　度	278	生　活	84	大　卒	53
人　事	274	human	82	満　足	53
management	272	仕　事	82	relation	52
organizational	237	派　遣	82	strategy	52
賃　金	230	study	81	女　子	52
技　術	229	現　代	81	範　囲	52
女　性	222	時　代	79	strategic	51
キャリア	217	system	78	会　社	51
システム	206	職　業	78	検　討	51
開　発	204	人　間	78	活　用	50
human resource	202	development	76	総　合	50
人　材	200	生　産	75	technology	49
報　告	194	アメリカ	74	business	48
実　態	182	theory	73	モデル	48
organization	181	活　性	72	看　護	48
work	178	関　係	72	motivation	47
労　務	172	昇　進	72	心　理	47
社　会	165	industrial	71	専　門	47
比　較	154	マネジメント	70	Japan	46
職　場	153	決　定	70	practices	45
performance	147	firm	69	環　境	45
経　済	147	research	68	目　標	45
Japanese	145	manager	65	corporate	44
産　業	140	就　業	65	技　能	44
ホワイトカラー	138	市　場	64	条　件	44
分　析	135	情　報	64	政　策	44
形　成	130	平　成	64	日	44
戦　略	130	理　論	64	日　系	44
国　際	123	影　響	63	behavior	43
job	122	managing	62	international	43
意　識	119	海　外	62	satisfaction	43
中　心	116	活　動	62	外　国	43
評　価	114	高　齢	61	慣　行	43
能　力	108	employee	60	事　業	43
課　題	104	考　察	60	industry	42
要　因	102	relationship	59	women	42
事　例	101	韓　国	59	プロフェッショナル	42
育　成	97	組　合	59	状　況	41
現　状	97	主　義	58	転　職	41
構　造	97	男　女	58	白　書	41
人的資源	97	展　望	58		
変　化	97	managerial	57		

（出所）　筆者作成。

される。

「キャリア」（217 回），「システム」（206 回），「human resource」（202 回），「人材」（200 回），「performance」（147 回）など，前期ランキングでは見られなかった語句がこの時期に登場した。「戦略」（130 回），「strategy」（52 回），「strategic」（51 回）も，登場回数を合計すると第 14 位相当になるが，これもこの時期に登場した語句である。「職場」も前期は第 90 位（12 回）であったが，中期には第 29 位（153 回）に上昇した。

これらは，着目される事象の変化（「キャリア」「戦略」「職場」「performance」など）と，事象への着目の仕方の変化（「システム」「human resource」「人材」など）の双方を指し示している。前期では登場頻度上位 30 語以内に入っていた「定年」「高齢」が，中期では上位 150 語にも入っていなかった。このことも，着目される事象の変化を表している。

(2) 共起ネットワーク分析

中期における登場頻度上位 77 語の共起ネットワーク分析の結果は，図 4-2 の通りである。

H のクラスターには，人事管理研究の領域定義にかかわる語句が多く含まれており，前期における「A：人事管理の本質」への関心が継続している。しかし，前期に見られない特徴もある。第一に，「システム」や「組織」という語句にあるように，人事管理について，それを構成する要素間の関係性や，それを取り巻く状況との関係性から捉えようとする流れが生まれた。前期における「作業組織」への関心を示すクラスターが，このクラスターに吸収されたとも解釈できよう。第二に，前期には独自に存在していた「E：労働者の仕事・生活調査」への関心を示すクラスターが，このクラスターに集合している。第三に，労使関係に関する語句がこのクラスターからこぼれ落ちた上，独自の関心領域を形成するには至っていない。

I のクラスターでは，H と類似の傾向が，英語の語句によって形づくられている。まず，人的資源管理（human resource management）や作業組織（work organization）といった，人事管理や経営管理に関する特定の理論に関する関心が浮上している。組織コミットメント（organizational commitment）は，それらの理論における重要な目的変数と目されてきた（Bratton *et al.*, 2021；Boxall & Purcell, 2022）。このクラスターも「人事管理の本質」への研究者の関心を表すものである。

J のクラスターは，前期における「C：組織の秩序」への関心の一部を継承す

図4-2 日本労務学会の文献における共起ネットワーク（中期：1988～2003年）

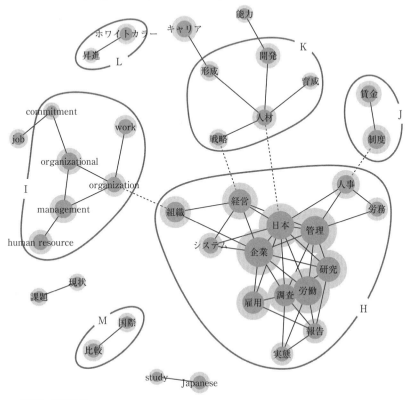

（出所）筆者作成。

るものだと考えられる。ただし，年功賃金や内部労働市場といった概念的な語句ではなく，「賃金制度」という具体的な事象に関心が絞られている。前期に存在した「F：人事制度の構造」への関心を示すクラスターも，ここに集約されたと解釈できよう。このクラスターが包含する語句は2つに限られているが，それぞれの語句の登場頻度は高い。

Kのクラスターは，人材育成，人材形成，人材開発といった語句からなっている。このクラスターは「人材開発」への関心を示すものと考えられるが，人材戦略といった語句も登場しており，人的資源を通じた競争優位性の確立に注目が集まり始めた時代を象徴しているといえよう。人事管理の中で従業員に適用される諸々の規則・手続きは，内部労働市場としての企業組織全体に展開される。こう

した展開のあり方を論じるためにこの時期とりわけ着目されたのが，企業による従業員の能力開発やキャリア形成であったといえよう。

Lのクラスターは，「ホワイトカラーの昇進」への関心を示している。この頃，ホワイトカラーの昇進パターンに着目し，企業組織や人事管理の日本的特徴を示す研究が多く見られた（たとえば，花田，1987；今田・平田，1995；小池・猪木編著，2002）。

Mのクラスターは，「国際比較」への研究者の関心を表すクラスターである。比較研究自体は前期から行われていたが，国際的な視点から日本の人事管理について描写しようという動きが生じたことが推測される（たとえば，石田，1985；小池・猪木編，1987；小池・猪木編著，2002）。

2.3 後期 (2004〜2020年) の分析

(1) 頻出語句

日本労務学会が後期に刊行した文献における登場頻度上位150語を示したのが，表4-3である。最大頻度は1644回，最小頻度は98回，平均出現回数は261.11回，標準偏差は240.84であった。

登場頻度がとくに高いものとして，「企業」（1644回），「労働」（1357回），「管理」（1148回），「日本」（1035回），「研究」（965回），「雇用」（841回）があげられる。英単語では，「management」（576回），「human resource」（467回），「organizational」（383回），「work」（354回），「performance」（349回）などが上位にランクしている。前期や中期と同様，これらは研究領域についての自己定義を表す語句である。また，「キャリア」「賃金」「仕事」「女性」「職場」という，より具体的なトピックへの研究上の関心が，中期と同様に見られる。

この時期に登場頻度が大幅に上昇した語句に，「成果主義」がある。中期では第106位（56回）だったが，後期では第51位（241回）であった。また，研究対象となる国名もランクインするが，中期では150位圏外であった「中国」が後期では第54位（203回）と，研究（比較）対象国としての注目をにわかに受けるようになった。その一方で，「労使関係」のように前期（第10位・66回）→中期（第56位・88回）→後期（第125位・113回）と，徐々に関心が薄れていった事象もある。

(2) 共起ネットワーク分析

後期における登場頻度上位75語を対象にした共起ネットワーク分析の結果は，

第 4 章　人事管理研究における関心の構造と推移　119

表4-3　日本労務学会の文献における頻出語句（後期：2004～2020 年）

語　句	回数	語　句	回数	語　句	回数
企　業	1644	成果主義	241	満　足	137
労　働	1357	関　係	238	role	135
管　理	1148	theory	230	学　習	134
日　本	1035	育　成	230	effects	132
研　究	965	効　果	229	study	132
雇　用	841	支　援	227	活　動	131
調　査	783	技　術	224	system	130
キャリア	763	social	223	モデル	128
組　織	757	職　業	221	employment	127
人　事	698	正社員	220	strategic	127
制　度	632	就　業	216	労　務	125
分　析	628	現　状	211	意　欲	124
人　材	620	変　化	211	施　策	123
management	576	考　察	207	社　員	121
賃　金	544	派　遣	206	review	119
経　営	541	中　国	203	経　験	119
human resource	467	ワーク	202	model	118
社　会	437	組　合	198	behavior	116
影　響	430	国　際	197	生　活	115
仕　事	421	採　用	196	中　小	115
開　発	393	analysis	195	活　動	113
organizational	383	中　心	186	決　定	113
形　成	365	career	185	高　齢	113
課　題	359	new	184	情　報	113
マネジメント	356	データ	176	労使関係	113
経　済	356	Japanese	175	会　社	112
work	354	改　革	175	事　業	112
女　性	353	理　論	174	役　割	110
performance	349	意　識	171	介　護	109
職　場	336	ライフ	170	evidence	108
システム	315	職　務	167	capital	107
人的資源	305	practice	165	expatriate	107
戦　略	305	昇　進	164	時　代	107
job	296	正　規	164	導　入	107
organization	295	バランス	162	大　卒	106
比　較	294	大　学	158	managing	105
評　価	278	検　討	152	入　門	105
要　因	278	firm	150	両　立	105
教　育	272	格　差	150	how	104
行　動	271	就　職	147	training	103
能　力	270	平　成	146	業　績	103
事　例	267	生　産	145	障　害	103
従　業	267	心　理	143	research	102
実　態	263	employee	142	科　学	102
構　造	256	labor	142	過　程	102
産　業	253	技　能	142	satisfaction	101
報　告	251	政　策	141	アンケート	100
実　証	250	展　開	141	international	99
市　場	247	human	140	視　点	99
ホワイトカラー	245	development	137	海　外	98

（出所）　筆者作成。

図 4-3 の通りである。

　N のクラスターの範囲は大きく，さまざまな語句を内包している。人事管理，人的資源管理，賃金制度，さらに頻出頻度が最も高い「企業」や「労働」といった語句との結びつきからは，このクラスターが，人事管理研究の領域定義にかかわる「人事管理の本質」への研究者の継続的関心を表していることが理解できる。英語からなる O のクラスターも，同様の性質を持つものである。

　つまり，この時期に特徴的なのが，「human resource management」に加え，その邦訳である「人的資源管理」が頻繁に用いられることである。この時期，戦略的人的資源管理（strategic human resource management：SHRM），とりわけ，戦略（事業戦略・人材戦略を含む）と人事管理との関係性，それが企業業績に及ぼす効果に対する研究上の関心が高まった（Boxall & Purcell, 2022）。人事管理という事象を，「performance」の向上に関する企業経営や経営管理の一分野として捉える傾向がますます強まっていることを表している（第 1 章 2.6 項・3.3 項参照）。

　これらのクラスターは，賃金制度への研究者の関心も示している。それは，中期以前には，「組織の秩序」（前期），「賃金制度」（中期）という独自の研究関心の形成に寄与していたものである。人事管理そのものを学術的に概念規定するような研究と，人事管理の個別具体の要素についての研究が別個のものでなくなってきたことが，この時期の特徴であるといえよう。たとえば 1990 年代後半から，人事管理の根本について再考を迫るものとして「成果主義」というトピックが登場し，2000 年代に入ると，その考え方に即した賃金制度の改定や，そうした動きに関する学術的・非学術的な検討が多く見られた。そのことが，こうしたクラスターの現れ方を促していた可能性がある。

　別の見方をすれば，こうした傾向は，概念的・理論的な研究と，経験的・実証的な研究の壁が薄くなり，一体化しつつある可能性を示すものといえるかもしれない。このクラスターにおいて「実証分析」という語句を観察できるが，それは，「人事管理の本質」への研究が中期になって示すに至った雇用関係全般に関する関心の，この時期特有の現れである。日本の経営学研究においては，20 世紀の終わりくらいから，理論の検証あるいは構築の手法として，計量分析を中心とした実証主義的な研究が増えてきているが，それは人事管理研究とて例外ではなかったようだ。

　また，このクラスターに「労働市場」という語句が頻出していることは，この時期の人事管理研究が，企業の内部と外部，異なる労働市場の併用，雇用を含む

第 4 章　人事管理研究における関心の構造と推移　121

図 4-3　日本労務学会の文献における共起ネットワーク（後期：2004～2020 年）

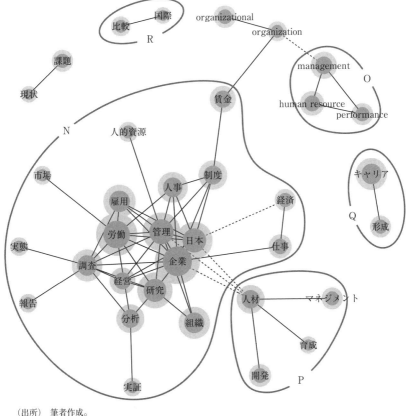

（出所）　筆者作成。

労働力活用の形態の多様化に向き合っていたことを示唆する。たとえば，賃金制度や人件費管理は「内部」労働市場の秩序・規則の一つであるが，成果主義の強まりや非正規労働者の活用により，企業組織はそれまで以上に「外部」労働市場からの影響を受けるようになる。さまざまな労働市場への関心は，人事管理のあり方についての学術的な問い直しを想起させる。

　Pのクラスターは，中期に存在していた「人材開発」への関心が継続していることを示すものといえよう。中期における同様のクラスターには「人材戦略」という語句が含まれていたが，このことは，内部労働市場の経営に関する当時の中核的関心が人材開発領域に置かれてきたことを含意している。後期のこのクラス

ターでも「人材マネジメント」といった語句が観察されている。このことから，人材開発・人材育成が，企業の競争力実現のための中核的な活動として，引き続き位置づけられてきたことが理解できる。

Qのクラスターは「キャリア形成」に関する固有の研究関心を表している。PとQという2つのクラスターは，中期では「人材開発」への関心を表すクラスターとして1つにまとまっていたが，後期では2つのクラスターに分かれた。中期におけるキャリア研究では，企業による従業員の管理，とりわけ配置転換や能力開発に関心が当てられてきた。それが後期に入ると，産業・組織心理学や組織行動論を背景にした，従業員を分析単位とした発達プロセスに関する研究が増えた。その結果として「キャリア形成」クラスターがスピンオフした可能性も考えられよう。

Rのクラスターは，中期にも存在していた「M：国際比較」への関心が継続していることを示している。ただし，後期においては，頻出語に入る国名は「中国」のみであり，前期・中期にあった「アメリカ」，中期にあった「韓国」は頻出語上位150位にはランクインしていない。日本企業の海外展開の主たる対象として，この時期，とりわけ2000年代には，中国への関心が社会的にも高まっており，その関心を研究者も引き受けたという背景があろう。

3　研究者の関心における継続・集約・分散

共起ネットワーク分析等の結果を踏まえて，前期から後期までの50年間にわたる人事管理研究における研究関心の推移の全体構造を示したい。それを表したのが図4-4である。ゴチック体は主要な関心のカテゴリーの名称であり，統計分析を通じて析出されたクラスターにほぼ該当する。内容面で多様性を内包している一部のカテゴリーについては，それを構成するサブカテゴリーを破線の枠で示した。

まず，研究者の関心として普遍的なものに，「人事管理の本質」とは何かという問いがあげられる。際限なく突き詰めることができ，どのような学術的バックグラウンドからも接近可能で，また時代の変化からも影響を受けやすい。同語反復かもしれないが，人事管理研究の存立意義そのものに関する問いであるがゆえに，人事管理の本質は50年にわたって普遍的な関心テーマであり続けてきたといえよう。

第 4 章 人事管理研究における関心の構造と推移

図 4-4 日本の人事管理研究における関心の構造と推移

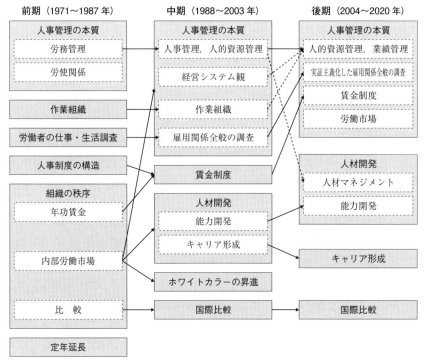

(出所) 筆者作成。

　ただし、その議論の中身は時代とともに変化し続けてきた。前期ではそのクラスターの構成要素であった労使関係が、中期以降は含まれなくなった。また、中期においては、人事管理を経営目標達成のための環境との能率的なかかわりの束、すなわちシステムとして捉える見方が強まり、労働調査や作業組織が「人事管理の本質」への関心の一部に吸収されている。加えて、後期においては、人事システムを、人的資源としての従業員の価値を最大化するものとする見方がさらに徹底され、具体的手段である賃金制度の洗練や労働市場とのかかわりなどを手がかりに、人事管理の本質が問われるようになった。

　つまり、雇用や管理における大きなルールの一つである賃金、そして雇用や管理の目的であり帰結としての（内部）労働市場や作業組織など、前期あるいは中期には独自の関心のもとで進められてきた研究が、時間をかけつつ人事管理の本質を問う研究と緊密になったり、一体化したりしていった。前期では、内部労働

市場論を拠りどころにして年功賃金（ひいては年功主義）についての検討がなされ，中期以降は成果主義などの新たな発想が流入する中で揺れ動く賃金制度への関心が見られた。現実の動向と照らし合わせるならば，前期から中期に該当する1970～1990年代は，労使関係の安定化が人事管理実務における最重要テーマとは見なされにくくなり，従業員の意欲・能力を企業目的達成に結びつけるためのインセンティブや職場の業務プロセスの「改善」，あるいは報酬水準および支払い基準や雇用形態の調整などによる人件費の「適正化」が図られた。単なる観念論にとどまらず，そうした現実を理解・評価すること，とりわけこうした一連の変化が本当に企業経営や人事管理の能率性の向上，従業員の仕事や生活の質の向上につながっているかを検討することが，人事管理研究の存在意義とされたと考えられる。

　この変化を一言でいうならば，企業組織を「複数の利害関係者の対立・交渉・取引の場（市場）」と見る見方から，「経営目的上の合理性に基づいた組織システム」と見る見方への変化，と表すことができよう。ここでいう「変化」には，新たな見方を受け入れることと，その見方の妥当性を問い直すことの双方が含まれる。目的合理的な組織システムとして企業を，経営目標達成の手段として人事管理を，それぞれ捉えることには，理論的な新しさや現実に起きていることに対する説明力が一定程度あるだろう。しかし，見方の変化によって見えなくなるものもある。にもかかわらず，その得失について検討している研究者は多くないと考えられる。

　雇用や労働に関する調査へ研究者は一貫して関心を寄せてきたが，その現れ方は時期により異なる。前期においては「労働者の仕事・生活調査」といった，人事管理を実施する側というよりはされる側に着目した調査への関心が独立的に存在していた。しかし，中期以降は，調査の対象が雇用や人事管理を行う側にも広がり，調査を通じて人事管理の本質を問う，といった展開を見せるようになった。このことも，先に述べた，目的合理的なシステムとして企業組織や人事管理を捉える見方の普及と照応している。

　そして後期には，実証分析という語句が頻出することからも明らかなように，「よい研究」の一つのスタイルではなく，必要条件として，調査が位置づけられるようになった。このことは，実証（多くが定量分析）が可能な範囲に限って理論を検証・修正するような研究の増加を意味する。このことが，もし探索的調査や概念的思考に基づく理論構築型の研究の停滞と同時に生じているならば，こうし

た研究スタイルの変化が研究者と実務家の関係にどのような影響を及ぼすか，注視する必要があるだろう。

　前期に見られた，労働力の価格や配分に関するルールが適用される範囲としての内部労働市場への関心は，中期以降，一方では賃金研究のような形をとって，人事管理の本質を問う一翼となった。他方では，「人材開発」「ホワイトカラーの昇進」，すなわち教育訓練や配置転換を通じた企業主導の従業員キャリア形成へと派生していった。そして，人材開発への研究上の関心は，後期になるに及んで，従来の企業主導的なものに加え，従業員個人のレベルでの発達プロセスにも向けられるようになった。このような多様化や分化は，後期になり「キャリア形成」がクラスターとして独立するようになったことから推測されるが，この背景には，日本労務学会の研究領域における，心理学領域に位置づけられる研究の台頭（江夏ほか, 2022）があげられる。「仕事に関連する能力の開発と活用」という経営側・人事側の関心の先にある，従業員自身による「キャリア形成」，とりわけそれを支える意識や職務経験での成長に対し，組織行動論的手法による接近が試みられることが増えたのである（第5章参照）。

　比較研究は長く行われてきたが，中期以降は「国際比較」という形をとることが多くなった。データベースを確認すると，時期が経るにつれて，当初のアメリカに加え，中国など他の国が比較対象に含まれるようになったことが窺える。企業経営の国際化・グローバル化のありようはこの50年で大きく変化しており，そうした実務界の推移を踏まえた研究者の関心形成が見られたと考えられる。

4　さいごに

　本章の目的は，人事管理研究における関心の構造と推移を定量的に明らかにすることであった。そして，労使関係への関心の漸次的な低下，企業および従業員本人によるキャリア形成への関心の強まりなど，時代（時期）の推移に伴う焦点の変化が一定程度起こっていたことが明らかになった。人事管理の目的についても，労使関係論のように，経営者や従業員を含む利害関係者の関係を安定化させるというものから，（戦略的）人的資源管理論のように，環境適応を通じて組織業績を高めるといったものへの変化が窺える。ただし，本章では共起ネットワーク分析をもとに極力網羅的・客観的に研究動向を把握することに努めてきたため，個別の文献単位での分析については第5章でより詳しく検討する。

こうした変遷が研究界に独自の変遷なのか，実務界における課題意識とマッチしているのかについての検討は後の章（第6章および終章）に譲るが，研究者の関心は一定ではなく，変化していった部分があることは確かである。ただし，そうした変化，さまざまな事象や概念への関心の強まり・弱まりは，「人事管理の本質」とは何かを問い続けるという継続的な関心との関連で展開されてきたことも明らかになった。

第 *5* 章

被引用文献から探る人事管理研究における関心

1 はじめに

　前章では，日本における人事管理研究の潮流を，計量書誌学的な分析手法によって明らかにした。そこでは，たとえば，労使関係への関心の希薄化，（戦略的）人的資源管理論という視座の普及，従業員の能力やキャリアの開発に関する継続的な関心と分析視角の多様化，といった研究動向が示された。

　本章では，この発見事実を踏まえ，計量書誌学的な分析では拾いきれない細かな関心について，分析対象期間において既存の人事管理研究が引用してきた文献（以下，被引用文献）の推移を確認することで明らかにする。主要な被引用文献の特徴は，事象や理論，あるいは研究方法について人事管理の研究者が抱く関心を表すと考えられる。

2 文献の被引用数から見る研究者の関心

　分析対象は，前章に引き続き，日本労務学会が刊行してきた「論集」および「機関誌」に収められた各文献に明記された引用文献の一部のタイトルである。分析期間を3つ（前期：1971〜1987年，中期：1988〜2003年，後期：2004〜2020年）に区分し，どのような文献が引用されてきたかについて，時期ごとに集計し，その特徴を解釈した。分析対象を被引用文献の一部に絞り込む手順は，第3章4.2項に示した通りである。

　被引用文献数を時期ごとに集計したところ（表5-1），引用文献の記載が1件以上ある文献数は，前期172件，中期447件，後期870件であり，これらがすべて

表 5-1　文献引用の大まかな傾向

期　間	刊行された文献		引用の実態			指　数
	総　数	うち分析対象	総引用数	平均引用数	被引用文献数	
前　期 (1971～1987 年)	231	172	1,189	6.91	1,075	12.74
中　期 (1988～2003 年)	495	447	4,533	10.14	3,769	6.37
後　期 (2004～2020 年)	1,019	870	11,319	13.01	8,678	5.20

(注) 1)　総引用数は，分析対象文献が引用してきた文献の数である。同一テーマの複数研究での連続引用，
　　　　自著引用，調査資料の引用を除外した。
　　　2)　平均引用数は，総引用数を分析対象文献数で除した値である。
　　　3)　被引用文献数は，文献引用の回数ではなく，1 度以上引用された文献の数を表す。
(出所)　筆者作成。

の文献に占める割合はそれぞれ 74.4 %，90.0 %，85.3 % であった。前期には，
先行研究のレビューを伴わない（明示しない），著者の独自の論考という色彩が強
い研究が相対的に多かったと推測される。また，中期以降は，先行研究レビュー
を不可欠とする研究スタイルが一般化したものの，後期において引用文献記載率
が若干下がっている。このことは，機関誌と比べて紙幅の制約が大きい論集にお
いて，論考の記載を充実させるために引用文献の記載を省略するような傾向が，
後期になってより顕著になったものと考えられる。ただし，各期の割合から，分
析対象は全体をある一定以上代表していると判断した。

　1 つの文献が引用する文献数は年々増える傾向にあり，その平均値は，前期で
6.91 件，中期で 10.14 件，そして後期で 13.01 件となっている。また，それぞれ
の時期において引用されてきた文献の数は，前期 1075 件，中期 3769 件，後期
8678 件となった。つまり，ほとんどの被引用文献は，1 度しか引用されなかった。

　文献引用の傾向を探るにあたっては，個別の被引用文献について検討するとい
うよりは，類似のテーマ，理論的基盤，方法を採用していると思われる複数の文
献を一つのまとまり（カテゴリー）と見なし，共通する特徴の析出を試みた。こ
のため，人事管理研究の一種として位置づけるにはテーマが広範であったり抽象
的であったりする被引用文献は，どのような関心のもとに引用されたものである
かについての特定が困難であり，カテゴリー化の対象とはしていない。前期にお
ける Marx（1867）や March & Simon（1958）が，その例である。

2.1 前期（1971～1987年）の研究潮流

前期における主要な被引用文献として，被引用回数が3回以上の20件を，表5-2に掲載した。カバー率，つまりこれら20件の文献が引用される数がすべての引用数（総引用回数）に占める割合は6.56％となった。被引用回数が最大でも8件と，特定の文献への引用が集中していないように見える。

各文献の被引用率（当該文献被引用回数／総被引用回数）を二乗し足し合わせた指数を作成したところ，その値は12.74であった[2]。この時期の人事管理研究では，多くの研究において参照することが当然視されるような特定の先行研究，理論や視座がなかったことを示している[3]。

そうした全体傾向の中，日本の人事管理研究を特徴づけるいくつかのカテゴリーを，被引用文献の中から見出すことができた。以下，それぞれの特徴を確認する。なお，以降の分類においては，第3章にも示したように，各期間の変化や比較が容易なように，カテゴリーごとにローマ数字を付している。結果的に第4章と類似したカテゴリーも多く見受けられるが，混同を避けるため，この段階では詳細な比較は行わない。この点については考察や終章で詳しく述べる。

(1) Ⅰ：人事管理研究の概論（労務管理論）

一つ目の研究潮流を示すのが，労務管理論や労使関係論にかかわる学術的な議論を俯瞰する文献である。前章でいえば「人事管理の本質」にかかわる議論である。たとえば，森（1964）は，「大学の教科書あるいは専門家のための概論書の少ない現状に鑑みて（略）体系的，理論的な概論書」（3頁）として執筆されたもので，厳密には研究書ではない。ただし，本書やそこで紹介された文献がその後の研究の道標になったと考えられる。また，ヨーダーの *Personnel Management and Industrial Relations* は，1938年の初版刊行から，1970年の第6版までたびたび改訂[4]されているが，とくに1948年刊行の第3版と1956年刊行の第4版は

---

1) 最初の刊行後に改訂や再版を経る場合があり，どの版を引用するかは研究者によりまちまちである。そのため，以下では初版の出版年を表記している。

2) この方法は，ある産業における企業の競争状態を測る指標を算出する目的で，各企業の市場占有率（シェア）の二乗を加算して算出市場の占有率を示すハーフィンダール・ハーシュマン指数（Herfindahl-Hirschman index：HHI）を参考にした。HHIでは完全独占で10000の値をとり，完全競争市場で0に近い値をとる。同様に，本指数も各文献の引用回数を総引用回数で除して算出される。理論上0～10000の間の値をとる。

3) 一方で表5-1にあるように，その指数は中期・後期と比べると相対的には高い値を示している。当時産出された研究数自体が少なかったことに加え，限られた文献を相対的に丁寧に紹介するという当時の執筆スタイルにも起因していると考えられる。

表5-2 前期（1971〜1987年）における主な被引用文献

カテゴリー	タイトル	著　者	出版年 （初版）	被引用 回数
II	Alienation and Freedom: The Factory Worker and His Industry	Blauner, R.	1964	8
I	Personnel and Labor Relations	Yoder, D.	1938	6
III	Internal Labor Markets and Manpower Analysis	Doeringer, P. B., & Piore, M. J.	1971	
I	Das Kapital: Kritik der politischen Ökonomie	Marx, K.	1867	5
I	労務管理概論	森五郎	1964	
III	Industrial Relations Systems	Dunlop, J. T.	1958	4
III	内部労働市場と年功制論	舟橋尚道	1975	
III	内部労働市場論の再検討	井上詔三	1976	
IV	Personality and Organization: The Conflict between System and the Individual	Argyris, C.	1957	
	Organizations	March, J. G., & Simon, H. A.	1958	
IV	Career mobility and organizational commitment	Grusky, O.	1966	
IV	Work and the Nature of Man	Herzberg, F.	1966	
III	年功的労使関係論	津田真澂	1968	
	Management in the Modern Organization	Haimann, T., & Scott, W. G.	1970	3
II/V	Japanese Blue Collar: The Changing Tradition	Cole, R. E.	1971	
V	日本的経営の編成原理	岩田龍子	1977	
V	日本的経営を考える	占部都美	1978	
I	労働問題入門	江幡清	1983	
II	QCサークル活動と社会・技術システム論による責任ある自律的作業集団	赤岡功	1983	
II	アメリカ自動車工場におけるQCサークル	秋元樹＝ ロバート・E.コール	1983	

（注）　分析対象となった日本労務学会の文献数は172である。
（出所）　筆者作成。

---

4)　山ノ内（1977）によると，ヨーダーの主張は版を重ねるごとに変化しており，その背景には時々のアメリカの社会状況がある。たとえば初版の刊行（1938年）の頃には，ワグナー法（1935年）の制定に代表されるようなニューディール政策下での労働関連法の整備，それに伴う労使関係の重要性の高まりがあった。

邦訳されたこともあって，その内容が国内でも議論されてきた（森, 1964；三戸, 2004；岡田, 2007）。

　日本におけるヨーダーの上掲書についての検討は，他の主要文献，たとえば Tead & Metcalf（1933）や Pigors & Myers（1956）との比較という形をとることが多かった。たとえば Yoder（1956）については，Tead & Metcalf（1933）において重視された心理学や生理学のほかに，経済学・精神病理学・社会学を労務管理論の基礎科学として位置づけている点，また管理過程論の影響から統一理論（Grand Theory）としての労務管理論を目指す姿勢に特徴が見出された（山ノ内, 1977）。ヨーダーによると，労務管理は労使関係と労働力管理（manpower management）からなり，この労働力が浪費されず，最大の能率を上げることが労務管理の目的であるとされる。さらに，ホーソン実験にも言及しながら，人間関係論が焦点を当ててきた仕事への関心やモラール[5]といった社会心理的な側面にも言及がある。ヨーダーの上掲書は，人事管理研究を構成するさまざまな領域の特徴を描写し，比較し，変遷をたどるなど，Pigors & Myers（1956）同様に，当時の労務管理や労使関係の全体を体系的にまとめた文献である。

(2)　Ⅱ：職場の作業プロセス（ブルーカラー労働，小集団活動）

　二つ目の研究潮流を示すのが，Blauner（1964）や Cole（1971）に代表される，工場におけるいわゆるブルーカラー労働の実態や，そこで行われる仕事管理や小集団活動に関連する研究群である。

　これらは，分析の対象こそ日米で異なるが，生産現場における労働の実態に目を向け，労働疎外や賃金構造，労使関係等について，実態調査をもとに論じた点で共通する。また，秋元＝コール（1983）のように，日本の生産現場における品質改善や経営参加を目的とした小集団活動（たとえば，QC サークル）に着目した研究も見られる。第 4 章における同時期についての分析から見出された「作業組織」と同様の研究関心の現れであろう。

　総じて，この時期に見られるこうした研究群は，当時の基幹産業であった製造業の現場労働者の作業プロセスを丹念に調査するものであるが，後述のように日本における人事管理研究の対象は，その後，徐々にブルーカラーからホワイトカラーへと変遷していくことになる。しかし，少なくとも当時，依拠できる先行研

5）　従業員集団の精神状態，士気といった，集団のメンバーが協働を通じて満足や帰属感を抱くことで団結し，目標達成に努力しようとする心理的態度である（日経連政策調査局編, 1995）。

究としては，ブルーカラーを対象としたものが支配的であったといえる。

(3) Ⅲ：内部労働市場論（年功制，労使関係論）

三つ目の研究潮流は，上位20文献のうち最も多い5文献が該当する内部労働市場（internal labor market）に関する研究群である。この種の関心は，第4章における同時期についての分析から見出された「組織の秩序」にも通底する。

Doeringer & Piore（1971）は後期においても上位にランクインしているが，このことは，当時の先端的な論考であった内部労働市場論（第4章2.1項参照）が，その後，人事管理研究における基礎理論として定着したことを示唆する。Doeringer & Piore（1971）は，労働の対価である賃金の決定や，さまざまな仕事への労働力の配分が，企業内で行われることを聞き取り調査から明らかにし，これを内部労働市場と呼んだ。内部労働市場は，職場での訓練（on the job training：OJT），訓練内容面での企業特殊性，そしてアメリカにおける「先任権」（seniority[6]）のような，職場内の雇用や所得を保障するような職場慣行，という3条件が満たされる場合に成立する（今井ほか, 1982）。

Doeringer & Piore（1971）による内部労働市場論が日本において強い影響力を発揮してきた背景には，前章でも触れたが，日本の雇用・労働環境，とりわけ年功制が，内部労働市場論の主張と適合的であると，当時の研究者が判断したことがあると推測される（舟橋, 1975）。外部労働市場においては労働力の需要と供給により価格（賃金）が決定されるが，内部労働市場では，難易度・権威・責任といった仕事の多様な性質が，組織内での労働力の需給バランスにかかわる。外部労働市場からの入職者，とりわけ新卒者は，教育訓練やジョブ・ローテーションなどを通じて経験を重ね，より権限や責任の重い仕事，より高い技能が求められる仕事を担うようになる。経営者や管理者はこのように組織内部で養成・任用される。従業員の長期的な働きぶりを評価し処遇に反映させることで成立する内部労働市場は，年功賃金や終身雇用といった日本的な人事管理の特徴を概念的にうまく説明すると見なされた（佐野, 1989）。

また，津田（1968）では，学歴別の階層構造を中心に，正規従業員への雇用保障，新卒社員の内部育成，継続的な昇進，勤続年数に基づく給与体系が補完的に成立する温情的な雇用慣行を，年功的労使関係と呼んでいる。ここでは直接に内

---

[6]　労働者が企業から受ける，昇進や再雇用などの利益について，勤続年数の長い者から享受でき，解雇や休職などの不利益について，勤続年数の短い者から引き受けることを定めたもの。

部労働市場論への言及はないが，日本的な長期的雇用慣行の特徴や合理性を丹念に記述している。労使関係の変化や展望を述べている点から，労使間の利害調整の一つの形について議論してきたといえよう。

(4) Ⅳ：組織行動論（心理状態）

これまでと比べるとやや小さな潮流となるのが，組織行動論的な研究群である。組織行動論は，組織の中の個人や集団の行動・態度を取り扱う領域であり，心理学・社会学・経済学・人類学などの基礎学問分野を積極的に参照する学際性を持ちつつも，とりわけ産業・組織心理学や社会心理学が主要な立脚点といわれる（服部, 2020a）。

この時期の日本の人事管理研究では，Argyris（1957）や Grusky（1966）といった研究が多く引用されている。そこでは，パーソナリティ，モチベーション，コミットメントといった，今日の組織行動論において基盤となるテーマが取り扱われている。第1章でも触れたように，当時の人事管理研究では，産業・職業心理学や行動科学的アプローチへの関心が強まっていたが，ここでの分析結果もそのことを裏づけている。この時期の組織行動論的な研究群は，他の研究群から独立的に成立している印象がある。実際に上記文献を引用する文献を一覧しても，他の研究領域の文献も同時に検討しているケースは少なく，それぞれの研究領域で独立して議論されてきたと考えられる。

(5) Ⅴ：「日本的経営」論（社会規範）

最後に，企業経営全般における日本に固有の特徴についての議論に影響を受けた研究潮流があり，それには，先述の Cole（1971）のほか，占部（1978）や岩田（1977）が含まれる[7]。たとえば占部（1978）は，Abegglen（1958）で示された「日本的経営」[8]の定義に基づき，終身雇用や年功賃金制，集団主義といった観点から「日本的経営」の評価と展望を述べている。また，岩田（1977）は，日本企業の編成原理を，家族主義や集団主義といった「日本人の国民的心理特性」（245頁）に求める論考を展開した。

---

[7] Cole（1971）では，製造現場の実態調査に基づいて経営についての日本的特徴が論じられているため，「Ⅱ：職場の作業プロセス」にもカテゴライズしている。

[8] 邦訳の影響もあり，①終身雇用，②年功序列，③企業内組合という「三種の神器」を日本企業に固有の経営様式とする見方が，日本の研究界と実務界の双方で一般化したが，それらが経営様式を代表するのか，さらにはそもそも実在するのかについては，疑問も示されてきた（たとえば，久本, 2010）。そのため本章では，「日本的経営」について，社会的な実在あるいは明確な理論概念とは捉えず，多義的なレトリックとして扱い，カギ括弧表記をする。

こうした傾向からは，日本企業の人事管理について，「Ⅱ：職場の作業プロセス」に典型的に見られたように生産現場の労働や改善活動といった観察可能な事実のみならず，日本社会の広範囲に潜在するであろう，労働観や社会規範なども想定して議論しようとされてきたことが読み取れる。

(6) 小括——労使関係に根ざした内部労働市場

人事管理研究においては，製造現場あるいは企業全体を分析対象としつつ，さまざまな学問分野を背景とした研究者たちが各々に議論を展開してきた。森やヨーダーも指摘しているが，学問領域としては学際的であるといえる。ただし，複数の学問分野を横断あるいは統合するような視座を持った，個別研究レベルでの学際性はほとんど見られない。そうした意味では，この時期に限らず，研究領域全体の性格を一言で言い表すのは容易ではない。

ただ，主たる被引用文献の中でも多数を占めるのが制度論（institutionalism）的な研究であったことは，この時期の人事管理研究を特徴づけるだろう。この時期の人事管理研究の多くは，内部労働市場論や労使関係論に代表される，経済学や社会学における制度論に基礎づけられていた。制度論では，企業と従業員といったアクターのあり方，とりわけ行動・行為における合理性や正しさの基準は社会的に構築され，それらの基準は客観的な規則や人々に共有された価値観に裏打ちされるため，アクターはそれらの基準を最終的には自然に受け入れがちとする（Meyer & Rowan, 1977；Powell & DiMaggio eds., 1991；Scott, 2013）。こうした考え方に基づいて，普遍的な合理性や正しさを断定することより，国や地域，時代，文化，産業などに応じた多様性，その背景と帰結に研究関心が注がれることが多い。また，合理性あるいは正しさの基準，それらを裏づける実際の雇用・人事の仕組みおよび慣行の確立プロセスにおけるアクター間の権力関係や利害調整のあり方にも，多大な関心が払われる。

一方，こうした状況的・歴史的要因の成り立ちや影響についての想定は，この時期の人事管理研究でもある程度参照されていた組織行動論的な研究では乏しい。もちろん，社会心理学的な視座においては，個人の行動がそれを取り巻く要因としての他者に大きく影響されることを重視しているし，生理学的な視座でも人々を取り巻く物理的環境の影響について検討されている。しかし，人々を取り巻くさまざまな要因やそれとの相互作用プロセスにおける歴史性・権力性・多様性，それらを可能にしつつそれらによって産出される社会的な規則や価値観についての十分な考慮がある研究は乏しい。

第 *5* 章　被引用文献から探る人事管理研究における関心　135

　こうした制度論的な議論が引用される程度，制度論的な議論の内実の変化が，中期以降の日本の人事管理研究の性格を物語る。その点については，引き続き以降の分析結果をもとに考察したい。

2.2　中期（1988〜2003年）の研究潮流

　次に，中期における被引用回数上位の文献を，表5-3に示した。合計でのカバー率が前期（6.56 %）と近似するように留意した結果として，被引用回数が6回以上の33文献を，主要な被引用文献と見なすこととした（カバー率7.56 %）。各文献の被引用率を足し合わせた指数は6.37であり，前期に比較すると，特定の先行研究に研究領域全体として依拠する度合いは下がっていることが確認できる。

　全体の傾向としては，小池和男や彼の共同研究者らによる知的熟練や技能形成に関連する研究群と，シャイン，マクレガー，ブルームらにより展開された組織行動論，すなわち，心理学的な視座を持つ研究群の存在感が際立っている。前者は「III：内部労働市場論」の潮流を，後者は「IV：組織行動論」の潮流を，その性質を若干変えつつ，前期から引き継ぐものである。また，「V：『日本的経営』論」については，従来の社会的な価値規範から議論を起こすものとは異なるスタンスをとる研究への交代が起きている。

　また，中期では，前期には見られなかったいくつかのカテゴリーが出現した。とりわけ「VI：日本の人事管理の変容・展開」と「VII：非典型労働」という2つの潮流は，後期でも引き続き見られる。反面，前期に見られた「II：職場の作業プロセス」に該当する文献は1件にとどまった。以下では，基本的性質を維持しつつも関心が弱まった「II：職場の作業プロセス」を除く6つのカテゴリーについて，「既存の潮流はどのようにその性質を変えたのか」「新しい潮流はどのような特徴を有するのか」という2つの視点から検討する。

(1)　I：人事管理研究の概論（戦略的人的資源管理論）

　人事管理研究の全体を俯瞰する中でよく引用されていたのが，森編著（1995）とBeer *et al.*（1984）であった。彼らの視座については第1章でも紹介したが，従来の人事管理研究を基礎づけていた労務管理論や労使関係論といった視座との距離を観察できる。

　各企業が直面する特有の環境に適応するため，各企業は経営目的の達成に資する貢献（アウトプット）を従業員から引き出す必要がある。こうした前提に立ち，森編著（1995）は従業員による企業への貢献を「人間資源」と捉え，人事管理に

表5-3　中期 (1988～2003年) における主な被引用文献

カテゴリー	タイトル	著　者	出版年(初版)	被引用回数
III	仕事の経済学	小池和男	1991	24
III	大卒ホワイトカラーの人材開発	小池和男編	1991	19
IV	Cosmopolitans and locals: Toward an analysis of latent social roles I	Gouldner, A. W.	1957	17
IV	Career Dynamics: Matching Individual and Organizational Needs	Schein, E. H.	1978	16
III	Human Capital: A Theoretical and Empirical Analysis, with Special Reference to Education	Becker, G. S.	1964	15
III	人材形成の国際比較——東南アジアと日本	小池和男・猪木武徳編	1987	12
	知識創造の経営——日本企業のエピステモロジー	野中郁次郎	1990	11
IV	プロフェッショナルと組織——組織と個人の「間接的統合」	太田肇	1993	
IV	The Human Side of Enterprise	McGregor, D.	1960	9
V	日本企業の国際人事管理	石田英夫	1985	8
VI	職場類型と女性のキャリア形成	脇坂明	1993	
	Modern Organizations	Etzioni, A.	1964	7
IV	Work and Motivation	Vroom, V. H.	1964	
III	ホワイトカラーの昇進構造	今田幸子・平田周一	1995	
	The Practice of Management	Drucker, P. F.	1954	
IV	Motivation and Personality	Maslow, A. H.	1954	
IV	Work and the Nature of Man	Herzberg, F.	1966	
IV	Scientists in Organizations: Productive Climates for Research and Development	Pelz, D. C., & Andrews, F. M.	1966	
III	Internal Labor Markets and Manpower Analysis	Doeringer, P. B., & Piore, M. J.	1971	
	Managing the Flow of Technology: Technology Transfer and the Dissemination of Technological Information within the R&D Organization	Allen, T. J.	1977	
V	日本的経営の編成原理	岩田龍子	1977	
III	Why is there mandatory retirement?	Lazear, E. P.	1979	
III	日本の熟練——すぐれた人材形成システム	小池和男	1981	
	日米企業の経営比較——戦略的環境適応の理論	加護野忠男・野中郁次郎・榊原清則・奥村昭博	1983	6
I	Managing Human Assets: The Groundbreaking Harvard Business School Program	Beer, M., Spector, B., Lawrence, P. R., Mills, D. Q., & Walton, R. E.	1984	
III	Career Mobility in a Corporate Hierarchy	Rosenbaum, J. E.	1984	
II/V	日本的生産システムと企業社会	鈴木良始	1994	
III	日本の雇用システム——その普遍性と強み	小池和男	1994	
I	現代日本の人事労務管理——オープン・システム思考	森五郎編著	1995	
VI	コース別雇用管理と女性労働——男女共同参画社会をめざして	渡辺峻	1995	
V	変化する日本的雇用慣行	小野旭	1997	
III	Personnel Economics for Managers	Lazear, E. P.	1998	
IV/V	成果主義の浸透が職場に与える影響	守島基博	1999	

(注)　分析対象となった日本労務学会の文献数は447である。
(出所)　筆者作成。

ついて，経営環境から労働者を取り込み（インプット），彼らにおいて人間資源を醸成してそれを引き出すために介入し（変換），そのプロセスを評価・制御するような，「複合的統合体」と捉えた。こうした「オープン・システム観」のもとで，個別の人事施策は複数の機能（経営目的や人間資源への貢献）を有し，かつ個別の機能は複数の人事施策によって担われている。だからこそ，企業は複数の人事施策の連動性や補完性の実現に注力すべきであるとしている。彼らの視座は，1980年以降に幅広い研究者に支持されるようになった戦略的人的資源管理（SHRM）論の視座，とりわけ内的あるいは外的な整合性についての議論と重複している（第1章3.2項参照）。

また，Beer *et al.*（1984）は，そのSHRM論の嚆矢にあたる。株主・経営者・従業員といった社内外の多様なステークホルダー間の利害調整を通じて，企業が直面する社内外のさまざまな要因に対し，人的資源を獲得・開発・活用することで柔軟に適応し続ける道筋を示したものである（第1章2.6項参照）。

(2) Ⅲ：内部労働市場論（キャリア管理，人的資本論）

内部労働市場論をめぐる研究関心に関して，この時期に特徴的な現れ方が，小池和男やその共同研究者を中心に展開されたさまざまな研究成果の引用である。この種の関心は，同時期を対象とした第4章での分析から見出された「人材開発」や「ホワイトカラーの昇進」と同様である。彼らは，「知的熟練」といった概念の創出や，ホワイトカラーのキャリア開発について多くの研究を行ってきた。そして，彼らの議論を支えたのが，基盤理論としての内部労働市場論や人的資本論であった。ここでは，小池らの研究と，その主たる源流の一つであるベッカーの人的資本論について紹介したい。

1991年に初版が刊行された『仕事の経済学』は，労働者の技能の特徴や形成メカニズムに関する教科書としての側面もあり，多岐にわたる議論が展開されている。とりわけ，ブルーカラーの知的熟練やホワイトカラーのキャリア形成に関する議論のために引用される傾向がある。最後の版である小池（2005）においては，大企業の生産労働者（ブルーカラー）を分析対象に，繰り返し作業で高い技能が不要のように見える量産組立現場でさえ，変化と異常を含む「ふだんと違った作業」が認められること，この「ふだんと違った作業」により発生する「問題と変化」を生産労働者自身が対応する技能である「知的熟練」により，問題の原因推理，不良の直し，不良品の検出がなされることが指摘された。小池ほか（2001）は，そうした知的熟練における4段階の技能レベルを定義した。[9]

小池によると，「ふだんと違った作業」は，定型化やマニュアル化，あるいは資格の高い技術者に任せることが困難である。そのため，生産労働者がふだんと違った作業の一部をも担当し，面倒な部分を修理専門の保全担当者や技術者に任せる「統合方式」の分業方式が合理的となる。

また，小池を中心とした研究グループは，こうしたブルーカラーの知的熟練はホワイトカラーにおいても同様かそれ以上に必要な技能とした。『人材形成の国際比較』（小池・猪木編, 1987）や『大卒ホワイトカラーの人材開発』（小池編, 1991）では，「遅い昇進」や「幅広い1職能型」といった，特徴的なホワイトカラーのキャリア形成メカニズムの実在や合理性が指摘された。

一方，ベッカーの *Human Capital: A Theoretical and Empirical Analysis, with Special Reference to Education* は，初版の刊行時期（1964年）を考えると，前期に主要な被引用文献としてあがってもおかしくはなかったが，実際には中期と後期（後述）とで上位にランキングされている。1975年に刊行された第2版の邦訳が翌年に刊行されており，この時期から日本の人事管理研究に徐々に影響し始めた可能性がある。

人的資本は教育・訓練の年数に応じて向上する個人の職業能力であり，一般的技能と企業特殊的技能に大別される（Becker, 1975）。一般的技能は，語学能力や専門知識，資格など，どの企業で雇用されても労働者の生産性に寄与する。企業特殊的技能は，商品知識，組織の運営や人脈など，特定の企業でしか労働者の生産性に寄与しない。一般的技能は転職しても活用できるため，企業側には投資するインセンティブが小さく，労働者自身が費用を負担する。一方，企業特殊的技能は長期的な雇用関係を前提に労使が費用を負担し合う形で投資することが合理的となる。こうした人的資本論の基本的主張は，企業における年功賃金の理論的な裏づけとして用いられたものであり，「日本的経営」への世界的関心が学術的

---

9) レベル1：生産になんとかついていける，レベル2：ふだんの作業なら仕事をこなせ，欠勤者の代わりもできる，レベル3：職場のほとんどの仕事ができ，不具合の原因推察も可能，そしてレベル4：生産準備をこなせ，海外で教えてもつとまる。高度な効率を求めるには技能レベル3および4が半分ほどを占める必要があるという（小池ほか, 2001, 18頁）。

10) 困難になる理由として小池（2005）が示すのが，たとえ規格化やコンピュータ化が進んでも，そもそも実際に出現する問題の種類が予想された以上にずっと多く，変化を前もって十分に予知できないために，それらの手段を用いるのが難しいことである（19-20頁）。また，現場にいない技術者に任せる場合，対処させるまでに時間と労力がかかり，速やかに対応するためには新たな人員の採用も必要となる（20頁）。

第 *5* 章　被引用文献から探る人事管理研究における関心　｜139

にも展開した1990年代に多く引用されたこととも整合的である。

(3)　Ⅳ：組織行動論（モチベーション，キャリア形成）

組織行動論分野は前期と比較して，その存在感が高まっている。とりわけ，モチベーションに関するブルーム，マズロー，ハーズバーグらの研究の一部は前期に続いて多く引用されていて，現在も多くの経営学や人的資源管理理論・組織行動論の標準的テキストで頻繁に紹介されるものであり，今日の人事管理研究を語る上でも必要不可欠な分野ともいえる。

こうした関心の寄せられ方は，日本企業に所属するホワイトカラー従業員を対象に，マズローが主張する自己実現やシャインが主張する自律的なキャリアを是とした上で，そうした方向性や現状における個々の心理的態度・行動，さらには異動・昇進や実際の仕事といった職務経験への関心が高まってきたことが背景にあるだろう。心理学的なアプローチが人事管理研究において大きな影響力を持ち，後期に至るまで主要なパースペクティブとなった嚆矢がここにあるといえる。「Ⅲ：内部労働市場論」も同様に「キャリア」をキーワードとしてあげているが，ここでのキャリアは上述のような従業員自身による心理的視座による自律的・主体的なキャリアを前提としており，企業による従業員の管理対象としてのキャリアとは視点の異なるものである。

また，従業員個人のキャリア志向に着目しているという意味では，プロフェッショナルのキャリアや態度・行動に着目したGouldner（1957）や太田（1993）の研究も，心理学的バックグラウンドに強く依拠しているわけではないという意味では傍流的ではあろうが，組織行動論的なパースペクティブを持つ研究を促すのに貢献した。

(4)　Ⅴ：「日本的経営」論（国際化と変化）

この研究潮流における中期ならではの傾向として，海外進出，経営のグローバル化，経済不況，あるいは競争力の低下に対応するために変化しつつあった日本企業の人事管理への関心がある。つまり，前期においては日本的な企業経営や人事管理についてのある種の「理念型」的な概念規定が行われたのだが，中期においては，その実際のあり方や有効性の検証が，国際化や成果主義の進展といった具体的に企業が直面した課題を題材に進められるようになっている。

たとえば小野（1997）は，在日外資系企業，アメリカ企業，在米日系企業等を取り上げ，雇用慣行の比較分析を通じて賃金の経年変化と国際比較を行った。また守島（1999b）は，成果主義的な人事制度による処遇格差を前提に，処遇の不

平不満が評価の公開等の手続きにより軽減されることを実証した。後述するが，こうした成果主義的な人事管理に関する研究は後期において盛んになる。その兆候が，この時期すでに見られている。

(5) Ⅵ：非典型労働（女性労働）

この時期に特徴的なもう一つの研究潮流が，女性の就業（脇坂, 1993；渡辺, 1995）に関連するものである。こちらも，「Ⅴ：『日本的経営』論」と同様に，当時の日本企業が直面していた課題に関する潮流である。1986年の男女雇用機会均等法の施行やそれに関連した労働関連法の改正によって，女性の就業への関心が社会的に高まったこともあり，それに関する研究が増加したと考えられる。

たとえば脇坂（1993）は，複数の実態調査をもとに職場における男女の構成比率に応じて職場を類型化し，コース別雇用管理，結婚・出産に伴う退職，パートタイマーのキャリアといった職場管理や人事管理の実態についての類型間比較を行った。また，渡辺（1995）は，男女雇用機会均等法への対応のために大手銀行をはじめとする大企業が率先して導入したいわゆる「総合職」と「一般職」のようなコース別雇用管理制度について，女性の雇用・就業機会の観点からその仕組みや問題点を学際的にとりまとめた。とくに，コース別雇用管理制度が，法的に禁止されているはずの男女差別を実質的に温存させる手段となっていた当時の実態を踏まえ，コース選択を従業員の自由意思に委ね労働条件とリンクさせないことや，コース間の転換を双方向に自由にすることなどが，多様な従業員の尊重に際し重要であると主張した。

(6) 小括──内部労働市場の多様性や変化についての経験的研究

以上のような中期の研究潮流の特徴を，前期と比較しながら総括したい。まず「Ⅲ：内部労働市場論（キャリア管理，人的資本論）」について，前期には，長期雇用や年功制が日本企業に存在する理由を説明するものと，労使間での利害調整の結果として安定的な雇用関係や内部労働市場が成立するものとがあった。一方，中期では，安定的・長期的な雇用関係の中での人的資本投資のメカニズムをめぐり，とりわけ企業特殊的技能の特徴と，それを形成するための企業によるキャリア管理，とくに配置転換や昇進・昇格の管理についての研究が多く引用されていた。そして，技能形成やキャリア管理における日本的特徴が検討された。

これは，従業員の人的資本やそれを形成する人事管理の実態，あるいはミクロとマクロの影響関係を論じるという点において，制度論的なアプローチがこの時期でも一定程度重視されていたことを意味する。ただし，この時期には，労使関

係論的な文献が引用されなくなっており，主要な被引用文献となった小池らの研究は，日本的な技能形成メカニズムの合理性をたびたび主張していた。換言すれば，分析対象である従業員の人的資本や企業の人事管理から「さまざまなアクターの利害調整の中で形成・維持され，そしてそこに権力の不均衡に付随する問題が併存する」という視点が希薄化したことを物語っている。

　この頃に登場した比較制度分析（青木・奥野, 1996）や「資本主義の多様性」論（Hall & Soskice, 2001）は，内部労働市場論や人的資本論との親和性が高い。それらによると，日本を含めた各国の雇用や人事の仕組みは，それぞれの国における経済・社会・政治の体制との補完性の現れである。つまり，雇用や人事の仕組みは全世界で一つの形に収斂しない。複数均衡の背景を描くにあたり，一部に政労使の多様なアクター間の妥結に着目するものもある。しかし，雇用や人事の仕組みが生じたり変化したりする背景にある，利害調整の不十分な側面，つまり，維持される労使間の権力の偏りは重要視されないことが多かった。多様なアクターの間の妥結をもって，少なくとも特定の国や社会における合理性が確立されたと見なしたり，経営者や人事部門の観点から見た合理性の基準を研究者が自明のものとしたりする傾向があるといえる。

　「IV：組織行動論（モチベーション，キャリア形成）」についての研究潮流が前期以上の広がりを持ったことは，そうした制度論からの変容とも適合的である。従業員の職務モチベーションや自律的なキャリア形成活動に学術的な関心が集まった背景の一つには，職務モチベーションの高さや自律性が企業側から見た有用性につながる，つまり企業の収益性や競争優位性の先行要因になるという戦略的人的資源管理論の視点（Beer et al., 1984；Purcell & Kinnie, 2008）があろう。すでに述べた，人的資本論への強い関心の背景にも，企業の収益性や競争優位性の背景を問おうとする姿勢がある。中期は，前期に比べて，企業業績に資する人事管理への関心の高まりが見られたが，それは，制度論的視座が弱まったことを意味するわけではない。むしろ，企業の業績向上や存続という事象に迫る際の手段・手法として，企業と外部環境との関係性に着目する制度論的視座と，企業経営のプロセスに着目するそれ以外の視座の垣根が低くなり，しばしば補完的になったと考えられる。

　こうした議論と並行して，「I：人事管理研究の概論」にかかわる研究は，後の盛り上がりの兆しを見せていた。第1章で見たように，この時期，戦略的人的資源管理論がアメリカ（およびイギリス）を中心に生じた。また，第4章でも見たよ

うに，日本の研究者も，人的資源管理という語句に着目していた。実際，戦略的人的資源管理やそれと視座を共有する国内外の文献が引用されてきた。このことは，人事管理に関する日本の研究者が，（戦略的）人的資源管理について，内部労働市場や組織行動に関する従来の議論の延長であり，かつそれらを包括する独自の視座になると見なしていた可能性を推測させる。

　もっとも，「Ⅵ：非典型労働（女性労働）」にあるように，雇用や人事の仕組み，それを成立させている制度的要因への批判的な視座を持つ潮流も存在する。また，「Ⅴ：『日本的経営』論（国際化と変化)」の潮流に位置する研究も，制度的環境に当時の雇用や人事の仕組みが対応しきれていない側面を指摘している。

2.3　後期（2004～2020 年）の研究潮流

　最後に，後期の被引用傾向を見ていく（表5-4)。総引用文献数が 8679 件と前期・中期に比して膨大だが，カバー率が前期や中期と近似するように留意して，被引用回数が 8 回以上の 57 文献を主要な被引用文献とした（カバー率 6.09 %)。各文献の被引用率を足し合わせた指数は 5.20 であり，前期・中期・後期と時期を経るにつれて，特定の研究に関心が集約されずむしろ分散する傾向が一貫して確認できる。つまり，後期においては，前期や中期以上に，多種多様なテーマ，研究視角が採用されていることが窺える。

(1)　Ⅰ：人事管理研究の概論（戦略的人的資源管理論）

　この研究潮流は，中期に引き続き見られたものである。（戦略的）人的資源管理論自体は日本の人事管理研究でも中期より取り扱われてきたが，研究量が年々増加する中，研究界における明確な傾向として見られるようになった。[11] 人事管理の概要を解説する教科書（たとえば，今野・佐藤，2002）においても，戦略的観点の紹介がなされるようになった。

　こうした中，当時の研究動向を網羅的に紹介した岩出（2002）や人事システムの編成についての多様な観点を理論的および経験的に検討した Delery & Doty（1996）が多く引用されている。たとえば岩出（2002）は，とりわけ 1980 年代後半以降のアメリカの人事管理研究を対象とし，HRM 論から SHRM 論への変化と，SHRM そのものの概念的定義や学説史的展開をまとめた。さらに岩出は，

---

11)　戦略的人的資源管理論では，資源戦略論（resource based view, Barney, 1991）を主たる理論的基盤としつつ，中期・後期にたびたび引用された Becker（1975）も多く参照されている。

第 *5* 章　被引用文献から探る人事管理研究における関心　143

Wright（1994）をもとに新旧のテキストの内容を比較し，労使関係のキーワード（労使関係，労使協議，交渉など）の登場頻度が減り，戦略にかかわるキーワード（戦略，方針，人事政策など）のそれが増加傾向にあることを示した。このことは前章や本章で示してきた結果とも符合する。

　戦略的人的資源管理論では，人事システムを構成する要素間，たとえば人事ポリシーと人事施策の間，複数の人事施策の間などでの相乗効果の有無が論じられる。異なる従業員グループを対象にした人事管理を分化させていくこと，分化のパターンを適宜見直していくことも，こうした議論の範疇にある。従業員の貢献価値やその企業特殊性の大小に応じた雇用契約や人事管理のあり方について論じた Lepak & Snell（1999）は，当時の日本の人事管理が非正規雇用について多大な試行錯誤をしていたこともあり，研究者によってたびたび引用された（後出(6)参照）。

(2)　Ⅱ：職場の作業プロセス（業績管理）

　この研究潮流は，前期においてはある程度大きかったが，中期になるとほとんど現れなくなり，また後期において大きさを取り戻した。しかし，分析の対象や視角はそれまでの時期と異なっている。たとえば，石田（2003）が提唱した「仕事論」は，部門目標値（利益率，売上高など）の設定の仕方，仕事への人の配置のルール，目標達成のための仕掛け（報酬，フィードバック，作業改善など）についての考察からなる。

　続く中村・石田編（2005）においては，小売業や製造業を対象にした事例調査の結果をもとに，組織および個人業績のコントロール・向上のための，事業計画，目標管理制度を代表とする業績評価，仕事の進捗管理，要員管理の体系が指摘された。具体的には，財務的数値目標の設定方法，仕事の PDCA 管理の方法や手段，非財務的指標の取り扱いが，企業によって異なることが明らかにされた。とりわけホワイトカラーの仕事管理を念頭に置いた場合には，非財務的指標の取り扱いが重要となり，曖昧な業務内容を逐次見直しながら管理が行われる。当時直面していた成果主義を念頭に，状況依存的な仕事管理のありようが議論された点も特徴的である。[12]

　そして，これらの研究で新たな分析対象とされたのが，ホワイトカラーであっ

---

12)　中村・石田編（2005）は自説について小池・猪木編著（2002）や高橋（2004）との比較を行っており，この意味では成果主義にまつわる研究を含む「Ⅴ：『日本的経営』論（インセンティブ・システム）」の一つとも解釈可能である。

表 5-4　後期（2004〜2020 年）に

カテゴリー	タイトル	著　者	出版年（初版）	被引用回数
III	仕事の経済学	小池和男	1991	68
I	人事管理入門	今野浩一郎・佐藤博樹	2002	30
III	Human Capital: A Theoretical and Empirical Analysis, with Special Reference to Education	Becker, G. S.	1964	29
IV	Career Dynamics: Matching Individual and Organizational Needs	Schein, E. H.	1978	21
III	ホワイトカラーの昇進構造	今田幸子・平田周一	1995	20
V	成果主義的賃金制度と労働意欲	大竹文雄・唐渡広志	2003	
IV/V	成果主義の浸透が職場に与える影響	守島基博	1999	18
III	Internal Labor Markets and Manpower Analysis	Doeringer, P. B., & Piore, M. J.	1971	17
III	大卒ホワイトカラーの人材開発	小池和男編	1991	
III/V	The Embedded Corporation: Corporate Governance and Employment Relations in Japan and the United States	Jacoby, S. M.	2005	16
V	成果主義と能力開発——結果としての労働意欲	玄田有史・神林龍・篠崎武久	2001	15
I	戦略的人的資源管理論の実相——アメリカ SHRM 論研究ノート	岩出博	2002	
II	仕事の社会科学——労働研究のフロンティア	石田光男	2003	
IV	プロフェッショナルと組織——組織と個人の「間接的統合」	太田肇	1993	14
III/VI	The human resource architecture: Toward a theory of human capital allocation and development	Lepak, D. P., & Snell, S. A.	1999	
IV/V	ファミリー・フレンドリー施策と組織のパフォーマンス	坂爪洋美	2002	
II/V	ホワイトカラーの仕事と成果——人事管理のフロンティア	中村圭介・石田光男編	2005	13
III/V/VI	日本型人事管理——進化型の発生プロセスと機能性	平野光俊	2006	
III	What Do Unions Do?	Freeman, R. B., & Medoff, J. M.	1984	12
IV	The measurement and antecedents of affective, continuance and normative commitment to the organization	Allen, N. J., & Meyer, J. P.	1990	
III	Economics, Organization and Management	Milgrom, P., & Roberts, J.	1992	
I	The impact of human resource management practices on turnover, productivity, and corporate financial performance	Huselid, M. A.	1995	
V	ホワイトカラー・インセンティブ・システムの変化と過程の公平性	守島基博	1999	
II/V	成果主義の真実	中村圭介	2006	
IV	経験からの学習——プロフェッショナルへの成長プロセス	松尾睦	2006	
	Exit, Voice, and Loyalty: Responses to Decline in Firms, Organizations, and States	Hirschman, A. O.	1970	11
	Case Study Research: Design and Methods	Yin, R. K.	1984	
III	人材形成の国際比較——東南アジアと日本	小池和男・猪木武徳編	1987	
I	Modes of theorizing in strategic human resource management: Tests of universalistic, contingency, and configurational performance predictions	Delery, J. E., & Doty, D. H.	1996	
IV	昇進の研究——キャリア・プラトー現象の観点から	山本寛	2000	
III	ホワイトカラーの人材形成——日米英独の比較	小池和男・猪木武徳編著	2002	
III	管理職層の人的資源管理——労働市場論的アプローチ	八代充史	2002	
VI	非正規労働者の基幹労働力化と雇用管理の変化	武石恵美子	2003	
V	虚妄の成果主義——日本的年功制復活のススメ	高橋伸夫	2004	
II	仕事管理と労働時間——長労働時間の発生メカニズム	佐藤厚	2008	
III/VI	内部労働市場における雇用区分の多様化と転換の合理性——人材ポートフォリオ・システムからの考察	平野光俊	2009	

（注）　分析対象となった日本労務学会の文献数は 870 である。
（出所）　筆者作成。

おける主な被引用文献

カテゴリー	タイトル	著　者	出版年 （初版）	被引用 回数
V	The Japanese Factory: Aspects of Its Social Organization	Abegglen, J. C.	1958	
V	日本企業の国際人事管理	石田英夫	1985	
I	The New Deal at Work: Managing the Market-driven Workforce	Cappelli, P.	1999	
III	もの造りの技能——自動車産業の職場で	小池和男・ 中馬宏之・ 太田聰一	2001	10
VI	チェーンストアのパートタイマー——基幹化と新しい労使関係	本田一成	2007	
IV	職場学習論——仕事の学びを科学する	中原淳	2010	
V	評価・賃金・仕事が労働意欲に与える影響——人事マイクロデータとアンケート調査による実証分析	柿澤寿信・梅崎修	2010	
IV	Skills of an effective administrator	Katz, R. L.	1974	
I	現代日本の労務管理	白井泰四郎	1982	
	Firm resources and sustained competitive advantage	Barney, J. B.	1991	
I	The Human Equation: Building Profits by Putting People First	Pfeffer, J.	1998	9
I	雇用区分の多元化と人事管理の課題——雇用区分間の均衡処遇	佐藤博樹・ 佐野嘉秀・ 原ひろみ	2003	
IV	Work and the Nature of Man	Herzberg, F.	1966	
I	Human resource management, manufacturing strategy, and firm performance	Youndt, M. A., Snell, S. A., Dean, J. W., Jr., & Lepak, D. P.	1996	
IV	The Boundaryless Career: A New Employment Principle for a New Organizational Era	Arthur, M. B., & Rousseau, D. M. (eds.)	1996	
III/V	日本的雇用慣行の経済学——労働市場の流動化と日本経済	八代尚宏	1997	8
V	企業内賃金格差の組織論的インプリケーション	守島基博	1997	
	転換期の日本酒メーカー——灘五郷を中心として	森本隆男・ 矢倉伸太郎編	1998	
IV	On the dimensionality of organizational justice: A construct validation of a measure	Colquitt, J. A.	2001	
VI	女性事務職のキャリア拡大と職場組織	浅海典子	2006	
III/VI	ジェンダー経済格差——なぜ格差が生まれるのか，克服の手がかりはどこにあるのか	川口章	2008	

た。前期ではブルーカラーが対象だったが，それと比べて仕事内容に不明瞭な点が多いホワイトカラーに研究者の関心が移行した結果，こうした仕事管理の研究も進展したといえよう。

(3) Ⅲ：内部労働市場論（キャリア管理，人的資本論）

この研究潮流も，前期・中期を通じて観察されてきたものだが，後期では前期に引き続き海外の源流的な研究のほか，小池和男や彼を中心とした研究グループ，あるいはそれらに触発された，人的資本論や内部労働市場論を分析視角とする研究が多く引用されている。中期同様に，小池編（1991）や今田・平田（1995）のようにホワイトカラーの職務遂行能力やキャリアを対象とする研究が上位に多い。また，八代（2002）のような管理職層を対象とした人事管理についての研究，平野（2006; 2009）のような社員区分制度や社員格付け制度といった人事制度についての研究，Lepak & Snell（1999）や Jacoby（2005）のような内部労働市場の多様性や変化についての研究など，着目のされ方に多様化を読み取ることもできる。

近年，日本においては，ベッカーの人的資本論が研究界のみならず実務界でも注目されている。人的資本あるいは人的資源に関する非財務的な情報を社内外のステークホルダーに開示することへの関心は，欧米を中心に 1990 年代後半より高まり（一守, 2022），2018 年には国際標準化機構（International Organization for Standardization：ISO）による国際規格 ISO30414 という人材マネジメントに関する情報開示のガイドラインが発行された。日本でも，金融庁と東京証券取引所によるコーポレートガバナンス・コードに，企業が人的資本や知的財産への投資を開示すべきという指針が追加され（2021 年），人的資本が中長期的な企業価値の向上に資することを前提に，人的資本情報が企業投資の判断材料になり始めてきている。今後，こうした人的資本開示の動きに対応した研究が増加する可能性もある。

興味深いのは，労使関係や労働組合をテーマとする研究が，この時期ほとんど見られなくなった中で（第 4 章 2.3 項参照），内部労働市場における労使関係や労働組合の影響について検討した Freeman & Medoff（1984）が多く引用されたことである。彼らは，たとえば，労働組合が「労働力供給の寡占状態をつくってしまうため企業や社会の生産性にとって望ましくない」「就労の条件や環境の改善に資する」という正負両面の役割を果たしていると主張する。労使関係を直接的に分析する研究は僅少になっているが，そうした研究が共通して引用する「新しい古典」の位置を占めていると考えられる。

(4) Ⅳ：組織行動論（キャリア形成，学習論）

組織行動論分野では，キャリアに関する研究が中期に引き続いて顕著である。これは，心理学的な色彩が濃い組織行動論に根ざした研究でも，それが人事管理研究である以上，視点が個人か組織かという違いはあれ，経済学や社会学のような他のディシプリンを背景に持つ研究と同じ事象（としてのキャリア）への関心が高いためかもしれない。あるいは，組織行動論では，モチベーション，リーダーシップ，社会的交換などが長きにわたって議論されてきた。しかし，その中で取り上げられる概念には時代による変化があり，とりわけ近年はそれらの消長や多様化の傾向が顕著である。そのため，キャリアという相対的に広範な概念以外は研究関心が分散してしまい，特定の文献が被引用ランキングの上位に現れにくくなった可能性もある。

組織行動論で後期に入って多く引用されるようになったのが，学習論に関する文献である。中原（2010）は，従業員の職場における学習を，他者からの支援の特性や成人の学習特性に着目して職場学習論と呼び，とりわけ上司・同僚からの支援による能力向上という側面について定性的・定量的な実証を行っている。また松尾（2006）は，ドレイファスの熟達モデルやコルブの経験学習モデルを用いて，熟達化と経験の観点から，仕事経験がもたらす学習やそれを規定する諸要因について実証的に検証している。たとえば，優れた知識スキルを獲得するのにおよそ10年の年月がかかることや，顧客志向の信念が組織内学習を促すことなどを，発見事実としてまとめている。両研究は，心理学的なモデルを多く引用しており個々の従業員のキャリアにも着目しているが，組織学習論のようなマクロ組織論へも目配りしている。人事管理研究における組織行動論への関心の置き方の多様化が見て取れる。

上記以外で上位にあがっている Allen & Meyer（1990）は，組織コミットメントの尺度やその先行要因を論じた研究である。組織コミットメントは，組織行動論分野のみならず，（戦略的）人的資源管理論でも，人事管理や人事システムの最終的あるいは中間的なアウトカムとして頻繁に着目される概念であり，実証研究の際に Allen & Meyer（1990）の尺度は定番として広く用いられている。心理尺度を用いた定量的研究の広がりが背景にあると考えられる。

(5) Ⅴ：「日本的経営」論（インセンティブ・システム）

この研究領域においては，中期に引き続き，日本企業が直面する課題にまつわる研究に多くの関心が注がれている。とりわけ後期において特徴的なのが，2000

年代中盤頃に出版された「成果主義」をキーワードとした文献が多く引用されていることである。

「成果主義」は，1990年代後半から2000年代にかけての人事管理実務におけるブームの一つであった。従業員の動機づけ，待遇の公平性，職務上の業績向上の可否といった観点から，実務でも研究でも多くの議論を引き起こし，しばしば批判された。批判的論陣の代表であった高橋（2004）のほか，無条件の批判に与せず実証研究を行った守島（1999a）や柿澤・梅崎（2010），職場の実態についての丹念な調査の必要性を提起する中村（2006）が，多く引用されている。

「III：内部労働市場」ないしは「VI：非典型労働」の潮流にもカテゴライズされる，平野（2006；2009）やJacoby（2005）といった研究も，経営環境と対峙する企業の業務システム，雇用－人事システムといった視点から，日本企業やその経営のあり方の変容を指摘するものである。Abegglen（1958）のような「古典」というべきものも，「日本的経営」の特徴が現在も残っている程度を示すために言及されていると考えられる。

(6) VI：非典型労働（女性労働，非正規雇用）

非典型労働の研究群においては，中期の女性労働への関心を保ちつつ，非正規雇用への関心の広がりが特徴的である。非正規雇用は，バブル崩壊後の1994年頃から顕著な増加傾向が見られ，このことは，主として正社員に大きな関心のあった人事管理研究に新しい方向性を生んだともいえる。不景気に直面し，かつ労働者派遣法の改正（1996年）なども相俟って，非正規雇用の質的・量的基幹化が進んだ時期であり，また結果としてそうした非正規雇用に対する不安や懸念が広がった時期でもある。非正規雇用の基幹労働力化や，それに伴う正社員との処遇格差からくる均衡処遇問題の顕在化も，人事管理や労使関係の将来を問うものとして，脚光を浴びた時期である。

また，これに呼応するかのように，人的資源アーキテクチャ（Lepak & Snell, 1999），雇用ポートフォリオ（新・日本的経営システム等研究プロジェクト編著, 1995），[13] 人材ポートフォリオ（平野, 2009）といった分析視角が提案された。非正規労働者のほか，派遣労働者など雇用契約を伴わない労働力の活用（島貫, 2017），「限定正社員」も含めた正規雇用の多元化（西岡, 2018）といったことに着目する研究も多

---

13) 『新時代の「日本的経営」――挑戦すべき方向とその具体策』は，本分析の対象外ではあるが，全期間で25件，後期に限っても8件引用されている。

第 *5* 章 被引用文献から探る人事管理研究における関心 | 149

く見られる。

(7) 小括──人事管理研究における業績への関心と潮流の交わり

　人事管理研究者の関心における後期全体の傾向としては，中期からの継続性が見られるものが多かった。人的資本論に根ざした「III：内部労働市場論」は，依然として主たる潮流を形成していた。とりわけ，小池和男やその共同研究者によって牽引された，知的熟練や企業による従業員のキャリア管理についての研究が多く参照されている。組織で働く個人のキャリア形成に関する研究の引用は，学習論というバリエーションを伴いつつ，中期から後期にかけて「IV：組織行動論」という潮流がさらに拡大したことを示している。こうした事実は，具体的なトピックや引用文献には変化が見られるものの，日本の人事管理研究が，主たる関心やそれを展開するに当たって依拠する文献について，ある種の基本的な「型」を有していることを示す。つまり，たとえばキャリアという共通の現象・概念を基盤としつつも，その管理の方法を探究する場合と従業員の主体的・自律的な態度・行動を扱う場合においては，それぞれが参照する文献に一定の棲み分けがあり，その引用の傾向によって分析視角が定まっていくことになる。

　一方で，これら以外の潮流，すなわち，「I：人事管理研究の概要」における戦略的人的資源管理論への着目，「II：職場の作業プロセス」における職場の業績管理についての実態調査，「V：『日本的経営』論」における「成果主義」の検証，「VI：非典型労働」における非正規雇用・労働の実証研究は，先に述べた2つの潮流ともかかわりを有している。すべての潮流において，同時代の日本企業の人事管理の是非を問い，新たなあり方を示すための観点が模索されており，潮流間のかかわりが従来よりも強くなっているように窺える。あくまで筆者の解釈ではあるが，被引用回数の多い文献のうち，どれか一つの潮流に組み込むことが難しい事例が増えていることも，その証左となろう。

　とりわけ日本企業の人事管理のあり方を論じる際の視角として，制度論，すなわち人事管理のあり方に大きな影響を与える状況的な要因を重視することは，前期や中期のみならず後期においても重視されている。経営環境だけでなく，戦略論的研究（たとえば，Delery & Doty, 1996；Lepak & Snell, 1999；岩出, 2002）や，職場の業務プロセス（たとえば，石田, 2003；中村・石田編, 2005）との補完性への関心が強くなっているという点において，制度論的な視角は，より広がりを帯びているといってもよい。

　個人を主たる分析対象とする組織行動論的な研究では，人事管理，職場の経営

管理，業務管理を通じて，個人のキャリア形成や職場学習をどう促していけばよいかという点に，研究者の主張の力点が動きつつある。つまり，制度論と行動論の双方において，企業業績の向上や従業員の定着といった，経営者・人事担当者の目的あるいは利害関心を重視し，それらを満たす人事管理のあり方を検討するという経営主義（managerialism）的な傾向が，後期では中期以上に顕著に見られるようになったといえよう。[14] 労働組合や労使関係に着目した研究は，多く引用されているわけではなく，観察対象である人事管理のあり方に対して批判的に臨んでいるわけでもない。また，経営者・人事担当者から見て機能的な人事管理のあり方を描く研究は，組織内外の利害関係の中で，その管理のありようがどう形づくられたり変化したりするかについて，それほど関心を示さない（守島, 2010；Morrell & Learmonth, 2015；江夏・穴田, 2021）。

　一方，前期・中期と比較して，経営学，とりわけ組織論や戦略論，あるいは社会科学全般といった，人事管理研究からすると，より基礎的な学問領域の文献の引用が，ほとんど見られなくなっている点も特徴的である。雇用や労働について直接的に検討した経済学・社会学・心理学の文献が引用されるにとどまっている。隣接領域や社会科学全般における基礎的・古典的な文献を共有せずに人事管理研究が展開されるということは，研究が精緻化・専門化していることの証左であるものの，研究領域間をまたぐ学際的研究の困難も伴う。上述のような「型」を持つ研究が主流派となるほど，その型を共有しない他領域の研究者や実務家からは縁遠いものとなる危険性もある。もっとも，戦略的人的資源管理論が組織論や戦略論の議論を応用して成立しているように，少なくとも間接的には，人事管理研究は他のより基礎的な学問領域の影響下に依然としてある。どの程度，自らの手で源流までさかのぼればよいのかについての判断は，すべての研究者に課せられるものである。

3　研究潮流における継続と変化

　ここまで，前期・中期・後期の3期間それぞれで多く引用されてきた文献を手がかりに，人事管理研究における関心の歴史的な推移を描いてきた。これを前章同様にまとめたのが，図5-1である。

14）　経営主義についての詳細は，序章3.2項および第1章3.2項を参照のこと。

図5-1　人事管理研究の変遷

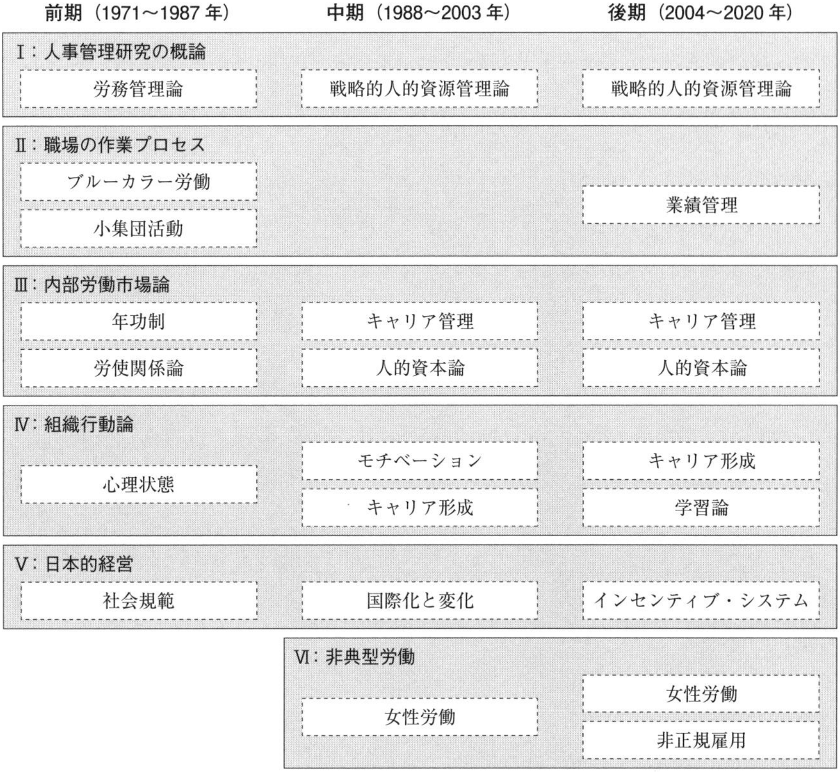

	前期（1971〜1987 年）	中期（1988〜2003 年）	後期（2004〜2020 年）
Ⅰ：人事管理研究の概論	労務管理論	戦略的人的資源管理論	戦略的人的資源管理論
Ⅱ：職場の作業プロセス	ブルーカラー労働		
	小集団活動		業績管理
Ⅲ：内部労働市場論	年功制	キャリア管理	キャリア管理
	労使関係論	人的資本論	人的資本論
Ⅳ：組織行動論	心理状態	モチベーション	キャリア形成
		キャリア形成	学習論
Ⅴ：日本的経営	社会規範	国際化と変化	インセンティブ・システム
Ⅵ：非典型労働		女性労働	女性労働
			非正規雇用

（出所）　筆者作成。

　日本の人事管理研究は，多様な学術的背景からなされてきた。そのことは，「Ⅰ：人事管理研究の概論」，とりわけ前期に多く引用されていたヨーダーや森五郎による総説でも明確に述べられていたし，後期を特徴づける戦略的人的資源管理論も，経済学，社会学，心理学，そして経営学を背景としている（Wright & McMahan, 1992；岩出, 2002）。

　人事管理研究を支える数多くのバックグラウンドのうち，長きにわたってとりわけ関心を持たれてきたのが，「Ⅲ：内部労働市場論」であった。このことは，企業組織における長期的な雇用関係の特徴や生成・存続の理由，さらには組織と個人の双方にとっての合理性についての説明が，常に模索されてきたことを意味する。従業員の能力・技術・技能の特徴はどのようなもので，それは組織による継続的な管理行動と，従業員による応対の中で，どのように蓄積・発揮されるの

かが，さまざまに議論されてきたのである。この理論は，人的資本論のみならず，労使関係論ともかかわりが深いが，実際，前期にはそうした傾向が見られた。日本の人事管理研究が，経済学的な議論を，制度論的な関心から摂取してきたことが窺える。

こうした研究関心は，中期以降，小池和男を起点とした知的熟練のような日本発の研究の発展と，日本の人事管理研究者によるその受容として現れた。また，「IV：組織行動論」的な研究は，主として心理学を背景に有しており，経済学的立場をとる内部労働市場論とは背景を異にする。しかし，前期から中期，後期と，時を経るにつれて，分析対象としてホワイトカラーへの傾斜を強め，企業の競争力に強く結びつくような従業員の特性に関心を寄せてきたという意味では，共通点もある。とりわけ後期においては，組織行動論的な研究潮流の主要な要素を職場での個人学習が占めるようになっており，小池らの研究との親近性も際立っている。ホワイトカラーへの研究対象の移行は「II：職場の作業プロセス」においても観察される。

日本企業の雇用関係や就業環境を，時に批判的に検討するような研究潮流も存在する。「V：『日本的経営』論」においては，前期にはその外形的特徴を文化的背景にさかのぼって理解しようとしてきた。中期や後期においては，経営環境の中でその合理性を問い直したり，変化の道筋を示したりするような理論的あるいは経験的な研究がたびたび着目された。「三種の神器」など，日本的な人事管理の特徴として示されるものは，実際は一部の従業員にしか適用されておらず，適用外である「VI：非典型労働」へも，中期以降になって研究関心が持たれるようになった。

主たる研究潮流の大枠は維持されたまま，それぞれを形成する具体的要素に変化が見られるという点が，本章の分析結果の特徴的な部分である。ただ，繰り返しの指摘になるが，雇用関係や人事管理とそれらを取り巻く諸要因の関係性としての「制度」を，さまざまなアクター間の不完全な利害調整の前提や産物として捉える視点から，実際にはさまざまな形をとりうる中での合理的な均衡点として捉える視点へという移り変わりが見られる。また，企業から見た従業員について，協調的関係の構築が求められる外部のステークホルダーとしてではなく，利用可能性の深耕が求められる内部資源として捉える傾向が強まっている。

なお，本分析で用いた日本労務学会の文献が，先行研究をどのように，そして何のために引用しているのかという点，またその主張を支持あるいは批判してい

るのかという点について，筆者は明らかにできていない。しかし，一般的に支持的な引用は，少なくとも長期的に見た場合には，批判的な引用よりも多くなると思われる。広く支持されており，普及した言説だからこそ，一部の研究者に批判の動機が生じやすい，という順序が想起されるためである。

4　さいごに

　本章では，50年にわたる日本の人事管理研究が引用してきた文献の推移を確認することを通じ，研究者の関心を時期ごとに特定した。詳しくは終章で検討するが，ともに研究者の関心を検討した第4章と本章で，検討結果に大きな乖離は見られなかった。第4章では，研究者が人事管理という事象を，労務管理・労使関係という視点から人的資源管理という視点で捉えるようになる傾向が示された。また，内部労働市場，作業組織，人事施策（とりわけ賃金制度）などといった数々の独立的なトピックが，総体としての人事管理について考えるための手がかりとして独立性を弱めていったことも示された。雇用関係や人事管理とそれを取り巻く諸要因の関係性について，より俯瞰的に，より体系的に考察し，それを通じて企業の競争力との結びつきを理解・説明しようという研究者の関心が，年を経るごとに強まっていることが，第4章と本章，いずれの分析でも示されたのである。

第 *6* 章

人事管理実務における関心の構造と推移

1 はじめに

　本章では，人事管理に関する日本国内の主要な実務誌 50 年分の内容に着目することで，日本の実務家の関心がどのような形をとっており，どのように変化してきたのかを明らかにする。具体的には，株式会社労務行政が発行する『労政時報』誌の 1971〜2020 年の各号（第 2064〜4006 号）における，「特集」および「相談室」の記事タイトルを分析対象とした計量テキスト分析を行う。

　分析の内容や手順の詳細は第 3 章で紹介した通りである。前期（1971〜1987年）・中期（1988〜2003 年）・後期（2004〜2020 年[1]）について，頻出語ランキングを示した後，頻出語句間の共起ネットワークを描く（サイエンス・マッピング）。それらの結果に基づいて，実務家の関心の構造を時期ごとに示し，関心の推移についても検討する。第 4 章および第 5 章の焦点が研究者による関心やその推移であるのに対して，本章の焦点は実務家の関心やその推移にある。

2 『労政時報』特集記事の分析

　本節では，『労政時報』特集記事を対象とした分析を実施する。3 つに区分し

---

1)　今回の分析対象記事数は，特集記事 6020 件，相談室 5723 件である。前期には『労政時報』第 2064〜2862 号が刊行され，「特集」として 2055 件，「相談室」として 1252 件の記事が掲載されている。中期には第 2863〜3614 号が刊行され，「特集」は 2135 件，「相談室」は 1769 件の記事が掲載されている。後期には第 3615〜4006 号が刊行され，「特集」は 1830 件，「相談室」は 2702 件の記事が掲載されている。

た時期ごとに分析を行い，各時代における実務家の関心の特徴と，その推移を明らかにする。分析結果からは，人事管理の全社的な方針を定め，実施するにあたり，人事管理の実務家が，他社，労働組合，そして行政の動向を含めた社会の動向について知ろうとしてきたことが窺える。

2.1　前期（1971～1987年）の分析

(1)　頻出語句

表6-1では，前期の『労政時報』特集記事における登場頻度が上位155位までの語句をリストした。最大頻度は330回，最小頻度は13回，平均出現回数は39.26回，標準偏差は45.29であった。分析対象記事数は2055件である。

登場頻度で最上位層に位置する語句としては，「制度」（330回），「賃金」（295回），「春闘」（222回），「労働」（206回），「企業」（165回），「管理」（162回）がある。上位30件を概観すると，賃金に関連する項目として，「初任」（87回），「給与」（85回），「モデル」（76回）といった語句があった。次に，労使関係に関連する項目として，「春闘」（前出），「交渉」[2]（93回），「賃上げ」（89回），「決定」（63件），「要求」（48件）といった語句があった。人事制度に関連する項目として，「制度」（前出），「事例」（86回），「運用」（53回）といった語句があった。退職に関連する項目として，「退職」（72回）や「定年」（65回）といった語句があった。また，その他の人事管理領域への関心を表す項目として，「休暇」（50回）や「教育」（48回）といった語句があった。

研究者の関心を表す日本労務学会の文献ほどではないが，人事管理の領域規定にかかわる語句が最上位層には登場する。しかし，総合的に見た場合には，労使関係も含めた人事管理の具体的な要素への広い関心が示された。とりわけ，報酬配分に関する制度の設計や運用を，人事管理の枢要と当時の実務家が見なしていたことが推察できる。

(2)　共起ネットワーク分析

頻出上位語の抽出に続いて，それらの語句の間の共起ネットワーク分析を実施した。分析結果は図6-1の通りである[3]。第4章と同様に，共起ネットワーク図に

---

2)　第3章に示した通り，分析にあたり，賃上げに関する交渉を「春闘」に置き換えたが，「賃上げ」単体で出現する場合がある。また，「交渉」には賃上げ以外の交渉（時短交渉など）も含まれるので，「賃上げ」と「交渉」が常にペアになって出現するわけではない。そのため，語句ランキング上でそれぞれの語が分かれて出現している。

表 6-1 『労政時報』特集記事における頻出語句（前期：1971～1987 年）

語　句	回数	語　句	回数	語　句	回数
制　度	330	統　計	34	法　定	19
賃　金	295	関　係	33	旅　費	19
春　闘	222	構　造	33	解　決	18
労　働	206	妥　結	33	協　定	18
企　業	165	評　価	33	住　宅	18
管　理	162	国家公務員	32	新　入	18
状　況	126	単　産	32	生　計	18
水　準	98	業　種	31	税　務	18
交　渉	93	労　使	31	総　額	18
賃上げ	89	改　定	30	体　系	18
人　事	88	海　外	30	提　案	18
初　任	87	勤　務	30	予　測	18
事　例	86	能　力	30	最　終	17
給　与	85	法　律	30	最　低	17
雇　用	77	会　社	28	出張旅費	17
モデル	76	勧　告	28	人事考課	17
支　給	75	延　長	27	世　帯	17
退　職	72	訓　練	26	中　小	17
定　年	65	取り扱い	26	標　準	17
決　定	63	女　子	26	安　全	16
条　件	63	速　報	26	開　発	16
夏　季	61	福利厚生	26	対　応	16
動　向	59	傾　向	25	男　子	16
内　容	55	賞　与	25	転　勤	16
運　用	53	職　種	25	各　種	15
実　施	53	補　償	25	見　舞	15
休　暇	50	回　答	24	個　別	15
配　分	50	基　準	24	交　替	15
教　育	48	国　会	24	国内出張	15
要　求	48	専　門	24	組　合	15
意　識	47	方　向	24	地　区	15
手　当	46	民　間	24	導　入	15
年　齢	44	海外駐在	23	不　況	15
産　業	42	構　成	23	パートタイマー	14
社　員	42	施　策	23	援　助	14
労働組合	42	従　業	23	活　性	14
各　社	41	準備資料集	23	業　務	14
方　針	41	日　程	23	経　済	14
労　務	41	課　題	22	自　己	14
処　遇	40	昇　給	22	職　場	14
採　用	39	中　途	22	成　果	14
年　金	39	時　代	21	中高年	14
活　動	38	成　立	21	展　望	14
最　新	38	活　用	20	福　祉	14
注　目	38	基　本	20	学　卒	13
改　正	36	慶　弔	20	割　増	13
経　営	36	高　齢	20	行　動	13
相　場	36	主　張	20	事　情	13
対　策	36	昇　進	20	大　勢	13
規　模	35	闘　争	20	調　整	13
年　間	35	人　員	19	費　用	13
現　行	34	独　身	19		

（出所）　筆者作成。

図 6-1 『労政時報』特集記事における共起ネットワーク（前期：1971～1987 年）

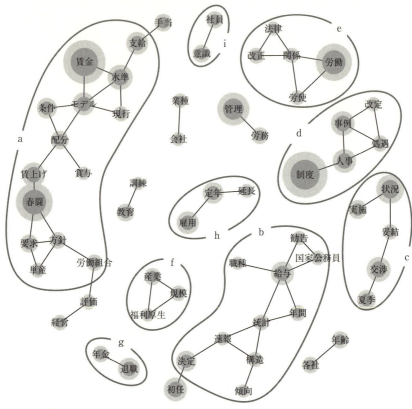

（出所）筆者作成。

おいて，円の大きさは各語句の登場頻度の大きさを示し，語区間の実線は一定程度以上の共起性があることを示す。

　図中のaのクラスターでは，2つの塊が緩やかに結びついている。第一に，「モデル」を中心に，「賃金」「水準」「現行」「配分」「条件」が共起している。これらのうち，「水準」は「支給」と，「配分」は「賃上げ」や「賞与」とも結びついている。実際，「関東における46年度モデル賃金の実態」（第2106号，1971年）

---

　3) 「労務」と「管理」の相関係数は0.19であった。複合語としても上位にあがるが，語句間の相関が複合の基準を満たしていない。また，それぞれの語句が他の多くの語句と結びつくため，特定の関心とともに語られることは多くない。そのため，これらはクラスターとしては取り扱わない。

第 *6* 章　人事管理実務における関心の構造と推移　159

「中途採用者の賃金水準はどのくらいか」（第 2316 号，1973 年）といった記事のように，賃金の体系や水準に関する，往々にして『労政時報』独自の実態調査結果が提供されていることを示す。この塊は「賃金水準についての実態」に関連する実務家の関心を示すものといえる。

　第二に，「方針」を中心に，「春闘」「労働組合」「単産」「要求」が共起している。「春闘」は「賃上げ」とも結びついている。「47 年春闘に対する労使の基本姿勢と方針」（第 2114 号，1972 年）のような関連記事があるが，この塊は「賃金についての組合側の要望」への実務家の関心を示すものといえる。

　これら 2 つが統計分析の結果として別のクラスターにならなかったのは，「賃上げ」という登場頻度の高い（第 10 位）語句が，「春闘」や「配分」と強く結びついていたためと考えられる。この時期（1970〜1980 年代），賃金は年々上がることが前提とされており，実際にも上昇率はきわめて高かった。[4] 人事管理の実務家は，その上昇幅を労使協議を通じて決めるための判断材料を求めていたといえよう。このクラスターは，賃金の外部競争性，そして賃金の内部公正性の双方を包含するものであり，広く「賃金の実情」を示すといえる。このクラスターは，「賃金についての企業実態と組合要望の対比」への実務家の関心を示しているといえよう。

　b のクラスターは，これといくぶん類似した性格を持つ。すなわち，「給与」「統計」「構造」「速報」を中心とした，調査に関連した多くの語句から成立している。また，それらの周りには「国家公務員」や「決定」といった語句がある。「50 年賃金構造基本統計調査結果の概要」（第 2313 号，1976 年）や「本年の人事院勧告と国家公務員の給与制度」（第 2188 号，1973 年）といった特集が定期的に組まれている。このクラスターの多くは，賃金にかかわる公的な統計データに対する人事管理の実務家の関心を表している。公務員の給与水準は民間を参照して決められるが，民間が公共を参照するという逆の経路も存在していることを窺わせる。また，この種の調査は元来，民間企業における賃金の決定材料の提供を主目的としたものでないと思われるが，人事管理の実務家はそうした利用法を見出したのである。こうした関心は，「賃金関係の統計」と名づけられよう。

　c のクラスターは，「交渉」「妥結」「状況」といった語句からなっている。労

4）　たとえば，第一次オイル・ショック期という特殊事情はあるが，主要企業の賃上げ率は，1972 年に 15.3 %，1974 年に 32.9 %と，きわめて高い上昇を見せた（労働政策研究・研修機構，2023）。

使協議に関する関心はaのクラスターにもあるが，aが労働組合からの要望の内容を示すのに対し，cは労使協議の結果を表している。そういう意味では，aはcより時間的に先行しており，ある年のcの内容が翌年のaとして紹介され，その年の労使協議の際の判断材料とされる，という時間の流れが想定される。すなわち，このクラスターは，「労使協議の結果」としての賃上げ・賞与水準の妥結内容に対する実務家の関心を示しているといえる。

dのクラスターは，「人事」を中心に，「制度」「事例」「処遇」といった語句がかかわりを持ち合っている。『労政時報』では，新たに導入されたり改定されたりした各社の人事制度の紹介を積極的に行っており，それらが「人事制度の事例」への実務家の関心を反映した記事であることを物語っている。具体的な記事タイトルとしては，「能力主義を志向する人事管理制度の新事例」（第2133, 2134号，ともに1972年）や「主要5社の事例にみる人事制度改革の方向」（第2416号，1978年）などがあげられる。

eのクラスターの中心には「関係」という語句があり，それは「労働」「労使」「法律」「改正」と共起している。労働関連法の改正は特集されることが多く，当時の実務家の「法改正」とその対応策への関心が見て取れる。たとえば，「今国会で成立・改正された労働関係の新法律」（第2087号，1971年）という特集は定期的に組まれていた。

その他，実務家による関心の度合いは相対的に小さめだが，明らかに観察されるものが4つある。まず，fのクラスターでは「福利厚生」「産業」「規模」が共起しており，「福利厚生」への実務家の関心を示している。たとえば，「福利厚生費の産業別規模別支出状況」（第2163号，1973年）といった特集が見られる。

次の2つのクラスターは，高齢者雇用にかかわるものといえる。gは「退職」と「年金」が共起しており，「退職金や年金」への実務家の関心を表すクラスターである。たとえば，「最近における退職金の支払い実態をみる」（第2174号，1973年）や「退職一時金・年金制度の支給水準」（第2250号，1974年）などの記事がある。hは「雇用」「定年」「延長」が共起しており，「定年延長」への実務家の関心を表すクラスターである。これに関しては「定年延長にともなう賃金問題」（第2225号，1974年）といった特集がある。

最後に，iは「社員」と「意識」が共起しており，「社員の意識」への実務家の関心を表すクラスターである。毎年特集される「62年度新入社員の『働く意識と行動』」（第2846号，1987年）という特集が，この関心を最も端的に表すもので

第 *6* 章　人事管理実務における関心の構造と推移 | 161

ある。

2.2　中期（1988〜2003 年）の分析

(1)　頻 出 語 句

表 6-2 は，中期の『労政時報』特集記事における登場頻度が上位 158 位までの語句のリストである。最大頻度は 439 回，最小頻度は 15 回，平均出現回数は 42.50 回，標準偏差は 55.02 であった。分析対象記事数は 2135 件にのぼった。

登場頻度で最上位層に位置する語句は，「制度」（439 回），「賃金」（348 回），「労働」（273 回），「人事」（219 回），「最新」（185 回），「事例」（178 回），「管理」（174 回），「企業」（155 回），であった。上位 30 件を概観すると，賃金に関連する項目として，「賃金」のほかにも，「モデル」（89 回），「初任」（64 回）や「給与」（59 回）といった語句があった。労使関係に関連する項目として，「賃上げ」（112 回），「春闘」（105 回），「交渉」（67 回）があった。人事制度に関連する項目としては，「制度」「人事」のほかにも「導入」（63 回），「運用」（52 回）といったものがあった。また，退職者の管理に関連する項目として，「退職」（88 回），「年金」（68 回）があった。傾向は前期とそれほど変わらないが，労使関係に関する語句の登場頻度がやや低下しているようにも見える。

(2)　共起ネットワーク分析

特集記事における頻出上位語間の共起性を示したのが，図 6-2 である。j のクラスターでは，「モデル」を中心に，「賃金」「水準」「年金」「退職」が共起している。前期の a と同様，賃金水準やモデル賃金への人事管理の実務家の関心の高さが示されている。「平成 4 年度のモデル賃金水準はどのくらいか」（第 3097 号，1992 年）といった特集記事が見られる。また，このクラスターは，前期では別のクラスターを構成していた「年金」「退職」を包含している。たとえば，「退職年金制度の改善と今後の方向性」（第 3111 号，1993 年）などの記事がある。報酬を構成するさまざまな要素を一体的に考える傾向が強まっていると解釈できる。つまり，このクラスターは，「報酬水準についての実態」への実務家の関心を示しているといえよう。

k のクラスターは，2 つの塊が結びついて構成されている。第一に，「速報」「統計」「構造」からなるもので，官民の統計調査の結果への実務家の関心を表している。実際，「平成元年度賃金構造基本統計調査結果（製造業）速報」（第 2972 号，1990 年）といった速報性が高い記事も見られる。しかし，「福利厚生」や

162

表6-2 『労政時報』特集記事における頻出語句（中期：1988〜2003年）

語　句	回数	語　句	回数	語　句	回数
制　度	439	格　差	34	能　力	21
賃　金	348	定　年	34	役　員	21
労　働	273	妥　結	32	基　本	20
人　事	219	福利厚生	32	規　定	20
最　新	185	産　業	30	教　育	20
事　例	178	対　応	30	国家公務員	20
管　理	174	海外駐在	29	人事考課	20
企　業	155	業　績	29	展　望	20
水　準	122	構　造	29	活　性	19
賃上げ	112	国　会	29	現　行	19
春　闘	105	統　計	29	年　俸	19
雇　用	99	関　係	28	補　償	19
決　定	90	経　営	28	開　発	18
モデル	89	取り扱い	28	勤　務	18
退　職	88	準備資料集	28	仕組み	18
改　正	77	業　務	27	住　宅	18
社　員	76	社　内	27	設　計	18
状　況	72	単　産	27	日経連	18
年　金	68	要　求	27	不　況	18
交　渉	67	専　門	26	変　化	18
初　任	64	速　報	26	保　険	18
導　入	63	年　間	26	役　割	18
給　与	59	法　律	26	旅　費	18
休　暇	58	会　社	25	アンケート	17
支　給	58	海　外	25	プラン	17
実　務	54	経　済	25	組　織	17
手　当	54	見通し	25	通勤災害	17
ポイント	53	事　情	25	電　力	17
運　用	52	実　施	25	日　程	17
処　遇	52	職　務	25	白　書	17
動　向	52	人　材	25	法　定	17
夏　季	51	労　務	25	パートタイマー	16
施　策	51	育　成	24	育　児	16
採　用	50	活　動	24	営　業	16
成　果	48	資　格	24	勧　告	16
注　目	47	配　分	24	研　修	16
対　策	46	留　意	24	国内出張	16
主　義	44	休　業	23	時　短	16
賞　与	43	行　動	23	取り組み	16
評　価	42	指　針	23	職　能	16
意　識	40	新　入	23	大　手	16
基　準	40	中　小	23	中　途	16
傾　向	40	改　革	22	報　酬	16
年　齢	40	環　境	22	介　護	15
課　題	38	成　立	22	出張旅費	15
方　向	38	地　域	22	昇　格	15
予　測	38	連　合	22	調　整	15
最　終	37	システム	21	特　色	15
条　件	37	運　営	21	赴　任	15
方　針	37	集　計	21	部　門	15
活　用	36	昇　給	21	方　法	15
時　代	36	職　種	21	労　使	15
改　定	35	日　本	21		

（出所）　筆者作成。

第 6 章　人事管理実務における関心の構造と推移 | 163

図6-2　『労政時報』特集記事における共起ネットワーク（中期：1988〜2003年）

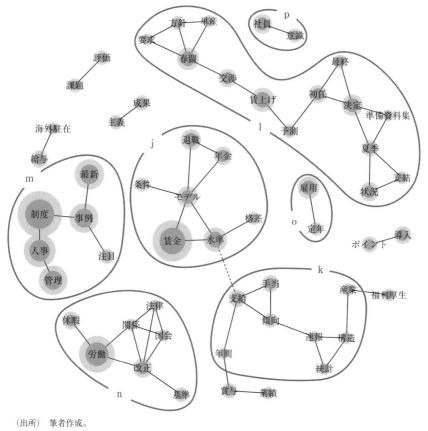

（出所）　筆者作成。

「産業」という語句がこの塊の外縁にあるように、速報内容は賃金に限らないようだ。第二の「手当」「支給」「傾向」からなる塊は、その外縁部にある「賞与」も併せて、賃金も含めた企業による種々の労働費用の支出の実態に対する実務家の関心を表している。つまりこのクラスターは、「労働費用全般の統計」への人事管理の実務家の関心を表しているといえるだろう。

　lのクラスターは、「労使関係全般」への人事管理の実務家の関心を示しているが、その構成は前期のcとはかなり異なっている。前期では、賃金についての組合側の要望にかかわる語句が、賃金についての企業実態にかかわる語句と同じクラスターに属していた。しかし中期でのそれは、「春闘」を中心に、「要求」「方

針」「単産」「交渉」が共起する塊として，賃金や報酬全般についての企業実態に関する関心からは独立している。そして，その塊は前期における労使協議の結果に関する独立したクラスターを継承するものと思われる塊と，緩やかに結びついている。これは，「初任」「決定」「夏季」を中核とし，多くの語句がそれらに結びついている。「デフレ下春闘 2001 年賃上げ情勢をみる」（第 3490 号，2001 年）など，時代背景が理解しやすい記事が多くある。

　ｍのクラスターでは，「制度」と「事例」を中心に，「人事」「最新」「着目」といった語句が共起している。これは，前期のｄと同じく「人事制度の事例」への実務家の強い関心を表すものである。たとえば，「複線型人事制度 主要４社にみる最近の導入事例」（第 3060 号，1992 年）や「成果主義人事制度の最新事例」（第 3447 号，2000 年）といった記事が見られた。各語句の登場頻度の高さは，人事管理や人事制度の事例が頻繁に紹介されてきたことを物語る。

　ｎのクラスターにおいて，登場頻度が多い語句は「労働」であるが，それ以外にも「改正」「関係」「法律」「国会」といった語句，とりわけ後の３語が緊密な結びつきを見せている。中期が始まる前年（1987 年）には，労働基準法に週 40時間労働が明記され，パートタイマーへの年休（年次有給休暇）付与が制定された。人事管理実務上の対応を要請される「法改正」の実情やその対応策への関心が強かったことが推察される。

　その他，実務家による関心の大きさは限られるものの，前期から継続して存在するクラスターが２つある。ｏは「雇用」と「定年」という語句からなっており，高齢者雇用の中でもとりわけ「定年の管理」への関心が継続していることを示している。ｐでは「社員」と「意識」が共起して，前期のｉと同じ構造を示し，「社員の意識」への実務家の関心を表している。

2.3　後期（2004〜2020 年）の分析

(1)　頻 出 語 句

　後期の『労政時報』特集記事において登場頻度が上位 150 位の語句を，表 6-3にリストした。最大頻度は 256 回，最小頻度は 13 回，平均出現回数は 36.81 回，標準偏差は 40.58 であった。分析対象記事数は 1830 件である。

　登場頻度で最上位層に位置する語句は，「人事」（256 回），「制度」（239 回），「労働」（221 回），「賃金」（191 回），「企業」（167 回），「管理」（123 回），「実務」および「対応」（118 回）であった。上位 30 件を概観すると，前期・中期と同様に

賃金，労使関係，人事制度，退職金，休暇へ，そして前期と同様に育成などへ，幅広い関心が寄せられた。

前期と中期では上位30位に入ってこなかった語句として，「採用」(69回・第15位。前期・中期では150位圏外)，「改革」(48回・第27位。前期では150位圏外，中期では22回・第96位)，「メンタルヘルス」(47回・第28位。前期・中期では150位圏外)，「戦略」(46回・第29位。前期・中期では150位圏外) といったものが出現している点は注目に値する。

「採用」については，世界的な経済危機いわゆるリーマン・ショック期の採用抑制や，その後の若年労働者の確保に，各企業が対応を迫られていたことを想起させる。また，「改革」については，バブル崩壊以降の長きにわたる経済低迷との結びつきが想起される。後に「失われた10年」といわれた1990年代，人件費の抑制が盛んに議論されるようになった。具体的には，非正規雇用や派遣・請負労働の活用が進み，処遇 (評価・報酬) の成果主義化あるいは脱年功が目指された。[5] 2000年を過ぎると，社員格付け制度の変化，ワーク・ライフ・バランスの推進，女性活躍推進，高齢者雇用の再検討，福利厚生・退職金・企業年金の変化，「働き方改革」の推進など，人事管理のあらゆる側面で，大なり小なり変化が施行された。『労政時報』においても，社員格付け制度を例にとるならば，「役割・職務に基づく賃金改革事例」(第3629号，2004年) や「仕事基準の人事改革『役割等級制度』を形づくる」(第3882号，2015年) など，いわゆる日本の雇用システムの是非を問い直す記事が掲載された。これらは，企業の収益性や競争力の向上に資する「戦略」的側面に加え，「メンタルヘルス」を含めた従業員の心身の健康，ひいては働きやすさ・働きがいのためでもあった。[6]

一方で，「春闘」という語句は上位30位から脱落した (35回・第40位)。登場頻度において，前期で第3位，中期で第11位であるため，一貫して減少傾向にあったといえる。労働組合や労使関係に関係する他の語句についても，同様である。春闘という事象自体は今もあることを踏まえると，企業側の人事管理上の問題意識が，労使関係の管理を通じた報酬分配以外の多岐にわたるようになったと

---

5) 「目指された」といった書き方になったのは，実際の変化は限定的であったためである。その限定性には，経営や人事の意図の範疇である部分と，意図に相違した部分の，両方がある (中村, 2006；江夏, 2014)。

6) もちろん，経営戦略志向と従業員保護志向は必ずしも別個のものではない。ワーク・ライフ・バランスや従業員の心身の健康の確保は戦略的合理性を有する，という議論も少なからず見られた (たとえば，石塚, 2016；佐藤, 2020)。

表6-3 『労政時報』特集記事における頻出語句（後期：2004～2020年）

語　句	回数	語　句	回数	語　句	回数
人　事	256	取り組み	28	育　児	18
制　度	239	新　入	28	仕　事	18
労　働	221	労　務	28	時　代	18
賃　金	191	Q&A	27	成　果	18
企　業	167	設　計	27	グローバル	17
管　理	123	判例研究	27	チェックポイント	17
実　務	118	経　済	26	ホワイトカラー	17
対　応	118	役員報酬	26	活　躍	17
最　新	106	予　測	26	勤　務	17
改　正	102	アンケート	25	構　成	17
社　員	100	国　会	25	最高裁	17
雇　用	91	裁　判	25	障　害	17
事　例	87	支　給	25	新　卒	17
賃上げ	83	賞　与	25	妥　結	17
採　用	69	中　小	25	キャリア	16
ポイント	67	評　価	25	活　性	16
施　行	67	役　割	25	勧　告	16
決　定	61	開　発	24	在り方	16
人　材	61	勘　所	24	施　策	16
初　任	60	環　境	24	事　件	16
育　成	59	資料集	24	人事院	16
活　用	57	導　入	24	派　遣	16
夏　季	53	年　収	24	法　令	16
処　遇	53	トップ	23	データ	15
退　職	50	パートタイマー	23	関　連	15
モデル	49	意　識	23	休　業	15
改　革	48	見通し	23	条　件	15
メンタルヘルス	47	日　本	23	推　進	15
戦　略	46	部　門	23	定　年	15
運　用	45	介　護	22	法　案	15
最　終	44	業　務	22	目　標	15
支　援	44	研　修	22	課　長	14
対　策	44	社会保険	22	会　社	14
関　係	43	同　一	22	改　善	14
状　況	43	能　力	22	機　関	14
経　営	42	契　約	21	向　上	14
課　題	38	職　場	21	指　針	14
マネジメント	36	格　差	20	展　望	14
年　金	36	行　動	20	年　齢	14
春　闘	35	実　施	20	判　決	14
留　意	35	成　立	20	防　止	14
法　律	33	担　当	20	業　績	13
基　本	32	影　響	19	社　内	13
職　種	32	基　準	19	主　義	13
水　準	32	休　暇	19	取り扱い	13
総　合	30	交　渉	19	情　報	13
手　当	29	構　造	19	促　進	13
組　織	29	女　性	19	定　着	13
海　外	28	注　目	19	判　例	13
傾　向	28	統　計	19	赴　任	13

（出所）　筆者作成。

と考えられる。

　また，少々わかりにくいが，人材育成への実務家の関心は，時期を通じて安定している。「育成」「教育」「訓練」「研修」を同義と捉えた場合，前期における「教育」「訓練」の登場頻度の合計は第18位相当，中期における「育成」「教育」「研修」の登場頻度の合計は第23位相当，後期における「育成」と「研修」の登場頻度の合計は第15位相当になる。

(2) 共起ネットワーク分析

　特集記事の頻出語句間の共起ネットワークに関する分析結果を，図6-3に示した。qのクラスターの中心にあるのは，「賃金」「モデル」「年収」であり，共起する他の語句を踏まえると，そこから「賃金水準についての多様な実態」への実務家の関心を読み取ることができるだろう。モデル賃金は，自社の賃金の競争力を判断する際の重要な資料であり，「賃金」と「モデル」は，前期・中期に引き続き強い共起関係を示している。一方で，職種別賃金への関心の高まりは，関連記事の増加からも推測される。この複合語を含む記事は，中期の16件から後期には23件に増加しており，「2016年度部長・課長・係長クラス・一般社員のホワイトカラー職種別賃金調査」（第3923号，2017年）という記事も見られた。

　rのクラスターは，従来に見られなかった，「最新」「賞与」「役員報酬」という語句の組み合わせからなる。これは「役員報酬」への実務家の関心を表しており，実際，「役員報酬・賞与等の最新実態」（第3716号，2007年）という記事が登場した後，特集が定例化した。「最新」は常に頻出語句であったが，前期では特定の語句と結びつかなかったのに対し，中期では「事例」という一般性のある語句と強く結びついていた。役員報酬の水準や支払い方への関心が，この時期に急に高まったことが推測される。

　sのクラスターは，中期における「1：労使関係全般」への関心を継承するものであるが，語句の構成が変化している。このクラスターの中心には，「賃上げ」「夏季」「決定」「初任」がある。初任給は，従業員（とりわけ組合員）の賃金水準に連動するため，労使協議の結果にかかわる実務家の関心の一部をなすのは不思議ではない。そして，この時期に特徴的なのが，「賃上げ」に「経営」「経済」「環境」という語句が結びついていることである。「2005年賃上げと経済・経営環境　主要機関分析・予測」（第3644号，2004年）といった特集が，中期の最終年（2003年）から定例化した。2000年代以降，多くの企業が景気の波や労働力不足を経験してきた。そして，2010年代に入ると「官製春闘」ともいわれるような，

図6-3 『労政時報』特集記事における共起ネットワーク（後期：2004〜2020年）

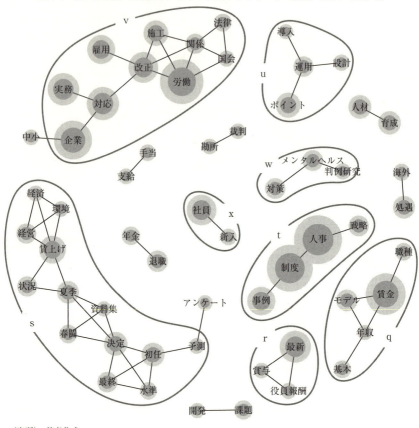

（出所）筆者作成。

市場原則や労使関係以外の要因による賃金決定メカニズムも浸透してきた。前期・中期よりも社会や市場の環境を意識した賃金交渉にシフトしていった事実から，多くの実務家が「社会や市場に連動した労使関係」への関心を強めたのだろう。

人事制度の事例への関心は常に持たれてきたが，後期では，その内容が変化，とりわけ多元化しつつある。第一に，tのクラスターは，「戦略」「人事」「制度」「事例」という語句からなっている。従来の人事制度への関心が，経営戦略に適合した人事管理，人事管理における戦略性（何をすべきか，すべきでないか，の見極め）という方向で保たれている。「戦略的な人事制度の事例」への実務家の関心

第 *6* 章　人事管理実務における関心の構造と推移 │ 169

を示す記事の例として，「人事戦略の現状と課題」（第 3813 号，2012 年）や「これ
からの人材戦略を組み立てる　人材・雇用ポートフォリオに基づく戦略策定プロ
セスと展開」（第 3814 号，2012 年）があげられる。

　第二に，u のクラスターは，「運用」という語句が持つ，「ポイント」「導入」
「設計」との共起関係から成り立っている。これら，とりわけ「ポイント」を除
く 3 語は，大半の場合において頻出語句であったが[7]，まとまりを形成していなか
った。この時期になって「人事制度の構築と活用」への実務家の関心が明確にな
ったのは，たびたび述べてきたように，21 世紀に入り，人事管理における変革
をかつてない範囲や深さで行うべきという意識を，多くの実務家が持つようにな
ったためと考えられる。そうした活動に向けて，「何を行えばよいか」だけでな
く，「どう行えばよいか」についての情報が求められるようになったのだろう。

　v のクラスターは，「労働」「関係」「改正」といった語句が，法律関係の多く
の語句と共起しており，後期においても労働法規改正が実務家にとって継続的な
関心事になっていることが理解できる。この時期の特徴は「対応」や「実務」と
いった語句もクラスターに含まれていることで，前期・中期よりも相対的にハウ
ツー的な情報が求められるようになったと推察される。実際，「改正労働契約法
への実務対応 Q&A」（第 3843 号，2013 年）といった記事が，この時期から登場し
ている。このクラスターは，「法改正への実務対応」に関する人事管理の実務家
の関心を表しているといえよう。

　その他，実務家の一定程度の関心を示すものとして，新たなものと部分的に継
続的なものがそれぞれ発見された。w のクラスターは，「メンタルヘルス」「対
策」「判例研究」という語句からなっている。従業員の「メンタルヘルス対策」
が人事管理実務上急務となった，この時期の特徴を表している[8]。また，x のクラ
スターは「社員」と「新入」からなっているが，これは，「新入社員」に関連し
た人事管理全般への実務的な関心の高まりを示している。このクラスターにかか
わる記事内容は，前期・中期に見られた「社員の意識」におけるそれと少なから
ず重複している。

---

7)　前期・中期・後期の 3 期間において，「運用」は第 25 位→第 29 位→第 30 位，「導入」は第
　129 位→第 22 位→第 68 位，「設計」はランク外→第 119 位→第 54 位であった。
8)　「判例研究」という法律の実務や研究に携わる人々の活動に関する複合語がそれなりの頻度で
　登場していることは，2013 年以降，この語句を冠する記事連載が『労政時報』で行われたこと
　による。人事管理上の取り組みの是非を評価するために，実務家が法的な妥当性を重視してきた
　ことを示しているといえよう。

2.4 『労政時報』特集記事の分析結果のまとめ

50年分の『労政時報』特集記事の内容から窺える人事管理の実務家の関心の変遷を，図6-4に整理した。その概要は，以下の通りである。

まず，前期から後期にかけ，一貫して賃金相場への強い関心がある。賃金相場については，前期の最初期すなわちオイル・ショックの頃は，インフレ対応もあって顕著な賃上げが見られた。1985年のプラザ合意後の円高不況では賃上げ率は落ち込み，バブル景気でいったん持ち直したが，1990年代以降，日本の労働者の給与水準は長きにわたって伸び悩んだ。こうした相場に各企業における人事管理の実務家は強い関心を抱いていたわけだが，彼らの意思決定の積み重ねがそうした相場をつくったのである。

こうしたさまざまな事象に対応すべく，モデル賃金や職種別賃金などに関する官民の各種調査結果や事例，さらには労働組合による要求内容，労使協議の結果が，実務家に対して紹介されてきた。とりわけ労使交渉には強い関心が持たれてきたが，それはおおむね賃金を中心とした報酬に関連するものであり，それが労働組合の影響力の源泉であったと同時に，近年の影響力低下の背景でもあろう。これまで明らかにしてきたように，人事管理の実務家は，賃金・報酬以外にもさまざまな関心を有しており，その傾向が近年強まっているためである。

同様に，人事制度の事例，法改正の動向には，報酬の配分に準じて関心が強く，その傾向が安定していた。しかし，それらの詳細なコンテンツに目を向けると，一貫した関心の中にも小さくない変化が見て取れる。たとえば報酬体系については，職種や階層ごとでの分化を，各企業が模索しているように思われる。また，労使関係についていえば，前期では労働組合の要求内容への関心とモデル賃金への関心に結びつきがあり，労働組合の要求が企業の賃金水準の決定，とりわけ上昇に大きな影響を及ぼしていたことが推測される。そのつながりは中期になって消えたが，そのことは賃金水準の上げ下げ，とりわけ，バブル崩壊後の不況期における水準の維持や切り下げ，その中で進められた成果主義化や中途採用などに伴う，特定の層や個人に焦点を当てた上昇についての企業側・人事側の裁量の増大が推測される。そして後期になり，労使協議にも社会や市場の動向が反映されるようになった。雇用関係の流動化が進み，雇用・労働条件を各企業の内部に閉じた形で決定するのが難しくなる中，企業のみならず労働組合も交渉相手への対峙の仕方を変えてきたことが推測される。

各社の人事制度や法改正の動向にも一貫して関心が集まってきたのに加え，近

図 6-4 「特集」記事から見える，日本の人事管理実務における関心の構造と推移

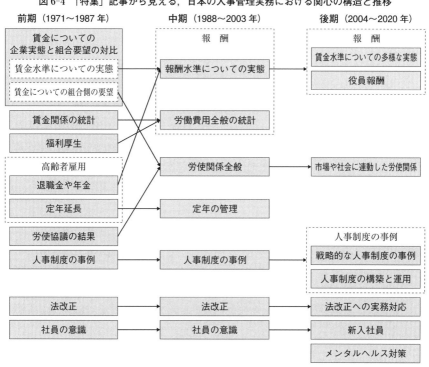

(出所) 筆者作成。

年，つまり後期に入ると，それらの内容をどう自社で実現・実行していくかについても，実務家の関心が高くなってきた。また，人事制度については，その戦略性にも着目されるようになった。メンタルヘルス対策や新入社員の管理など，近年ならではの関心の高まりも観察された。

3 『労政時報』相談室記事の分析

本節では，『労政時報』相談室記事（すなわち，相談内容）を対象とした分析を実施する。同じ実務家の関心でも，特集とは異なり，相談室では，その当時の人事管理の現場における実際の活動に密着した課題が取り上げられることが多い。

3.1 前期（1971〜1987年）の分析

(1) 頻出語句

表 6-4 に，前期の『労政時報』相談室記事における登場頻度が上位 153 位までの語句をリストした。最大頻度は 196 回，最小頻度は 10 回，平均出現回数は 30.71 回，標準偏差は 30.42 であった。分析対象記事数は 1252 件にのぼった。

登場頻度で最上位層に位置するのは，「保険」（196 回），「労働」（187 回）「賃金」（153 回），「退職」（123 回），「支給」（99 回），「労働災害」（96 回）であった。「保険」や「労働災害」に関しては，それらにまつわる費用の算定や給付の基準，作業に関する，多くの実務家の関心の現れを示していた。「賃金」や「退職」についても，同様に，労働費用に関する実務家の懸念に関する記事が多く見られた。

(2) 共起ネットワーク分析

前期の『労政時報』相談室において登場頻度が高い語句間の共起ネットワークを示したものが，図 6-5 である。半分以上のクラスターが，労働費用に関連する実務家の関心を表している。

a のクラスターでは，「保険」や「補償」を中心に，「労働」「労働災害」「給付」など，さまざまな語句間に共起関係が見られる。雇用保険や労災保険の給付，労災等に伴う従業員本人や親族への補償など，「補償給付（労災，保険）」への実務家の関心を示すクラスターであり，それらに関する相談があることが窺える。「従業員を他社に派遣した場合の労災保険の適用と保険料の取り扱い」（第 2505 号，1980 年）などの相談事項がある。「労働」という人事管理領域における最も基底的な事象・概念が「保険」とのみ強く結びつくところに，当時の実務家の関心の特徴を見て取れる。

b のクラスターは，「業務」「通勤」「災害」「事故」などの語からなっている。たとえば，「出勤途中にひったくりにあって受けたけがは通勤災害となるか」（第 2217 号，1974 年）などの相談事項がある。このクラスターは，災害対応としての企業による従業員やその親族への補償ではなく，「通勤・業務上の災害の定義」に関する実務家の関心を示している。

c は，「課税」「会社」「負担」といった語句を中心に形成されたクラスターである。これらの語句に，「保険料」「費用」「給与」「海外」といったさまざまな語句が共起している。「通勤にマイカーと電車とを併用する場合の通勤手当の非課税限度額について」（第 2283 号，1975 年）などの相談事項があり，企業が従業員に給与などを支給するのに伴って従業員や企業自体が負担すべき支出の範囲，

表 6-4 『労働時報』相談室記事における頻出語句（前期：1971〜1987 年）

語　句	回数	語　句	回数	語　句	回数
保　険	196	算　定	27	療　養	15
労　働	187	手続き	27	参　加	14
賃　金	153	労働組合	27	事業主	14
退　職	123	計　算	25	取　得	14
支　給	99	就業規則	25	争　議	14
労働災害	96	所　得	25	転　勤	14
課　税	93	賞　与	25	発　生	14
手　当	88	制　度	25	管　理	13
年　金	88	対　象	25	休　憩	13
従業員	82	労働基準法	25	交　通	13
取り扱い	80	税　務	24	失　業	13
給　付	77	費　用	24	社　内	13
保険料	76	パートタイマー	23	処　分	13
会　社	74	規　定	23	制　限	13
適　用	71	源　泉	23	第三者	13
業　務	68	出　勤	23	要　求	13
解　雇	64	非課税	23	扱　い	12
組　合	64	ス　ト	22	家　族	12
補　償	62	残　業	22	活　動	12
方　法	62	傷　病	22	協　約	12
災　害	61	組合員	22	交　渉	12
健康保険	54	カット	21	実　施	12
海　外	52	資　格	21	納　付	12
期　間	50	住　宅	21	平　均	12
受　給	50	女　子	21	有　給	12
負　担	47	懲　戒	21	勤　続	11
協　定	45	範　囲	21	禁　止	11
割　増	43	アルバイト	20	作　業	11
行　為	37	関　係	20	算　出	11
事　業	37	死　亡	20	支払い	11
雇　用	36	社　会	20	事　務	11
遺　族	35	出　張	20	出　産	11
勤　務	35	要　件	20	条　件	11
時間外	34	老　齢	20	親会社	11
社　員	34	採　用	19	締　結	11
休　業	33	所　定	19	内　容	11
給　与	33	違　反	17	標　準	11
加　入	32	基　準	17	労　使	11
拒　否	32	契　約	17	一　括	10
障　害	32	税　法	17	改　正	10
請　求	32	報　酬	17	求　償	10
定　年	32	理　由	17	教　育	10
基　礎	31	欠　勤	16	他　社	10
控　除	31	効　力	16	待　機	10
徴　収	31	厚　生	16	団　交	10
事　故	30	使　用	16	通　常	10
通　勤	30	調　整	16	派　遣	10
変　更	30	任　意	16	命　令	10
休　暇	29	負　傷	16	役　員	10
出　向	29	認　定	15	旅　行	10
継　続	27	扶　養	15	臨　時	10

（出所）　筆者作成。

図 6-5　『労政時報』相談室記事における共起ネットワーク（前期：1971〜1987 年）

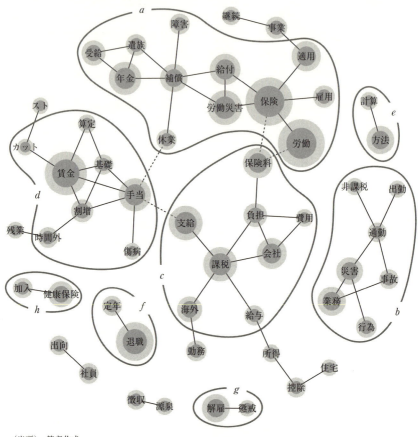

（出所）　筆者作成。

その最小化の手段について，多くの実務家が疑問を持っていた。従業員にかかわる「付随的な労働費用支出」に対する，人事管理の実務家の関心が見て取れる。

　d のクラスターには，「賃金」「割増」「基礎」「手当」を中心に，多くの語句が含まれている。残業代などの割増賃金，賃金カットの算定など，「賃金をめぐる付則的な実務」に関連する実務家の関心を表している。「外勤社員の時間管理と時間外割増賃金について」（第 2076 号，1971 年）などの相談事項が，これに関連する。

　その他のクラスターは，以上と比べると関心の大きさとしては限定的なもので

ある。eのクラスターは,「方法」と「計算」から構成されているが,実際の相談内容を見ると,時間外手当(残業代),休業手当,労働時間,保険金など,さまざまな労働費用の算定に直接的・間接的に関係するものであり,「労働費用の計算」への実務家の関心を表している。fのクラスターは,「定年」と「退職」から構成されており,「定年退職」に関する実務家の関心を示している。gのクラスターは,「懲戒」と「解雇」から構成されており,「懲戒解雇」に関する実務家の関心を示している。hのクラスターは,「健康保険」と「加入」から構成されており,「健康保険への加入」に関する実務家の関心を示している。

3.2 中期 (1988〜2003 年) の分析

(1) 頻 出 語 句

中期の『労政時報』相談室記事において登場頻度が上位 157 位までの語句を表 6-5 にリストした。最大頻度は 247 回, 最小頻度は 13 回, 平均出現回数は 37.72 回, 標準偏差は 36.66 であった。分析対象記事数は 1769 件にのぼる。

登場頻度で最上位層に位置するのは,「社員」(247 回),「退職」(199 回),「労働」(185 回),「賃金」(153 回),「方法」(140 回),「保険」(126 回) などの語句である。また,「労働災害」(83 回),「解雇」(78 回) なども上位に入っている。

(2) 共起ネットワーク分析

中期の相談室記事における頻出上位語の共起ネットワークを, 図 6-6 に示した。iのクラスターは, 前期における「a:補償給付(労災, 保険)」と「b:通勤・業務上の災害の定義」という別の 2 個の関心が一つにまとまったものである。すなわち, 前者に関しては, 前期にも見られた「労働災害」「保険」「給付」「補償」がクラスターの中核をなしている。加えて, 後者に関する「業務」「通勤」「災害」「事故」も同一のクラスターに収まっている。このクラスターは, 前期に引き続いて実務家が「補償給付(労災, 保険)」へ関心を持っていることを示すが, 補償の定義については特別に強い関心がなくなったため, こうした集合が起きたとも推測できる。

jのクラスターはややまとまりを欠いたものだが,「負担」を中心に,「保険料」「会社」「社宅」「課税」「費用」が共起している。また,「支給」を中心に「賞与」「課税」「手当」が共起している。これは, 法定福利厚生である保険料や, 社宅といった法定外福利厚生などを含む, 福利厚生の負担に対する実務家の関心を示している。前期に見られた「c:付随的な労働費用支出」への実務家の継続

表6-5 『労働時報』相談室記事における頻出語句（中期：1988〜2003年）

語　句	回数	語　句	回数	語　句	回数
社　員	247	協　定	31	傷　病	18
退　職	199	資　格	31	昇　格	18
労　働	185	補　償	31	対　処	18
賃　金	153	報　酬	31	年　齢	18
方　法	140	転　勤	30	現　地	17
保　険	126	年　金	30	使　用	17
支　給	125	理　由	30	死　亡	17
手　当	113	就業規則	29	条　件	17
留　意	113	組　合	29	税　務	17
取り扱い	110	休　職	28	代　休	17
会　社	98	社　会	28	範　囲	17
制　度	95	駐　在	28	評　価	17
労働災害	83	派　遣	28	予　告	17
考え方	80	事　業	27	要　件	17
解　雇	78	保険料	27	違　反	16
管　理	77	労働組合	27	健康診断	16
勤　務	75	ポイント	26	兼　務	16
休　業	74	費　用	26	水　準	16
業　務	71	フレックスタイム	25	単　位	16
雇　用	70	社　宅	25	定　期	16
期　間	68	請　求	25	年　俸	16
出　向	67	労働基準法	25	役　職	16
パートタイマー	65	基　準	24	決　定	15
育　児	65	人　事	24	住　宅	15
役　員	61	懲　戒	24	助　成	15
適　用	60	利　用	24	女　性	15
海　外	59	企　業	23	転　換	15
課　税	58	欠　勤	23	内　定	15
変　更	58	日　数	23	旅　費	15
賞　与	53	補　助	23	外　国	14
設　定	50	扱　い	22	義　務	14
給　付	49	基　礎	22	控　除	14
給　与	48	規　定	22	裁　量	14
契　約	48	行　為	22	在　籍	14
対　応	47	手続き	22	障　害	14
災　害	46	懲戒処分	22	返　還	14
時間外	46	調　整	22	予　定	14
付　与	44	営　業	21	労　使	14
休　暇	42	減　額	21	カット	13
取　得	42	廃　止	21	マイカー	13
対　象	42	加　入	20	教　育	13
定　年	41	家　族	20	合　併	13
導　入	40	研　修	20	子会社	13
割　増	39	実　施	20	昇　給	13
従業員	39	受　給	20	申　請	13
事　故	38	介　護	19	人事考課	13
出　勤	38	拒　否	19	制　限	13
出　張	38	計　算	19	程　度	13
残　業	37	社　内	19	特　定	13
算　定	36	責　任	19	部　門	13
負　担	36	入　社	19	目　標	13
採　用	34	業　績	18		
通　勤	34	所　得	18		

（出所）　筆者作成。

第 6 章　人事管理実務における関心の構造と推移　177

図 6-6　『労政時報』相談室記事における共起ネットワーク（中期：1988〜2003 年）

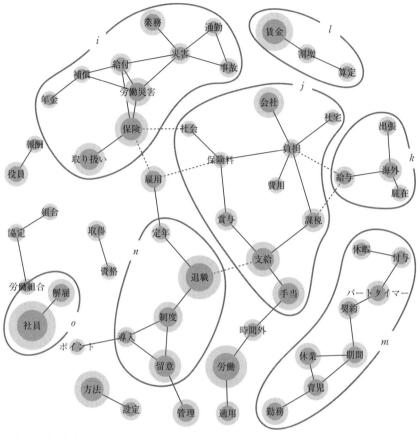

（出所）　筆者作成。

的関心の現れであると評することができる。これに関して，「自己破産した社員を福利厚生の対象から除外することは可能か」（第 3384 号，1999 年）などの相談事項があった。「保険料」と「社会」「賞与」のかかわりは，「社会保険料を低く抑えるため賞与割合を多くした年俸制の是非」（第 3429 号，2000 年）のように，報酬と福利厚生の結びつきから現れている。

　k のクラスターでは，「海外」と「駐在」「出張」「給与」が共起している。「海外勤務者への手当」への実務家の関心が現れている。「海外勤務をする社員の配偶者への語学研修費用負担は，給与課税されるか」（第 2899 号，1988 年）などの

相談が寄せられ，当時進み始めた日本企業のグローバル化に関する課題意識が垣間見られる。なお，j と k のクラスターは，前期では「c：付随的な労働費用支出」として一体であったが，中期では緩やかなつながりが一部で見られるものの，分離している。

l のクラスターは，「賃金」「割増」「算定」から構成されており，「割増賃金の算定」への企業側の関心を示している。これは，前期における「d：賃金をめぐる付則的な実務」の一部を引き継ぐものといえる[9]。「地域手当を半年ごとにまとめて支給すると割増賃金の算定基礎から除外できるか」（第3500号，2001年）といった記事が見られる。これらの塊が「j：付随的な労働費用支出」に関するクラスターと一体化しなかった背景としては，1980年代後半以降の労働基準法の度重なる改正があると考えられる。同法には広く知られる改正の歴史があるが，この時期以降，労働時間算定，割増賃金率，裁量労働制の適用対象に関してたびたび見直しが行われ，迅速で的確な実務的対応が求められた。ただし，「j：付随的な労働費用支出」のクラスターの近接部では「労働」と「適用」「時間外」が共起しいる。

前期では見られなかった関心事項として，m のクラスターは，「育児」「休業」「期間」を中心としつつ，さまざまな語句がつながりを示している。各語句の内容の共通性の高さからは，「休暇・休業の期間と適用対象」への実務家の関心が現れている。パートタイマーへの年休（年次有給休暇）付与（1987年労働基準法改正）の影響で，これまでよりも年休取得対象者が増加するなどした社会情勢が反映されているのだろう。「育児休業者が予定より早く復帰した場合，代替要員を契約途中で解雇できるのか」（第3439号，2000年）や「1年契約のパートタイマーにも育児短時間勤務は認めなければならないか」（第3160号，1994年）といった記事が見られる[10]。

n もまとまりのない語区間のつながりを見せているが，ここでは同クラスターの中核を「退職」に置き，それに「定年」と「制度」が，さらにはそれらに「雇用」「留意」「導入」が紐づいている点に着目した。前期でも「定年退職」への実務家の関心を表すクラスターは出現していたが，中期では「定年再雇用者と勤務延長者との違いについて」（第3301号，1997年）や「段階的な定年延長を行う際

9）　残業代（時間外労働への手当）に関する実務家の関心は，j のクラスターでも観察される。

10）　もっとも，パートタイマーに関する相談内容は休暇・休業に限らず，雇用契約や人事管理全般にまたがっている。

に退職金の支給条件を引き下げられるか」(第3480号, 2001年) など, 定年後再雇用や定年延長に関する相談が寄せられており, 「定年前後の雇用制度」への実務家の関心が見受けられる。

*o*のクラスターは「社員」と「解雇」から形成されており, 前期の「懲戒解雇」への実務家の関心が, 「解雇」一般に広がったものと推察される。

3.3 後期 (2004〜2020年) の分析

(1) 頻出語句

表6-6に, 後期の『労政時報』相談室記事における登場頻度上位157位までに該当する語句をリストした。最大頻度は756回, 最小頻度は25回, 平均出現回数は67.86回, 標準偏差は78.15であった。分析対象記事数は2702件にのぼった。

登場頻度の高い語句として, 「社員」(756回), 「労働」(437回), 「会社」(286回), 「賃金」(251回), 「退職」(246回), 「解雇」(195回), 「期間」(188回) がある。また, 「解雇」や「退職」とも関連しそうな「懲戒処分」も111回出現している。前期・中期に引き続き, 賃金などの報酬関連, そして, 定年や懲戒, あるいは経営対策としての従業員の退職に関する実務上の相談事項の多いことが見受けられる。

(2) 共起ネットワーク分析

図6-7に, 後期の相談室記事における頻出語句の共起ネットワークを示した。*p*のクラスターは, 語句の間のまとまりを欠いているが, 筆者はその中心が「保険」「取り扱い」にあり, それらに「労働災害」「社会」「海外」が共起している点に着目した。これは「*a*および*i*: 補償給付 (労災, 保険)」から継続する実務家の関心を表しているが, 前期・中期と異なり, 年金関連が主要な関心事から離れている。クラスターを構成する語句の数や登場頻度も小さくなっている。年金計算といった定型的な業務に関する情報は, インターネット等の代替的なメディアから獲得できるようになったからかもしれない。加えて, 技術革新による業務やコミュニケーションの変化に伴い, 労働災害が年々減少傾向にあること[11]も関係しているかもしれない。また, 「海外」と「出張」がこのクラスターに組み入れ

---

11) 厚生労働省「労働災害発生状況」に掲載されている各月の件数情報による。もっとも, 東日本大震災や新型コロナウイルス感染症といった突発的な事象により, 発生件数が増加することはある (https://www.mhlw.go.jp/bunya/roudoukijun/anzeneisei11/rousai-hassei/, 2024年3月3日閲覧)。

表 6-6　『労働時報』相談室記事における頻出語句（後期：2004～2020 年）

語句	回数	語句	回数	語句	回数
社　員	756	労働組合	57	損害賠償	34
労　働	437	付　与	56	内　容	34
会　社	286	義　務	55	利　用	34
賃　金	251	減　額	54	手続き	33
退　職	246	出　張	54	同　意	33
解　雇	195	申　請	54	メンタルヘルス	32
期　間	188	不利益	54	営　業	32
勤　務	174	アルバイト	51	学　生	32
留　意	168	給　与	51	交　通	32
業　務	163	禁　止	51	参　加	32
対　応	157	算　定	51	実　施	32
支　給	147	方　法	51	組　合	32
手　当	143	考え方	50	廃　止	32
雇　用	142	拒　否	49	命　令	32
採　用	141	協　定	49	有　期	32
変　更	137	欠　勤	49	支払い	31
契　約	127	行　為	49	発　生	31
従業員	124	企　業	48	活　動	30
休　業	123	社　内	48	強　制	30
管　理	121	本　人	48	健康診断	30
通　勤	120	海　外	47	指　導	30
出　向	113	規　定	47	自　宅	30
懲戒処分	111	基　準	45	制　限	30
派　遣	108	上　司	45	負　傷	30
適　用	105	条　件	45	予　告	30
制　度	100	評　価	45	異　動	29
懲　戒	100	控　除	44	在　宅	29
取　得	95	使　用	44	負　担	29
休　職	94	転　勤	43	時　刻	28
育　児	88	指　導	43	職　場	28
保　険	87	情　報	42	日　数	28
理　由	87	休　憩	40	保険料	28
労働災害	85	配　慮	39	裁　量	27
時間外	81	役　員	39	資　格	27
残　業	79	業　績	38	定　期	27
災　害	77	個　人	38	扱　い	26
就業規則	76	処　分	38	改　定	26
出　勤	76	設　定	38	他　社	26
内　定	76	フレックスタイム	37	返　還	26
賞　与	74	違　反	37	法　定	26
入　社	71	希　望	37	面　接	26
パートタイマー	69	傷　病	37	労　使	26
取り扱い	69	正社員	37	うつ病	25
事　故	68	単　位	37	悪　化	25
休　暇	64	転　換	37	一　定	25
事　業	63	予　定	37	家　族	25
割　増	61	介　護	36	限　定	25
社　会	61	研　修	36	試　用	25
責　任	61	就　業	36	新　入	25
提　出	61	所　定	36	遅　刻	25
定　年	60	自　社	35	特　定	25
請　求	59	人　事	35		
対　象	58	復　職	35		

（出所）　筆者作成。

第 *6* 章　人事管理実務における関心の構造と推移　181

図6-7　『労政時報』相談室記事における共起ネットワーク（後期：2004〜2020年）

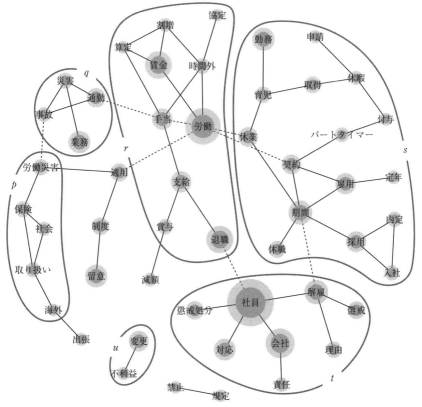

（出所）　筆者作成。

られている。海外への出張・駐在・派遣に関する関心は従来さまざまな形をとってきたが，この時期になると，「特定の国への度重なる海外出張により体調を崩した場合，労災に当たるか」（第3893号，2015年）のように，労働災害との関連で検討されることが増えてきているようだ。

　q のクラスターに見られる「業務」「通勤」「災害」「事故」という語句は，前期には独自のクラスターを形成していたが，中期には「i：補償給付（労災，保険）」への実務家の関心を示すクラスターの一部となっていた。後期ではまた，「通勤・業務上の災害の定義」として独立している。労災件数は減ったとしても，すでに見たように，その質や状況は変化しており，定義をめぐる試行錯誤が行われているのだろう。[12]

rのクラスターは「手当」によって結びつけられた2つの塊からなっている。第一に「割増」「時間外」「賃金」「算定」「労働」「手当」という語句の相互の連関，第二に「支給」と「退職」「賞与」「手当」の共起である。前期に見られた「d：賃金をめぐる付則的な実務」への関心は，中期には割増賃金に限定されたが，後期では退職金の支払いや賞与減額も含め，再び多岐にわたるようになった。関連する相談事項としては，「定年年齢の段階的引き上げに伴い，退職金の支給条件を引き下げても問題ないか」（第3868号，2014年）といったものがある。また，中期の「j：付随的な労働費用支出」を構成していた語句の一部（「支給」「賞与」「手当」）がこのクラスターに含まれることは，労働費用をめぐって別個に存在してきた2つの関心が「労働費用の定義と実務」という大きな形でまとまったことを示している。

sのクラスターには多くの語句が属しているが，筆者はそれらが2つのサブグループからなっており，それらが緩やかにつながっていると読み取った。まず，「育児」を中心としたいくつかの語句と「休暇」を中心としたいくつかの語句が「取得」に媒介されてまとまっている。これらには「付与」「パートタイマー」が連なっている。これは，中期に見られた「m：休暇・休業の期間と適用対象」への関心が継続していることを示している。次に，「雇用」「契約」「期間」の塊に既述の「休業」に加えて「休職」「パートタイマー」「定年」「採用」が結びついている。これは，雇用契約についての関心が，中期のような高齢従業員だけでなく，パートタイマー，さらには新たに雇い入れるすべての従業員について高まっていることを示す。とりわけ「採用」は「期間」に加えて「内定」「入社」とも結びついており，この期になって「採用の実務」への関心が強まっていることが窺える。これらを包含する実務家の関心は，「多様で柔軟な雇用（休業，定年，採用）」と名づけられよう。

tのクラスターは，「社員」と「解雇」を中心に，「懲戒・解雇の実務」に関連する多くの語句が並び，実務家の関心を表している。前期と中期には処分としての解雇にのみ関心が集まっていたが，後期には懲戒処分全般に関心が広がっている。実際，「これまで大目に見ていた懲戒に値する行為について，処分を厳しく行っていくことは問題か」（第3639号，2004年）など，懲戒処分の適用対象を再

---

12) 相談室においても，後期にはメンタルヘルスが頻出語句となり，また，すでに見たように海外勤務と労働災害の関連が論じられることが増えている。

検討する際の基準について，実務家のニーズが見て取れる。

u のクラスターは「変更」と「不利益」からなり，人事管理の実務において以前は見られなかった「不利益変更」への関心を表している。「年功的な昇給を改め，評価により昇給しない仕組みを設けるのは労働条件の不利益変更か」（第3774号，2010年）や「喫煙スペースの廃止は労働条件の不利益変更にあたるか」（第3805号，2011年）が，具体的な相談事例である。前者のように，しばしば戦略的観点から企業が人事管理のあり方を見直す際の主たる留意事項として，不利益変更の最小化が意図されていたことが窺える。

3.4 『労政時報』相談室記事の分析結果のまとめ

図6-8に示したように，まず，前期・中期・後期のすべての期間において，労働災害や労働関連保険に関する費用負担への関心が一貫して見られた。従業員は通勤および業務中の死亡や外傷のリスクを大なり小なり抱えているが，その実態はさまざまで，実際に問題が起きたときの対処には少なからず個別判断が求められる。そのような事態に対処するための情報源を，実務家は強く求めているといえよう。しかし，時代を経るごとに，とりわけ21世紀に入って，労災の件数が減少したこともあり，対処のための知識が求められる程度は弱まったが，業務やコミュニケーションの変化，さらにはメンタルヘルス問題の可視化により，企業による補償のあり方にも再検討が求められている。

賃金支払いや労災対応以外にも，種々の労働費用を，とりわけ諸手当の支給という形で企業は負担することになる。その範囲をどう定めればよいかについて企業は，実際の負担に伴う企業や従業員への課税も念頭に置きながら判断しなければならない。こうしたことへの関心が，とりわけ前期と中期では強かった。また，賃金に関しても，退職金，割増賃金，賃金カットなど，通常の賃金制度を運用する周辺で対応すべきことは多い。こうしたことへは前期から後期に至るまで一貫して関心が持たれていた。

諸手当の支給に対する企業の関心は，徐々に，とりわけ後期に入って弱まったが，部分的にそれを代替する形で，休暇・休業に対する実務上の関心が生じ，高まった。その発端になりうるものとして，中期に移る直前の1987年には，いわゆる「新・前川レポート」[13]において，労働時間短縮が建議された。翌1988年に

---

13) 経済審議会の経済構造調整特別部会で報告された「構造調整の指針」の通称。部会長を前川春

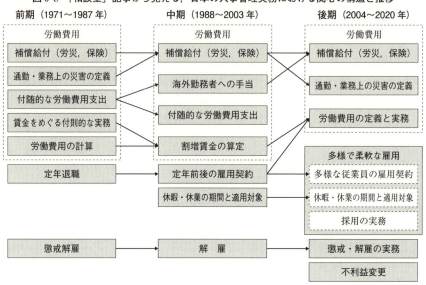

図6-8 「相談室」記事から見える，日本の人事管理実務における関心の構造と推移

(出所) 筆者作成。

は，改正労働基準法が施行され，法定労働時間が48時間から40時間へと短縮された。1991年に制定された育児・介護休業法も，たびたびの改正を経て，今日に至っている。ワーク・ライフ・バランス推進に対する従業員側・企業側の意識の高まりは，こうした事象と密接にかかわっている。

雇用契約への関心は，当初はすでにいる社員（とりわけ正社員）の，定年等に伴う退出に限られた。この関心は前期から後期まで継続しているが，中期以降は社員として活用し続ける道筋についての関心も高まった。中期以降は，パートタイマーなどいわゆる非正社員との雇用契約や，彼らの働きやすさの推進にも関心が持たれ続けた。そして雇用契約の終結点ともなりうる解雇や懲戒は，どの期においても実務家の関心事であり続けた。前期・中期に比べて，後期では，解雇を含む懲戒処分全般への関心が高まった。

雄前日銀総裁（当時）が務めたことによる。

4 実務家の関心の移り変わり

これまで,『労政時報』に掲載された2種類の記事内容をもとに,実務家が人事管理に対して有する実務上の関心の内容と,その推移について検討してきた。「特集」と「相談室」は異なる趣旨で編集された記事であるため,関心の反映に関しても,同じ点と異なる点の双方が存在する。

各時期における関心の構図は共起ネットワークですでに示したが,それを補足する材料として,特集記事と相談室記事の頻出語を表6-7にまとめた。特集と相談室それぞれについて,前期・中期・後期における上位15位の語句を示している。「賃金」「春闘」「賃上げ」「給与」といった給与関連の語句には濃く網かけをした。また,「手当」「労働災害」「保険」「保険料」「課税」といった給与以外の労働費用に関連する語句には薄く網かけをした。「給付」「支給」「適用」はそれら労働費用の支払い実務に関連する語句であり,実線の枠で囲った。さらに,「退職」「解雇」「採用」といった雇用契約の出口と入口に関する語句は二重枠で囲った。

2種類の記事からは,賃金,各種の手当や補償に代表される労働費用のあり方,そして関連する支出の最適化や最小化ついて,実務上の関心が強かったことが窺える。特集における「賃金関係の統計」(前期),「報酬の水準についての企業実態」(中期),「職種別モデル賃金」「役員報酬」「市場や社会に連動した労使関係」(ともに後期),さらには相談室における「補償給付(労災,保険)」(前期から後期),「付随的な労働費用支出」(前期と中期),「賃金をめぐる付則的な実務」(前期)は,その例である。

賃金の水準および体系をめぐる企業レベルでの大枠は,労働市場や労使関係の枠組みに規定されるものだが,特集記事で扱われることが多く,それは給与関連の語句が特集に高頻度で登場しやすいことからも明らかである。反面,相談室では,賃金やその他の労働費用を個々の従業員に適用する形が検討されることが多かった。マクロ・レベルの人事課題とミクロ・レベルのそれの双方に実務家は関心を持ち,解決策を望んでいることが窺えた。また,賃金以外の労働費用については,対応の個別性がより際立つことから,相談室で重点的に取り扱われる傾向がある。こうした特集と相談室の色合いの違いは,頻出語の違いからも明らかである。

表 6-7　特集・相談室における頻出語比較

順位	特集			相談室		
	前 期	中 期	後 期	前 期	中 期	後 期
1	制 度	制 度	人 事	保 険	社 員	社 員
2	賃 金	賃 金	制 度	労 働	退 職	労 働
3	春 闘	労 働	労 働	賃 金	労 働	会 社
4	労 働	人 事	賃 金	退 職	賃 金	賃 金
5	企 業	最 新	企 業	支 給	方 法	退 職
6	管 理	事 例	管 理	労働災害	保 険	解 雇
7	状 況	管 理	実 務	課 税	支 給	期 間
8	水 準	企 業	対 応	手 当	手 当	勤 務
9	交 渉	水 準	最 新	年 金	留 意	留 意
10	賃上げ	賃上げ	改 正	従業員	取り扱い	業 務
11	人 事	春 闘	社 員	取り扱い	会 社	対 応
12	初 任	雇 用	雇 用	給 付	制 度	支 給
13	事 例	決 定	事 例	保険料	労働災害	手 当
14	給 与	モデル	賃上げ	会 社	考え方	雇 用
15	雇 用	退 職	採 用	適 用	解 雇	採 用

（出所）　筆者作成。

　特集には集団的な労使協議や法改正の内容についての記事が多く見られたが，それは，相談室で取り扱われるような，個々の職場や従業員への適用にまで結びついてこそ，有意義なものとなる。実際，相談室では，パートタイマーへの休暇付与，長期休業明けの従業員の取り扱い，海外駐在の従業員のみならずその家族へのケア，雇用延長のあり方，懲戒解雇の是非など，労使協議の妥結や法律の改正に伴った現場レベルでの対応について，種々の議論がなされてきた。「春闘」や「賃上げ」に代表される集団的労使関係についての語句は時期を経るごとに現れにくくなっているが，それは人事管理の現場から労使関係が消えたことを意味しない。特集では，賃金水準，人事制度，企業としての経営環境への戦略的適合などが論じられているが，その裏に日常的でしばしば負荷の高い業務があってこそ，それらが成立するということを，本章の分析結果は物語っている。

　労働災害発生件数の低下もあり，相談室でよく見られた「労働災害」「保険」「保険金」といった語句の登場頻度は減少している。一方で，従業員のメンタルヘルスに対する実務上の関心が，後期になって高まった。このことは，特集にお

けるクラスターとしての存在感や，相談室における労働災害の一種としての取り扱いに現れている。また，中期以降，休暇・休業を含む福利厚生を従業員に提供する際の個別判断の複雑さが，雇用関係の多様化の進展とともに高まっており，相談室がその点に関する実務家の関心に応えている。従業員の採用の手順やタイミングについては，特集でも相談室でも，後期から現れた実務上の関心として，存在感を見せていた。

5　さいごに

　本章の目的は，人事管理において実務家が持つ関心の構造とその推移を明らかにすることであった。総合的に見た場合，人事管理にまつわる諸制度の全社的な設計については特集で，職場ごと・従業員ごとでの対応上の工夫が求められる制度運用については相談室で主に取り上げられてきた。さらに相談室は，減給・解雇・懲戒といった「ダークサイド」についても正面から取り上げており，こうした事柄への実務上の関心が，労働費用の最適化・最小化への関心とともに強かったことを物語っている。

　上記の結果から，実務家は，人事管理を制度の設計と運用の両面から捉えていることが理解できる。また，一言で運用といっても，研究上着目されがちな戦略的意図の落とし込み以上に，従業員の人生にもかかわるような種々の負担を要する判断のあり方を重視していることが理解できる。

　こうした人事管理実務の全体を当初基礎づけていたのが，集団的労使関係におけるルールや意味の形成であったと思われる。しかし，労働組合の組織率が低下するなどの歴史的推移の中，そうした影響力は弱まった。企業から従業員への，そして従業員から仕事へのニーズは徐々に多様化し，労使関係は個別化していったのである。そうしたこともあり，個別の労働問題についての相談は依然として多く，かつその中身も多様化している。

　ただし，分析結果を見る限り，集団的労使関係に代わるような人事管理全体を基礎づけるものが実務界において明示的に示されていたり，確立したりしているわけではないことが窺える。研究者が長らく着目してきた，（戦略的）人的資源管理論，内部労働市場論，組織行動論の系譜にある種々の理論は，そういった「空隙」の補完に資するのだろうか。

終 章

日本の人事管理における
研究と実務の交流に向けて

1 これまでの議論のまとめ

　本書では，1971年以降の50年間を分析対象に，人事管理について日本の研究者と実務家がどういう関心を持ってきたか，両者の関心の持ちようにはどのような推移や違いがあったのかを，経験的に検討してきた。この50年間，日本の人事管理実務においては，さまざまな取り組みがなされてきた。その一部は，たとえば従業員の職務遂行能力に着目した評価・報酬，あるいは配属や育成の諸施策のように，長らく，かつ幅広く重要視された。しかし，そうしたものであっても，事業の構造やプロセス，労働市場などの実情に即して，施策は柔軟かつ多様に展開した。一方，とりわけ企業として競争力・収益性が停滞する状況を打開するため，あるいは法や社会の要請に対応するため，特定の発想や施策への関心が一時的に強まったこともある。そうした関心の一部は，一度きりではなく，何度か高まった。

　これまでの研究者は，こうした実務の動向につき，理論的あるいは経験的な根拠に基づいて実態を描写・評価し，処方箋や内省のきっかけを実務家に提供しようとしてきた。ただし，序章で述べたように，人事管理に近接する領域，あるいは他国の人事管理に関する先行研究では，研究者と実務家の間に少なからず距離のあることが示されてきた。研究者の主要な問題関心，それに基づいた理論や発見事実に，実務家が着目することは稀だった（Deadrick & Gibson, 2007; 2009; Rynes *et al.*, 2007）。反対に，実務家が注力する人事管理上のトピックにもかかわらず，研究対象とされないケースが少なからずあった（Markoulli *et al.*, 2017）。

リサーチ・プラクティス・ギャップの背景には，研究成果も含めた知識に対して何を求めるかということについての，研究者と実務家の間のずれ，あるいは研究成果への距離の違いがあると考えられる。研究者が追求する科学的厳密性が，実務家にとっては二次的な重要性しか持たないことも多いだろう。企業業績の最大化への道筋を示すなど人事管理の実務家のニーズに沿った研究が，複雑な実情を見落としたある意味でわかりやすい処方箋を示すため，結果として実務的有用性に至らない可能性もある。さらには，たとえ科学的知識に触れる動機を有していても，実務家にとってそれらへのアクセスは容易でない。

リサーチ・プラクティス・ギャップの実態が，日本の人事管理領域を対象に検討されたことはない。その検討こそが本書の目的であった。

1.1　どのような姿勢で分析に臨んだか（第1〜3章）

第1章では，アメリカと日本における人事管理研究の蓄積に着目し，100年あまりの人事管理研究が，実務，さらには実務を取り巻く状況をどのように捉え，どのような貢献を果たそうとしてきたかについて，一部の文献の内容をもとに検討した。アメリカにおける研究の流れは，科学的管理法，personnel management 論[1]，人間関係論，人的資本論，人的資源管理論，戦略的人的資源管理論に着目し，描写した。日本の研究については，こうしたアメリカの流れを前提に，科学的管理法のさまざまな受け取り方，「能力主義管理」の生成と普及をめぐる評価，「成果主義」「ジョブ型」をめぐる挑戦や混迷を踏まえて，人事管理の実務家が持つべきと研究者が見なしてきたさまざまな視点を紹介した。

少なくない研究者が，実務への還元を目指して言論活動を行ってきた。それは序章で検討したように，研究界全体として見た場合には十分に奏功していない。科学的知識と実践的知識は，その由来や目的からして一体化できるものではないし，またすべきものでもない。しかし，今日の研究者と実務家を取り巻く環境は，

---

1)　第1章の脚注6)でも検討したが，personnel management 論は「労務管理論」「人事労務管理論」など邦訳が複数あるものの，その内容あるいは（戦略的）人的資源管理論との比較という観点から見て，必ずしも正確なものではない。（戦略的）人的資源管理が，人事管理実務という事象に対するある理論的な視座に基づく英語の名称を邦訳したものであるのに比べ，personnel management とそれに対応する日本語は，同じ事象に対して英語と日本語それぞれで独立に成立した理論的視座に基づかない呼称，という関係性があるように思われる。そのため本書では personnel management 論について，同注で「人間管理論」と試訳するにとどめ，表記は英語のままとした。

終 章 日本の人事管理における研究と実務の交流に向けて 191

両種の知識の間のずれや断絶を必要以上に大きくしている可能性がある。そうした中では，たとえば，研究者と実務家がそれぞれの活動を行うために他方の動向を参照できるようにしておくことの意義は大きい。相互の参照や交流を通じて自分たちが抱いてきた信念・知見が否定されたり，自ら刷新したりすることに対して前向きになることも，研究者と実務家の双方にとって有益だろう。

　第2章では，日本の人事管理の研究と実務における関心の構造・推移を検討するための方法（論）に関する文献レビューを行った。文献レビューは，既存の知見の特徴，とりわけそこに潜む矛盾やギャップを示し，将来の研究への道筋を示すという点において，当該研究領域の発展には欠かせない（Sayer, 2018；服部, 2020a）。そして近年は，経営学領域でも，問いの設定やレビュー対象文献の収集・除外・検討に関して，従来以上に定式化・標準化された手続きを用いることで，レビュー対象の全体傾向を正確に検討できるとする「体系的文献レビュー」(systematic literature review：SLR) が普及してきている（Tranfield *et al.*, 2003；Rousseau *et al.*, 2008；Briner & Denyer, 2012）。

　一言で SLR といっても，取り扱う文献の種類に応じてそのスタイルは多様だが（Rousseau *et al.*, 2008），研究者による解釈あるいはバイアスは必ず入る。研究者は，レビュー対象について解釈の内容や基準を明確にすべきだが，それは，先行研究のさまざまな主張における首尾一貫しない点，そこから浮上する統合的な視点，さらには新たな論点を浮上させるためにも，必要なことである。自らの研究から主観性を排除するのではなく，そうした解釈を自らの研究の独自性や価値を定め，伝えるドライバーとすべきなのである。このことは，収集された文献が有する定性的な情報を定量的に分析する「計量書誌学」(bibliometrics) 的な手法を用いる際にも，例外ではない。

　第2章ではさらに，人事管理研究における SLR の普及傾向と，その実例について検討した。そこからは，SLR を行うにあたっての課題がいくつか浮上した。まず，レビュー対象の設定や結果の解釈においてバイアスを排除することは不可能だが，バイアスの背景には，先行研究や研究者自身が抱える「組織とはこのようなものだ」「組織とはこのようなものであるべきだ」といった組織観があるため，そこに自覚的でなければならない。また，個別の研究あるいは研究領域全体について検討した結果としてある主張をする際には，「エビデンス」としてのレビュー対象が直接的に言及しているとは限らない，時代動向も含めた社会的要因を推論することが必要となる。

第3章では，日本の人事管理の研究・実務に関するSLRの対象となる文献と，その分析手法について検討した。研究領域での関心やその推移を解明するためには，日本労務学会が1971～2020年に生み出した文献のさまざまな情報をデータベースに記録した上で，各文献のタイトルおよび引用文献（被引用文献）の文字情報を分析対象とした。一方，実務領域での関心やその推移を解明するためには，戦前から刊行されてきた実務誌『労政時報』の1971～2020年の主要記事（「特集」と「相談室」）のタイトルをデータベースに記録した上で，その文字情報を分析対象とした。

上記諸文献が持つ特徴に，公開されたデータベース上に情報がない，また日本語で書かれているためにグローバルなアクセスが困難という点がある。これらはSLRの，とりわけ計量書誌学的手法を採用した先行研究に見られないものである。とくに，日本労務学会の全国大会における研究報告内容を収録した「論集」は非公刊で，学術文献としての一定以上の形式や水準が体系的に保証されておらず，内容面でも萌芽的な論考が含まれる。こうした「灰色文献」は，一般的にはSLRの対象から除外されがちである。とりわけメタ分析に代表される集約的合成（Rousseau *et al.*, 2008）においては，特定の因果関係に関する体系的な手順に基づいた研究のみを分析対象とすることが望まれるため，その傾向が顕著である。しかし，経験的研究にとどまらず，日本の人事管理研究で何が論じられてきたのかの全体像の把握を目的とする本書では，灰色文献も分析対象に含めて研究界の幅広い動向を捉えることに，むしろ積極的であるべきと判断した。

第3章では，分析手法についても説明した。本書では，研究者の関心を示す文献と実務家の関心を示す文献のそれぞれについて，まず，タイトルや被引用文献といった，分析対象が有する文字情報に含まれるさまざまな語句の登場頻度ランキングを示した。その上で，サイエンス・マッピングとも呼ばれる，頻出語句間の共起ネットワークを描写することを通じて，研究者や実務家の関心を構成した主要な要素を抽出した。関心の構造が，時代を経る中でどう推移したのかについても，その中で検討した。

1.2　日本の人事管理における研究上・実務上の関心（第4～6章）

第4章では，日本労務学会が1971年から2020年までの期間に産出してきた研究成果を分析対象として，日本の人事管理研究における関心の構造と推移を分析

した。関心の推移を分析するため，50年の分析期間を前期（1971～1987年）・中期（1988～2003年）・後期（2004～2020年）に区分した。前期は，長期安定雇用と能力主義的人事慣行が正社員において確立した時期と見なせる。中期は，そうした人事管理が部分的に修正されつつ，適用外の労働者が増加し，就業環境が不安定化した時期と見なせる。そして後期は，企業と労働者の双方にとって効率的で公正な，新たな人事慣行に向けた模索がなされた時期と見なせる。

3つの時期ごとに計量的なテキスト分析を行った結果，以下のことが明らかになった。労使関係への研究者の関心は，徐々に低下した。企業および従業員本人によるキャリア形成への関心が，時代（時期）を経るごとに強まった。これらの変化を裏づけるものとして，人事管理という事象の捉え方についても変化が見られた。当初は，労務管理論や労使関係論が含意するような，経営者や従業員を含むさまざまな利害関係者の交換関係を，人事施策の制定と運用を通じて安定化させるというものであった。その後は，（戦略的）人的資源管理論が含意するような，経営環境への適応のため従業員の意欲・能力・行動を，経営者主導で開発・展開するための，種々の人事施策や管理活動，コミュニケーションが連携した，全体性への視野が持たれることが増えた。

第5章では，第4章と同様に，日本労務学会の文献データベースに着目しつつ，異なったアプローチから，研究者の関心の構造やその推移を浮かび上がらせた。分析対象となった各文献が引用してきた文献の中で，引用頻度が高かった文献を集計し，その内容，そして50年間での引用傾向の推移について分析した。前期（1971～1987年）では，企業の人事管理，企業と従業員の関係性を，内部労働市場や集団的労使関係に基礎づけられたものとして捉える，制度論的な視座が多く採用されていた。こうした視座は，中期（1988～2003年）においても継承されているが，制度的の環境との相互的な影響関係の中でどのように人事管理が形成・遂行されるかという観点は薄れた。その反面，実際の人事管理と制度的環境との関係における，均衡した，別の言い方をすれば経営目的から見て合理的なものを探索する傾向が強まった。主として経営者や株主の利害に即した形で人事管理の合理性を定義し，合理的な人事管理のあり方を現状から読み解く姿勢は，この時期に増加した組織行動論的な研究にも共有されている。後期（2004～2020年）においては，制度論と行動論の並立状態は維持されつつ，こうした合理的な人事管理のあり方を経験的に解明する実証主義的志向がさらに強まった。

第6章では，日本の人事管理における主要な実務誌であり続けた『労政時報』

の50年分の文献，とりわけ全社的な人事管理のあり方にかかわる「特集」と，日常の労務対応にかかわる「相談室」という，異なるコーナーの所収記事に着目し，実務家の関心の構造や推移を明らかにした。まず，「特集」記事においては，賃金相場，それに付随した調査結果，人事管理の企業事例，労使協議の動向に対し，実務家は一貫して関心を寄せてきた。法改正の動向についても同様である。ただし，時期を経るに連れて，企業あるいは人事部門として，こうした人事管理を取り巻くさまざまな条件にどう向き合い，対処していくかという，実施の仕方への関心が強まった。また，「相談室」記事からは，労働災害や労働関連保険に代表される，種々の労働費用の算定や拠出のあり方に対する実務家の関心の強さが見て取れた。ただし，この関心は時期を経るごとにいくぶん弱まり，その代わりに労働時間や休暇・休業に関するもの，すなわち従業員の働き方や休み方への関心が強まっていった。

2　人事管理の研究と実務における関心の異同

　こうした発見事実を踏まえ，本節では，日本の人事管理における研究者と実務家の関心の異同，すなわちリサーチ・プラクティス・ギャップについて，包括的に検討する。その結果を踏まえ，次の第3節では，研究者にとって何が研究上のフロンティアとなりうるか，実務家が自らの実践をより効果的に進めるためにはどのような知識的な裏づけを要すると考えられるか，これら双方を前提とした研究と実務の交流の道筋を提示する。第4節では，本書では十分に検討しきれなかった点とそれを踏まえた研究展望を示す。

　表 終-1 に，第4〜6章の検討を通じて明らかになった，研究者と実務家それぞれの関心を，前期（1971〜1987年）・中期（1988〜2003年）・後期（2004〜2020年）の時期ごとに示した。各トピックに対する研究者と実務家の関心の置き方の異同には，次のパターンがある。①関心が異なる，②研究者のほうが関心が強い，③実務家のほうが関心が強い。以下，それぞれについて検討したい。

2.1　研究者と実務家で関心が異なるトピック

(1)　人事管理についての概念的把握——戦略起点か利害関係起点か

　研究者は，人事管理という事象，あるいはそれを基礎づける要因を長らく問い続け，問いへの答えには50年間で変遷が見られた。従業員について，経営目的

終章 日本の人事管理における研究と実務の交流に向けて 195

表 終-1 日本の人事管理に関する研究者と実務家の関心のまとめ

		研究者の関心	実務家の関心
前期	視角	●労務管理・労使関係からなるものとして，人事管理という事象を把握 ●雇用組織を特徴づけるものとしての，年功制，内部労働市場，国や地域の文化・歴史	
	関心事象	●職場，とりわけ生産現場における疎外や小集団活動 ●労働者の仕事や生活への意識 ●年功的な賃金体系などの人事制度 ●定年制の変容	●賃金水準についての世間相場，企業実態，組合要望，労使協議結果 ●報酬を中心とした人事制度 ●従業員個別の賃金の算定や支給の実務 ●福利厚生や保険料などの諸手当の内容と費用 ●高齢従業員を対象とした退職，退職金や年金の支給，定年延長 ●従業員への補償給付 ●通勤・業務上の災害の定義 ●懲戒的な解雇の実施の基準や手順 ●従業員の意識 ●法改正
	方法	●理論研究や定性的な事例研究が主流 ●とりわけアメリカに着目した国際比較	
中期	視角	●ヒトの人的資源という側面への関与として，人事管理という事象を把握 ●人事管理における，経営戦略や業務プロセスなどとのシステマティックな連携性	
	関心事象	●職務経験の連鎖としてのキャリア形成を通じた人材開発 ●モチベーション，コミットメントなど，労働者の就労時の心理状態 ●日本企業の国際化 ●賃金制度の変化 ●ホワイトカラーの昇進構造 ●非典型労働力としての女性	●賃金水準についての世間相場，企業実態，組合要望，労使協議結果 ●人事制度の事例 ●従業員個別の賃金の算定や支給の実務 ●福利厚生や保険や海外駐在などに関する諸手当の内容と費用 ●休暇や休業の期間と適用範囲 ●従業員に対する補償の給付 ●通勤・業務上の災害の定義 ●定年とその前後の雇用管理 ●多様な事由による解雇の実施の基準や手順 ●従業員の意識 ●法改正
	方法	●変数間関係の計量的解明の増加 ●さまざまな国を対象とする国際比較	
後期	視角	●業績向上のためのヒトの人的資源という側面への戦略的な関与として，人事管理という事象を把握 ●人的資源・人的資源管理と組織業績との関係を左右する，外部労働市場との関係性	
	関心事象	●ホワイトカラーの業務プロセスと業績管理，インセンティブ・システム ●組織と個人の双方にとってのキャリア形成 ●人の学習メカニズム ●非典型労働としての非正規雇用。それも含めた，企業内での多様な雇用関係	●職種や役職ごとの賃金水準の多様性 ●労使関係に対する社会や市場の影響 ●人事制度における戦略との連動，設計や運用の手順についての事例 ●従業員個別の賃金の算定や支給の実務 ●休暇や休業の適用範囲 ●従業員に対する補償の給付 ●通勤・業務上の災害の定義 ●定年とその前後の雇用管理 ●メンタルヘルス対策 ●新入社員の採用実務 ●懲戒や解雇の実施の基準や手順 ●不利益変更の定義 ●新入社員の意識 ●法改正への実務対応
	方法	●変数間関係の計量的解明の主流化 ●とりわけ中国に着目した国際比較	

（出所）　筆者作成。

を達成する際に生じる利害調整のカウンターパートとする見方は時期を経るごとに弱まり，企業の競争力や業績の向上に資する人的資源とする見方が強まった。そうした人的資源管理としての人事管理は，企業の戦略目標や業務システム，社内外の労働市場，文化といった，さまざまな要因と整合的な関係を築きうるものと見なされてきた。

　また，経験的研究の枠組みや手法も変わってきた。とくに，企業ごとで異なる人事管理，さまざまな人事施策の設計や運用のありようをシンプルに捉え，比較可能なものにするため，人事管理が全体として果たしうるいくつかの提供価値（デリバラブル）に基づいて概念的な尺度化がなされ，人事管理とそれを取り巻く要因あるいは個人～組織レベルでの業績との共変関係が，統計的に推論されることが多くなった。人事管理が行われる場の具体的な描写を伴う実態調査を研究者がしなくなったわけではないが，そういった調査においても，（戦略的）人的資源管理という概念規定や，数多くの人事施策の展開を通じて果たされているいくつかの提供価値の束として人事管理のシステムを把握する視座に基づくことが多くなった。

　反面，実務界において，人事管理に対する概念的把握のあり方が明確に論じられることは多くなかった。『労政時報』では，「先進的」とされる人事管理の事例や，それをリードする実務家の持論が紹介されることが多かった。ただしそのことは，人事管理の実務家が，概念的把握なしに日々の業務に没頭していたということを必ずしも意味しない。彼らは，労使関係や法改正への対応，競合他社の動向を踏まえた人事施策の改変など，自らの人事管理の根幹にかかわる事態に，今日まで継続的に対応してきた。[2]実務家は，多様なステークホルダーに日々向き合い，数多くの人事施策の具体的なあり方をめぐって合意や納得を重ねることこそが，人事管理ひいては企業経営の要諦であると見なしてきたと，筆者としては推

---

　2)　実務家が労使交渉の経過や帰結に長きにわたって関心を持ち続けたことは，第三次産業の企業が増加し，その多くで労働者が組織化されていないという産業構造の変化を踏まえると，奇異にも映る。その意味では，『労政時報』の読者が所属する組織の産業や規模に偏りがないか等，分析対象の代表性についての疑問も指摘されうる。しかし，もし多くの企業が従業員への待遇のあり方や人事制度において，他社や社会全体の動向を参照するのならば，労働組合を有さない企業においても，有する企業の動向は無視するわけにはいかないのだろう。労働組合間での連携は多く見られるため，労働組合が介在する人事管理上の意思決定は，そうでないものと比べて企業個別性がより薄く，実務家が参照点としてとりわけ気にしがちな一般的傾向をより帯びていると推測される。

察する。

　バブル崩壊以降の日本企業の人事管理は，さまざまな試行錯誤の中で成立してきた。人事管理の実務家は，他社や先達の取り組みを参考にしながらも，従業員をはじめとする種々のステークホルダーの不利益変更の最小化を重視しつつ，前例を変更してきた。そうした限定的な変更は，目覚ましい成功や失敗を伴わないものの，継続的な調整を必要とする。研究者は，成功の最大化や失敗の最小化に資する人事管理のあり方により注目するきらいがある。実務家から見れば，研究者のそうしたアプローチは，現場の複雑な消息を脇に置いた「理想論」「極論」なのかもしれない。反面，研究者からは実務家の動きが，ステークホルダー関係の調整が自己目的化し，経営者や人事部門が持つべき人事管理上の目的が曖昧になり，目的達成からかえって遠ざかるものに見えているのかもしれない。研究者と実務家の双方が，現実の人事管理の流れに敏感に，しかし異なる形で反応してきたのだろう。

　実務界では，後期，つまり研究界よりも 10〜20 年程度遅れて，人事管理に経営戦略の実現や競争力・業績の向上といった機能を見出す傾向が，明確に見られるようになった。バブル崩壊以降の停滞の長さが，経営者や人事担当者に戦略性・競争力・業績への強い関心や実践を促したのだろう。ただし，「戦略志向」は，研究界においてはステークホルダー関係のバランスを重視する志向を代替するものとして捉えられがちであったのに対して，実務界においてはステークホルダー関係をバランスさせる手段として重視されたと考えられる。たとえば，経営者・株主・顧客のニーズを起点とした人事管理を模索することは，従業員あるいは労働組合による理解や同意の範囲でしかなしえないため，利害調整の実務的重要性が減退したとは言い切れない。

(2)　人事管理の望ましさの基準——経験的・理論的な根拠か新しさか

　人事管理におけるさまざまな取り組みについて，とりわけ近年の研究者は，それがいかなる効果を有しているかという観点に立って論じる傾向にある。その点は，個別事例を丹念に記述する場合も，複数事例を定性的に比較検討する場合も，大量サンプルに基づいて一般的傾向を計量的に推測する場合も変わらない。ただし，ある人事管理上の取り組みの効果について何らかのエビデンスが示されたとして，それのみでは主張としては不十分である。研究者は，そうしたエビデンスに何らかの理論的な裏づけがあることを重視してきた。有効性の定義，および有効であるという事実についての解釈の双方において，特定の理論への依拠，ある

いは事実に基づいた理論の構築が必要なのである。表終-1における研究者の関心欄にある「視角」や「方法」にも，こうした姿勢が読み取れる。

こうした見方は，実務家にはそれほど強く持たれていないようだ。その反面，彼らは，一部企業のその時点での取り組みそのものに焦点を当ててきた。実際，『労政時報』の文献，とりわけ「特集」記事においては，「最新」という語句が頻出上位にあがっている。前期では第43位（38回），中期では第5位（185回），後期では第9位（106回）であった。最新事例の紹介内容は，理論的解釈を伴わないばかりか，まだ明確な結果が観察できていないことが多い。すべての実務家が「新しいからよい（有効である）」と考えてはいないにせよ，有効性を確認するための理論枠組みや分析手法を有さない場合には「最新事例は自社の人事管理の現状を刷新する手がかりになる」と捉えられてしまう可能性は高い。

また，雇用・労働に関連する法改正や法解釈にも，実務家は長らく関心を寄せてきた。これは，「そういう現実がある以上，それに適応するしかない」といった人事管理上の意思決定がなされてきたことを推測させる。こうした意思決定は，「新しいからよい（有効である）」という考えとは異なるにせよ，ある取り組みがある有効性を生み出すという因果性に関する理論的あるいは経験的な理解に基づいた選択ではない点においては同様である。後述するように，法的動向への人事管理実務上の対応は，研究者による関心を集めてこなかった。それは，こうした実務の重要性そのものは認めつつも，対応が人事管理上の目的達成の成否や有効性の大小に結びつきにくいという判断によるものかもしれない。

(3) 従業員個人の位置づけ——企業組織の一部か外部か

当初，研究者は，労使関係を安定化させることが人事管理の中核的活動であり，成果であると見なしてきた。しかし，人的資源（資本）を開発・活用して企業の戦略達成に貢献させることを人事管理の中核的活動とする見方が広がる中，従業員は，企業組織に相対する存在というよりはその一部と見られるようになっていった。そして，人的資源や知的熟練といった職務遂行能力の側面のみならず，就労意欲や組織コミットメントといった心理的側面も，競争優位を導く経営資源，つまり，企業組織を構成する重要な要素と見なされるようになった。[3] 1980年代

---

3) こうした考え方と一見逆行する動きが，非正規雇用や業務委託の拡大という形で1980年代以降に見られた。しかし，企業組織を成立させる資源の一部として労働者を捉える場合，非典型労働力の獲得と放出は，企業のカウンターパートである労働者とのシビアな関係性というよりは，環境適応の中で競争優位を構築・維持する企業組織のダイナミックな変容と理解できる。こうし

終章　日本の人事管理における研究と実務の交流に向けて　199

以降に見られたこうした動きの背景には，企業の組織や戦略に関する（当時の）先端的な経営学の知見，さらにはその周囲にある組織についての経済学的・社会学的・心理学的な知見があっただろう。労働組合と個別の従業員の間の関係性や相違については複雑な検討を要するが，その点が深められることがないままに労働組合への研究上の関心が退潮し，従業員の能力・意識・行動に企業として関与することについての理論的あるいは経験的な検討が進められるに至った。

　一方，人事管理の実務家による従業員への向き合い方には，研究者と比べて，労使関係の色彩が今日でも残っている。それはとりわけ，割増賃金や福利厚生も含めた労働費用の算出や支給において，従業員の有する多様で変化するニーズに，企業が配慮し続けてきたためである。また，雇用や労働にかかわる数々の法律では往々にして，企業と向き合う労働者をいかに保護するか，労働者の雇用や管理に関する企業行動をいかに規定するかに重きが置かれており，企業組織の一部として従業員を内包していく以前の対応が，企業に求められたためである。さらには，1980年代以降の企業が，重要な人事管理方針として，雇用条件のあり方が労働市場の影響を受けやすく，人的資源への積極的な投資の対象とならない非典型雇用を拡大させてきたことも，企業のカウンターパートとしての従業員という構図の維持に寄与したと考えられる。

　もちろん，実務界にも研究界と同様に，従業員の職務遂行能力や心理状態を経営資源として捉え，企業と従業員の交換関係以上に統合を重視する傾向がないわけではない。しかし，筆者の分析結果を踏まえると，従業員を集団的〜個別的な労使関係のカウンターパート，つまり企業組織の外部にいる存在としても捉え，この関係性を実際に安定させてこそ，企業と従業員の統合について考え出せると実務家が見なしていた可能性がある。研究者より実務家のほうが，従業員の存在を複眼的に捉える傾向が強いと思われる[4]。

　　た見方の顕著な例が「人的資源アーキテクチャ」（Lepak & Snell, 1999）である。
4）　Barnard（1938）は，協働体系としての組織に参加する人間について，組織への参加の有無をそのつど判断する個人人格（individual personality）と，組織への貢献を機能的に果たす組織人格（organizational personality）の双方からなる，二重人格（dual personality）を有すると論じた。こうした観点に立つと，従業員の存在は「企業組織の内部でもあり外部でもある」とするのが妥当であり，「内部か外部か」という問いは，研究者や実務家の関心が相対的にどちらに寄りがちかを示すものとして理解されるべきである。現代の人事管理については，むしろ研究者よりも実務家のほうが，理論的にバランスのとれた視点を有しているともいえる。

(4)　従業員に対するインセンティブ——報酬の基準・機能か水準・形式か

　研究者も実務家も，「年功主義」や「成果主義」など，さまざまな基準や発想に基づいた報酬体系に関心を示してきた。報酬には，賃金や賞与に加え，法定外の福利厚生や諸手当など，経常的な従業員への支払いが含まれる。報酬は，従業員を組織にとどめ，組織に貢献してもらうためのインセンティブの中核であり，研究者と実務家の双方が報酬体系へ強い関心を寄せるのは当然であるといえる。

　しかし，インセンティブへの関心の寄せ方については，研究者と実務家で，少なからず違いが見られた。まず，研究者は，さまざまなインセンティブ・システムが従業員や組織全体にもたらす正負の影響について，経験的に検証する傾向があった。たとえば2000年前後には「成果主義」が従業員の職務上の意欲や業績を高めるか否かについて，さまざまな，しばしば矛盾する検証結果が示された。そして，それぞれの検証結果には，それを裏づける理論的な視座や説明が付随した。また，とりわけ組織行動論的な研究に見られるように，職務内容や社会関係などにおける非金銭的な動機づけ要因についての検討も幅広く行われた。

　反面，『労政時報』の文献からは，実務家からの一定のニーズが，報酬をめぐる人事施策のほか，賃金水準の世間相場，企業実態，組合要望，労使協議結果についての情報に寄せられてきたことが窺える。そして，本項(2)で述べたように，多くの実務家が，報酬の体系や水準の望ましさについて，厳密な経験的研究や発見事実の理論的解釈以上に，労働組合の意向や，他社および社会全体といった比較対象の動向を参照して判断しがちであった。また，割増賃金，通勤や居住に関する手当，労働災害への補償など，従業員ごとに内容が異なりがちな，賃金・賞与と比べると周辺的な労働費用の算定や支給の実務について，実務上の関心が寄せられてきた。

　さまざまな比較軸を整理するならば，報酬に関する人事施策には双方がともに強い関心を寄せつつ，研究者のほうが報酬の基準（何に対する報酬か）に，実務家のほうが報酬の水準（どの程度の報酬とするか）に，より強い関心を示してきたといえよう。また，研究者は報酬をある結果に対する説明変数として（何が報酬の結果としてもたらされるか），実務家はある原因の影響を受ける被説明変数として（何が報酬のありようを決定するか）捉える傾向にあった。

　さらには，研究者は経済的報酬以外にも非経済的報酬に着目する傾向があったが，実務家は経済的報酬の多様性に着目する傾向があった。好不況を問わず，人事管理の実務家にとって労働費用は常に制約を知覚させるものであるが，そうし

た制約感が経済的報酬の構成の仕方への関心を高めてきたのだろう。

(5) 従業員の働きやすさの確保——働き方か休み方か

このテーマに対し研究者の関心がある程度存在していることは，頻出語句の共起ネットワーク分析から推測できる（第4章第2節参照）。前期（1971～1987年）と中期（1988～2003年）で関心が寄せられた作業組織（work organizations）に関する研究では，「労働の人間化」や，「QWL」（仕事生活の質）が論じられることがあった。また，日本の人事管理研究でたびたび引用されてきた文献に，ファミリー・フレンドリー施策の効果を検証したものや（坂爪, 2002），長時間労働の背景について検討したものがあり（佐藤, 2008），このトピックについての研究が一定程度あったことが含意される（第5章2.3項参照）。従業員に対する管理職による支援や，業務プロセスなど，職場の構造的側面に関心が寄せられる傾向が強い。

人事管理の実務家にとって従業員の働きやすさの確保は，それが彼らにとって積極的に推進したいものなのか，状況の要請に受動的に対応するしかないものなのかを問わず，大きな関心事だった。ただしその焦点は，働きやすさ以上に，休みやすさに当てられる傾向があった。労働の質よりは量に焦点が当たったといってもよい。つまり，人事管理の実務家は，法律の動向への対応もあって，労働時間，休暇や休業の規定のあり方やそれらを適用させる範囲について，試行錯誤を続けてきたようである。そこには，従業員の休ませ方の検討に伴って働かせ方の検討を進める，という手順があったと推測される。そして，働かせ方を検討する中でも，まずは法的要請への対応がなされ，その範疇で経営者や従業員のニーズへの応答がなされる[5]。こうした順序関係を，従業員の働きやすさの確保がもたらすインパクトに関心を有する研究者は，あまり検討してこなかった。また，研究者と比べて実務家の関心は，具体的な人事施策へより焦点が当てられる傾向にあった。

2.2 研究者のほうが関心が強いトピック

(1) 職場の業務プロセス

従業員が個人的に，あるいは周囲とかかわりながら，どのような労働や価値創出に従事しているかについて，研究上の関心が寄せられることが少なくなかった。その背景にある問題意識は，「業務プロセスがいかにして労働者の疎外を生むの

---

5) こうした傾向は，前期から中期，中期から後期と時期を経るごとにますます顕著になった。

か」「業務プロセスに従業員はどう適応するのか」「企業の競争力や従業員の支持につながる業務プロセスとはどのようなものか」など，多様であった。業務プロセスの実態解明が重要なのは，そのあり方次第で，労働時間の長期化，従業員の意欲や能力の抑圧ひいては心身の健康状態の悪化，職場の人間関係の悪化，イノベーションや業績の停滞，特定の属性を有する従業員への差別などが生じうるためである。こうした現状の構図を捉え，改善の道筋を学術的に解明すべきであるという主張が，研究者の間ではおおむね共有されてきた。

　反面，職場の業務プロセス，あるいはそれと人事管理の体系との相互作用に，実務家は強い関心を示してこなかった。職場の業務プロセスについては，経営学とりわけ組織行動論，さらに基礎的な学問領域においては産業・労働社会学や産業・組織心理学に多くの研究蓄積があるが，実務への還元は質・量の双方で限られてきた。たとえば，人事担当者が学術的知見について自ら学び，あるいは研究者による監修を受けやすい状況をつくった上で，現場の業務プロセス改善に向けて，ある仮説に基づいたアクションを率先するというのは，それほど一般的ではない。たしかに，従業員の心理状態や人間関係について質問票調査を行い，その結果を集計・公表するといった取り組みは，一部の企業で見受けられる。しかし，人事管理の実務家の多くは，法律違反の疑義や訴訟リスクがある場合を除き，各職場で一定の時間をかけて培われてきた人間関係・風土・ルーティンからなる自生的な秩序に基礎づけられた業務プロセスに対して，変化を起こすような介入を自らの職分としていない可能性がある。

(2) 従業員の能力やキャリアの開発

　研究者の多くが，従業員の能力やキャリアがどのように開発されているのかに，理論的あるいは経験的な関心を示してきた。具体的には，①日常業務・小集団活動・研修の中での能力開発，②度重なる配置転換の中で多様な職務経験を積むことが従業員の職務遂行能力や昇進・昇格に与える影響，③職務経験を通じた従業員の学習メカニズム，④従業員の主観的キャリアの成り立ちやその多様性，⑤時代に即した主観的または客観的なキャリアのあり方，などである。こういった多様なトピックが，多様な学術的バックグラウンドから頻繁に検討されてきた。内部労働市場論，人的資本論，あるいはキャリアや学習についての組織行動論的研究（第5章参照）に典型的に見られるように，このトピックへの関心は，報酬などインセンティブ・システムへの関心の量と比べても，同等かそれ以上のものであった。

終章 日本の人事管理における研究と実務の交流に向けて 203

一方，実務界ではこうした盛り上がりは見られなかった。たしかに配置転換や人材開発は人事管理実務の多くを占めるものであるし，「教育」「訓練」「育成」「開発」「研修」といった語句が頻出語句としてリストアップされてはいる。しかし，実務家によるまとまった関心を表すクラスターは，『労政時報』の「特集」「相談室」のいずれについても，顕著な形では登場しなかった（第6章参照）。つまり，従業員の能力やキャリアの開発に対する関心は，それまでの実務のあり方を振り返り刷新するという意味においては深められなかったようだ。こうした人事施策が自社と適合するポテンシャルを有する労働力を引きつける，あるいは人的資源の開発を自社の競争力に結びつけるといった視座を持つ人事管理の実務家は一定程度いただろう。しかし，OJT に代表されるような，職場の人間関係や日常的な業務プロセスに根ざした能力・キャリアの開発を率先して刷新していく強い動機までは持たれにくかったのかもしれない。実務家の間では，従業員の能力・キャリアの開発を大きく上回る形で，インセンティブ・システムひいては労働費用，あるいは労使関係への強い関心が見られた。

(3) 非典型雇用のあり方

非典型雇用として，研究者は，高齢者・女性・非正社員に着目してきた。こうした労働力に焦点を当て，彼らの就業実態，典型雇用のもとにいる労働者との比較，機会や待遇における均衡・均等に向けた道筋を，理論的および経験的に検討してきた。共起ネットワーク上には現れないものの「女性」という語句は頻出上位であったし，非正社員に関するいくつかの文献がとりわけ後期（2004〜2020 年）になってたびたび引用された（第5章2.3項(6)参照）。また，非典型雇用も含めた複数の雇用サブシステムを包含する俯瞰的な視点を持った雇用システム全体についての議論（Lepak & Snell, 1999）がたびたび引用されていることからも，近年こうした非典型雇用に対する研究者の関心が高まっていることが確認できる。

実務家は長らく，こうした非典型雇用を十分な投資や積極的活用の対象と見なしてこなかったように見える。つまり，たとえそういう雇用に依拠する度合いを高めたとしても，それが自社の競争力，とりわけ独自性や組織力の維持・向上に直結するとは考えない企業が，少なからずあった可能性がある。『労政時報』に収録された文献から察するに，非典型雇用への創造的な対応や，企業内にある複数の雇用サブシステム間の関係性が継続的に議論されることは多くなかったようだ。「パートタイマー」「女性」といった語句は，共起ネットワーク上に登場しない上，頻出語句の中でとくに上位というわけでもない。男女雇用機会均等法やパ

ートタイム労働法といった関連の法案が成立または改正されたときに限って法律の内容や企業による対応事例が紹介されるなど，関心の強さは一定ではなく波があった。

(4) 日系多国籍企業や海外企業の人事管理

日本労務学会が刊行してきた文献では，日本企業の人事管理との比較のため，あるいはそれ自体を紹介する目的で，海外企業の人事管理が取り上げられてきた。また，日本企業が海外進出するのに伴って，日本の管理上の規則や慣行の移転，あるいは現地で一般的な規則や慣行の取り込みが，その合理性や実現可能性の観点から検討されてきた。こうした研究は，時期を問わず一定程度確認でき，アメリカ，ヨーロッパ，中国，台湾，韓国など，日本企業にかかわりが深い国・地域における，現地企業や日系多国籍企業の事例が参照されてきた。

反面，『労政時報』において，海外企業や日系多国籍企業の人事管理，さらには経営戦略・組織構造・労働市場・法体系など人事管理を取り巻く状況が紹介されることは少なかった。海外に関連することで取り上げられるのは，ほとんどの場合，海外に駐在・出張をすることになった日本の従業員やその家族に対する諸々の手当であった。海外動向への実務家の関心は，人事管理に対する関心全体の中で周辺的なものであったことは否めない。中小企業などそもそもそういうことが懸案にならない企業に属する実務家が多いのだろうが，ここからは，研究者が分析対象を選定するときに，経験的には必ずしも一般的でない特異なものに着目してきたことが窺える。

2.3 実務家のほうが関心が強いトピック

日本の人事管理に着目する研究者が理論的あるいは経験的な焦点をほとんど当てていないものの，実務的な関心が強い項目が，3つ見出された。実務家によるそれらへの関心は，時期を超えて，さまざまな形で現れた。しかし，研究者の間では，それらを遂行することが企業の競争優位や競合との差別化につながるとは判断されなかったからか，あるいは，そうした事象とかかわりが深い理論の利用や開発がおぼつかなかったからか，具体的な研究成果に結びつけられることが少なかった。

(1) 従業員の安全衛生

第一に，雇用する従業員の，就業時や通勤時における身体面・精神面での安全確保，それらに問題が生じたときの補償を中心とした対応策である。何をもって

労働災害と見なすか，もし労働災害が発生したときにどのような補償が必要かということへの関心が，実務家の間では継続的に見られた。反面，研究者側の関心として，健康経営やメンタルヘルス対策といったテーマは近年着目されつつあるものの，筆者の分析結果からは大きな研究潮流は確認できなかった。

(2) 従業員への不利益提示

第二は，一部の従業員に対して不利益変更を提示し，それを受諾してもらうプロセスである。懲戒解雇，その他の解雇を進める際の実務家の指針となったのが，裁判所で示されてきた判例や他社の動向であり，そこに焦点を当てた文献が『労政時報』，とりわけ「相談室」で多く観察された。

(3) 法律の制定や改正への対応

第三に，雇用や労働に関する度重なる法律の制定や改正の内容と，その内容を踏まえた対応実務である。働きやすさや休みやすさ（本章2.1項(5)），典型的ではない雇用の扱い（同2.2項(3)），労働災害の定義や企業による安全確保義務（本項(1)），従業員に求めることのできる不利益変更（同(2)）などについての人事施策のあり方は，法律の内容に大きく影響を受ける。法的動向への対応は，従業員個別の報酬，あるいは労使協議も交えつつ決定される報酬体系と同様に，さまざまな人事管理業務を根底から基礎づけるものと見なされてきたのである。

3　研究者にとっての実務，実務家にとっての研究

本書では，人事管理におけるリサーチ・プラクティス・ギャップの実態を，日本の50年間における言説を対象とした分析を通じて明らかにしてきた。実際の分析に先んじて，序章では，研究者の多くが実務への貢献を意図しつつも，それが実現していない，つまり，研究者の知的生産物が実務家に理解・支持され，浸透しにくい実情を，海外の調査結果（たとえば，Rynes *et al.*, 2002; 2007）をもとに示した。同様に，海外の調査結果（たとえば，Deadrick & Gibson, 2007; 2009；Rynes *et al.*, 2007；Markoulli *et al.*, 2017）をもとに，人事管理に関する関心が研究者と実務家の間で相違していることを示した。

こうした状況に対して研究者側からは，科学的知識が実務的有用性を有するということを実務家に理解してもらうための情報発信や支援活動（Rousseau, 2006；Rousseau & McCarthy, 2007；Rynes *et al.*, 2018），さらには実務家による理解を促すような概念命名時の工夫（Shapiro *et al.*, 2007；Podgorodnichenko *et al.*, 2022）といっ

た対応がよく見られた。その根底にはしばしば，科学的知識としての理論やエビデンスが実務的有用性を持つという，研究者の暗黙的な認識がある。しかしそうした認識は，ともすれば，なぜ自分たちの知的産出物が実務家に受け入れられてこなかったのかに対する研究者による自省を欠きがちである。

そもそも，研究者と実務家の間のずれの背景には，科学的知識と実践的知識という，研究者と実務家が有する知的背景の違い，そして，科学的厳密性と実務的有用性という知識に対して寄せる期待の違いがあると考えられる（Aram & Salipante, 2003；Rousseau, 2012；松嶋・早坂, 2014）。また，こうした知識の性質や利害の違いから，さらには時間的制約（DeNisi *et al.*, 2014）から，実務家には科学的知識へアクセスする障壁があると考えられる。これらの複合的な結果，実務家から見て，研究者の産出する科学的知識は「行為可能な知識」として十分なものと評価されてこなかったのである。

本書は，こうしたずれが日本の人事管理領域にどのような形で現れているのかを検討してきた。大きく見て，①研究者と実務家の双方が関心を有しつつもアプローチが異なるトピック（本章2.1項），②研究者と実務家の間で関心の強さが異なるトピック（同2.2項および2.3項），の2つが見出された。

筆者は，こうした結果を踏まえても，研究者と実務家の間には，互いの活動やその背景にある動機・価値観を知り，その一部を自らのものとする余地があると考えたい。そこで以下において，一連の分析結果が研究者と実務家に対して含意するものについて検討したい。

3.1 関心のずれを研究者がどう受け取りうるか

(1) 人事管理実務への関与

人事管理研究の目的の一つである「実務への貢献」を達成するために，研究者がまず行いうることは，人事管理の実務家によって重視されながらも，研究者が研究対象としてこなかったトピックを確認し，研究対象に組み込むことだろう。そのとき，実務家の関心に追従するのではなく，そこに研究者なりのアプローチで臨むことが求められる。

あくまで例ではあるが，これまでの検討から，そうしたトピックとしては，以下のようなものがあげられる。その一部はすでに研究されているものの，多くの蓄積があるわけではない。

(1) 賃金や賞与に代表される従業員個人の企業への貢献に連動した労働費用

と，それ以外の労働費用，とりわけ福利厚生，種々の手当や補償が従業員に及ぼす影響の大きさやメカニズムの比較

(2)　企業として従業員に不利益変更を求め，最終的に受諾される，あるいは関係が決裂するまでの，利害調整や合意形成のプロセス

(3)　雇用や労働に関して制定または改正された法律の内容を企業として解釈し，組織内外での利害調整を経て人事管理の変更に反映されるプロセス

　たとえば，賃金のような労働費用に関して研究者は，インセンティブ機能としての報酬の基準や形成に対する関心は必ずしも高くなかった。しかしそれは，人事管理の実務家にとっては，半世紀にわたる主要な，あるいは最たる関心事であった。これらのトピックに対して研究者が関心を示さない傾向は，日本に限ったものではないようだ。労働費用や法律に関する検討に研究上のフロンティアがあることは，Markoulli *et al.*（2017）における研究と実務の関心のずれに関する検討でも指摘されている。

　研究者と実務家の間の関心のずれ，科学的厳密性と実務的有用性の断絶を前に，研究者ができることは，大きく2つあると考えられる。第一に，研究テーマになりうるトピックを再定義した上で，それに関連した学術的に理に適った対応プロセスを示唆することである。また，そもそもそうしたずれや断絶が生じるに至った背景にある，人事管理という事象を研究者が把握する仕方の内省である。後者については本項の(2)で改めて述べる。

　これまで繰り返し述べてきたように，研究者の多くが，ある人事管理の体系や実践が企業・職場・従業員個人のレベルにどのような影響を及ぼすのか，そうした体系や実践がなぜ成立するのかを，理論的および経験的に検討してきた。そこでは，そうした体系や実践が端的に現れている事例について，その前後に何が生じているのかを描写したり，体系や実践の背景あるいは帰結にはどのようなものがあるのかを示したりしてきた。ある事象の存在を所与とせず，「なぜ」「どのように」を問うてきたのである。

　こうした研究成果は，実務家に，自らの実践や直面する状況，それらのかかわりについての内省を引き起こすだろう。そして，実務家の内省に触れることは，研究者にとっても内省のきっかけになる。たとえば，実務家は重要視しているが研究者が見落としてきた人事施策の設計や運用について，実務の現場に根ざした（grounded）形で概念・尺度を構築することができる。

　これまで研究者は，高業績作業システム（high performance work systems,

Huselid, 1995；Pfeffer, 1998；Korff *et al.*, 2017）や AMO（ability, motivation, opportunity）モデル（Gardner *et al.*, 2011；Lee *et al.*, 2019）といった理論的視点に基づいて，企業の人事管理のあり方を測定し，企業間比較を行うため，あるいは業績等の他の変数との共変関係を確認するため，さまざまな尺度を開発してきた。そこでは，数多の人事施策そのものではなく，人事施策単体あるいは複数による提供価値に着目して，現実よりも抽象度の高い概念的な尺度化がなされることが多かった。こうした尺度の多くは必ずしも実務界には普及していないが，それは，そうした概念・尺度が，自らが直面する具体的な事象を振り返るための有効な手段として，実務家に理解されていないからかもしれない。

　既存の概念や尺度が実務家にとって現実感がなく難解であるならば，研究者は，科学的厳密性が維持される範囲でそれを解消することを目指してもよい。そのためには，何をどう概念化・尺度化すればよいか，既存の概念・尺度のどういう側面が実務家との距離感につながっているのか，といったことに関する実態調査が有効だろう。実態調査が望まれる対象は，経営戦略と人事管理との関係性や，報酬体系のような，研究者と実務家が関心を共有する領域，法改正あるいは経営のグローバル化といった動向に対応するための人事施策の刷新といった，研究者と実務家で関心の強さが異なる領域の双方である。

　また，人事管理に関して研究者が開発してきた概念・尺度の一部は，研究者が是とするのとは異なる形で，実務家に理解・活用されることがある。実際，人事管理の現場では，経営・人事管理・職場の実態に関する従業員向けの意識調査や，ストレス・チェックなど，多くの尺度利用がなされてきた。本書の刊行時点では，人事管理実務として「ピープル・アナリティクス」や「人的資本経営」（とりわけ利害関係者への情報開示）に関心が寄せられているが，こうした傾向は今後さらに顕著になると予想される。

　しかしそこには，尺度の背景にある概念に関し，質量両面で実務家の十分な理解が伴わない，ある意味での「鵜呑み」や「お手軽な利用」が生じうる。実務における測定の実践は，しばしば「データ・ドリブン」と称され，肯定的に評価されがちである。このことは，概念・尺度の取り扱いに関する研究者と実務家の乖離の大きさを推測させる。研究者は，理論的観点に基づく尺度の作成や利用に加え，分析結果（エビデンス）の理論的解釈を重視してきた。データや分析結果あ[6]

6）　その中には，想定外の分析結果を踏まえた既存理論の修正や新たな理論の構築も含まれる。筆

終章　日本の人事管理における研究と実務の交流に向けて　209

りきではなく，「なぜ」「どのように」をめぐって仮説の設定と検証を繰り返してきたわけだが，実務家がそうしたデータ分析の「前工程」と「後工程」に同様の熱量を注いできたとは言い切れない。もしデータ分析の自己目的化ともいうべき「罠」に実務家が入り込んでいるのであれば，測りたいものを測れているかという，利用する尺度に対する冷静な振り返りが損なわれている可能性がある。

　実務家が目下の状況をエビデンスに基づいて理解・評価し，対応策を創出するのを，研究者が研究にルーツを持つ概念・尺度に基づいて支援することの意義は，こうした実情に由来する。研究者には，実務に即した概念・尺度の開発だけでなく，既存の概念やそれにかかわる尺度の科学的厳密性および意義を実務家に理解してもらった上で，それらを利用するかしないかを実務家に改めて考えてもらうことも求められる。

　さらには，実務家が，人事管理に関して社会的に流通している情報や，所与として直面している状況にどう向き合うかも，研究者は論究すべきである。たとえば，他社の最新事例を実務家はどのように理解・解釈・評価しているのか。そこにはどのような動機が働いているのか。事例を参照することが実際の人事管理にどのような影響を及ぼすのか。さらには，そうした参照行為が誰に何をもたらすのか。こういったことが問われる研究があってもよいだろう。

　こうした研究上のフロンティアは，実務家が自らの実践を振り返ることにも寄与しうる。人事管理の実務に関するさまざまな考え方，実際の取り組みにおける流行とその退潮は，そのすべてが非合理的で浅薄なものとはいえないが，実務家の切実な問題意識や危機意識への対処として，合理的なものだとも言い切れない。一方で，人事管理の実務における「最短経路の」情報収集や意思決定について研究者が断定し，実務家に示すことも，固有かつ不確実な状況に直面する彼らをミスリードしかねない。固有で不確実な状況への対応はその場に身を置く実務家自身の手探りに依らざるをえないわけだが，研究者は，さまざまな実例や視点を参照しながら「筋のよい試行錯誤」のあり方を見出す実務家の伴走者になりうる。

(2)　人事管理実務を踏まえた内省

　ここで留意すべきは，そもそも実務家が既存の科学的知識や研究者の存在に関心を持ち，かかわるべきかについて，無条件に是とは言い切れないことである。

　　者の「データ・ドリブン」批判は，既存理論を正当化するためにデータや分析結果を用いることを是とするものではない。

とりわけ人事管理を含む経営現象については，観察する側（研究者）とされる側（実務家）の関係は非対称である。観察者の営為は，観察対象者の存在なくては成り立たない。しかし，観察対象者の営為は，観察者の存在がなくても基本的には成立する。研究者により産出されたエビデンスやそれに裏づけられた理論を活用しないことは，実務家にとって大きな機会損失にもなりうる。研究者はこのように考えがちであるが，本当にそうとは言い切れない。そればかりか，経験的一般性が確保された理論的言明は，それぞれの実務家による偶発的な状況への即興的な対応を，かえって阻害しかねない（Mintzberg, 2004）。

　たとえば，1980 年前後の研究者は，人事管理を経営戦略と連動させる意義，従業員を経営目的達成に資する経営資源として見る視点を実務家に先んじて「発明」し，深耕させてきた。これらへの着目は，全体として見た場合，実務家以上に研究者において顕著であり続けている。このような（戦略的）人的資源管理論への傾斜の根底には，経営者や株主の利害を中心に，経営のための諸々の資源や技術を体系化し，動員するという発想，すなわち「経営主義」（managerialism）がある（Klikauer, 2015）。人的資源管理論についての詳論は割愛するが（第 1 章 2.5 項および 2.6 項参照），経営者や株主の要望に適う「戦略志向」の人事管理という図式を示すことは，バブル崩壊以降（本書でいう中期と後期）の日本企業における人事管理の改革の不十分さや遅さに苦慮する実務家への貢献であると，多くの研究者が捉えてきた。これに伴って，従業員や労働組合について企業システムの外部に位置し，それと相対する存在であり，人事管理とはそうした「外部」従業員や労働組合との利害関係を安定化させるための活動である，という視点は薄まっていった。

　もっとも，人事管理の実務家は，「戦略志向」を「利害関係志向」と対にあるものと捉えてこなかったようだ。（戦略的）人的資源管理論は人事管理の実務家にも受容可能であるし，実際，後期（2004〜2020 年）には，こうした視点への関心が明確に現れた。しかし，そこでは労使関係への関心も併存している（第 6 章 2.3 項参照）。

　こうした動きを見て，実務家は研究者の視点を中途半端に後追いしているだけであり，実務家の視点は研究者のそれと比べて非合理的である，とすべきではないだろう。トップダウン的な経営や人事管理は，たとえそれが周到に準備されたものであったとしても，経営者が期待するような効果，つまり，意図通りの戦略の達成や高業績の確保につながらないことが多い。その原因は，準備の不足のみ

終章 日本の人事管理における研究と実務の交流に向けて | 211

ならず，トップダウンであることそのものにあると考えられる。従業員や労働者
は，単に経営計画に組み込まれる人的資源（経営資源）なのではなく，その固有
の利害ゆえに，ある経営計画の成否を左右する主体性（エージェンシー）を有する
存在なのである。人事管理が運用される現場の力学は，運用主体である管理者が
経営・人事の代理人であり，かつ管理対象である従業員の庇護者であるという点
に由来する。管理者が置かれた状況や振る舞いにおける複雑性，首尾一貫性を確
保することの難しさを踏まえると，徹底的かつ迅速な「改革」は，人事管理の停
滞や迷走を打破するどころか，停滞や迷走の原因になりかねない。「笛吹けども
踊らず」という諺は，バブル崩壊以降の数々のトップダウン的な人事管理の顛末
にこそ当てはまるだろう。

　こうした複眼的視点，行為者の主体性や社会的行為における創発性は，戦略
的人的資源管理論の初期の議論をリードした研究者たち（たとえば，Beer et al.,
1984）により示されていた。彼らは，経営を執行する側の利害は，他のステーク
ホルダーの利害を充足させることによってはじめて充足できる，双方の利害は経
営理念や組織文化次第で統合可能であるとしてきた。こうした今日見落とされが
ちな観点を踏まえて，人事管理の研究者は，従業員や管理者は経営や人事管理の
計画に完全な形では組み込むことのできない存在であり，しかも組み込めない領
域に由来する利害にも十分な配慮を必要とすることを，改めて理解する必要があ
るだろう。従業員・管理者の貢献に関する「意図せざる結果」や，従業員・管理
者との利害調整が付随する中でも結果として目的が達成できるような経営や人事
管理の計画はどう設定・遂行しうるのか，理論的および経験的な検討が求められ
る。

　ただし，「戦略志向」と「利害関係志向」の双方を重視してきた人事管理の実
務家が，そのような配慮を十分に行えてきたのかというと，そうとも言い切れな
い。日本の人事管理実務の長きにわたる試行錯誤が，そのことを物語っている。
ステークホルダー関係のバランスを前提とした，あるいはバランスに至らせるよ
うな，経営や人事管理の戦略策定・遂行のため，人事管理の実務家は何ができる
のか。そして，そうした行為はどのような理論によって把握できるのか。こうし
たことに関する探索的な連携に，研究者と実務家はともに従事すべきだろう。

　たしかに科学的知識は，実務家が自らの営為やそれを可能にしてきた実践的知
識を振り返り，構築するための「合わせ鏡」（服部，2020a）になりうる。しかし，
科学的知識のみが「合わせ鏡」になるわけではない。研究者としては，実務家に

よる科学的知識へのニーズ，科学的知識の実務への寄与については，「そうである」という必然性ではなく，「そうなりうる」という可能性として捉えることが望まれる。とりわけ，「そうなるべきである」というある種の啓蒙的な言い切りには注意が必要であろう。自らが有する，あるいは産出する科学的知識を，その実務的有用性を信じながら実務家に提起することは大切だが，それが受け入れられ，用いられ，実践的知識に何らかの影響を及ぼすかどうかについては最終的には実務家次第という姿勢が求められるだろう。科学的知識についての評価をめぐる実務家とのずれを察知することは，自身がかかわる科学的知識の刷新にもつながる。実務家は，研究者に一方的に啓発される存在ではなく，研究者にとっての「合わせ鏡」になりうるのである。

3.2 関心のずれを実務家がどう受け取りうるか

　人事管理の実務家が自らの目的を達成するためには，さまざまな視点が有用であることはいうまでもない。そして，研究者が生み出す科学的知識も，有用なものの一部にはなりうる。実際に有用かは実務家が置かれた状況にも依存するため確たることはいえないものの，人事管理の研究者による以下のような取り組みは，実務家にとって参考になるかもしれない。

　(1)　人事管理とはそもそも何かについての概念的な規定
　(2)　実在する企業の人事管理や，それを取り巻く状況，人事管理に対する企業全体〜従業員個人レベルの反応を描写するための手法（たとえば測定尺度）の開発と利用
　(3)　実在する企業の人事管理，それを取り巻く状況，人事管理に関する企業全体〜従業員個人レベルの業績の間の因果関係の強さや，因果メカニズムの描写
　(4)　人事管理についての社会システムとしての全体把握。とりわけ，さまざまな人事施策の間や，人事施策に込められた目的と実際の運用との間にある補完関係や相乗効果について，企業全体〜従業員個人レベルの能率性・公正性といった観点からの検証

　これらは，人事管理の研究者が研究アプローチとして自然に受容し，実践してきたものである。ここには，研究者が産出してきた特定の理論やエビデンスに関する指摘は含めていない。人事管理をめぐるさまざまな理論には，それを支持するエビデンスと反証するエビデンスの，双方が存在するためである。Rynes *et al.* (2002) が示したような経営研究に関する数々のエビデンス（序章2.2項参照）ですら，常に反証可能性にさらされているか，実際の反証を受けており，必ずしも「正解」だとは言い切れない。

とはいえ，それは人事管理研究が非科学的であることを意味しない。科学的探究とは，あるエビデンスに基づく理論的言明を別のエビデンスによって反証して「部分的にしか正しくない」と再評価したり，反証作業を通じて複数のエビデンスを包括的に説明できる「より（ただし依然として部分的に）確からしい」理論的言明に置き換えたりする，進化的な活動であるとする見方がある。この見方に則れば，ある言明の経験的一般性が反証されたからといって，その理論が科学的に無用であるとは言い切れない。科学性は，ある仮説を基点として理論やエビデンスに基づく言明を生み出し，それを反証して新たな仮説構築に結びつけるという，開かれた，循環的なコミュニケーションの中にこそ存するからである（Popper, 1959；野家, 2015）。また，あらゆる理論が部分的にしか正しくないのだとしたら，たとえ一時的にでも，実務家の実践的知識やそれに関連する経験・信念と強く共鳴し，彼らにとって実務上のバックボーンとなった理論は，その事実ゆえに十分に有用である，というプラグマティックな（実用的な）観点もある。

ここで筆者が実務家に対して主張したいのは，すでにある種々の理論やエビデンスを実務家自身が取捨選択すること，ないしは実際に理論やエビデンスを用いる経験およびその中での内省を通じて，既存の理論やエビデンスの修正，新たなものの創出，あるいはその発端となる大胆な仮説構築を，実務家自身が行うことの意義である。先の(1)〜(4)に示した研究者の取り組みのリストは，人事管理に関する理論やエビデンスを取捨選択し創出するための思索の土台および方法，いわば「メタ理論」を示したものである。こうした土台・方法が共有されていれば，実務家同士，さらには実務家と研究者の間で，事実の認識や評価，その背景にある利害・価値観の多様性を前提とした，建設的な討議ないし対話が可能になる。そのことは，それぞれの状況に直面する実務家による，「よりよい人事管理」の模索と実施を後押しするだろう。

個別企業の事例や産業界全体の傾向あるいは流行についての人事管理の実務家による理解や利用の仕方には，少なくとも研究者の立場から見て，さらなる体系化の余地がある。最新であることを着目すべき事例の選択基準としてよいのか。人事施策の設計の詳細のみに着目するので十分なのか。記述統計の範囲にとどまった全体傾向の紹介でよいのか。こういった批判的な姿勢を持つことが，人事管

理という事象の成り立ちを理解することにつながる。そうしたことを自らの手で行うため，あるいは，より専門性の高い人々と協働するための「リテラシー」を，実務家が身につける余地は多分にある。

体系的な検討は，ある事象に関連する理論的・経験的な根拠を収集し精査するという点で，ある種の面倒さをはらんでいる。しかし，そうすることでこそ，人事管理の原理に肉迫するような洞察に至りうる。実務家との接点や協働を重視する研究者は，日本の人事管理研究の領域に少なからず存在する。ほかならぬ人事管理のステークホルダーとして，研究者も含めた企業外の専門家を想定し，彼らから学ぶ，彼らの知見を利用する，彼らと共同で研究や実務を遂行することは，今後の人事管理実務のフロンティアになりうる。

3.3　研究者と実務家の関心の架橋を通じた知識の生産

(1)　研究者と実務家の間の溝

これまでの議論を踏まえると，研究者に対しては，人事管理という複雑な事象の本質を，実務から遊離した概念・変数のセットを通じて簡潔に把握しようとすることについて反省を促せる。そうすることで，人事管理の全体的あるいは深層的な構造や，人事管理の遂行プロセスにかかわる論理など，人事管理の原理の把握から遠ざかる可能性があるためである。また，実務家に対しては，自社・他社・社会全体の人事管理に関する種々の具体的な事象への関心に終始することについて反省を促せる。そうすることで，その全体的あるいは深層的な構造や，人事管理の遂行プロセスについての論理的な把握まで及ばず，せっかく得た知識が自らの実務に根づかずに，有効性を損ねる可能性があるためである。

このように，人事管理に関して研究者と実務家それぞれが抱える困難を図式化したのが，図終-1である。研究者がつくり，用いてきた概念・尺度は，緻密な理論や体系的なエビデンスの形成には寄与するものの，もしそれらが現実の人事管理を形づくっている個々の具体的経験に根ざさない場合，結果として人事管理の原理の把握から外れたところに研究者を導きかねない。一方で，実務家が関心を持つ，自身あるいは他者のさまざまな具体的経験も，それを解釈するための理論やエビデンス，あるいは概念・尺度を伴わない場合，時には批判的思考も介した他者との深い共有や共感，さらには一般性・個別性についての自己理解にまで至らない可能性がある。研究者の科学的知識と実務家の実践的知識が固有の関心に基づいて展開し，結果として両者が接続する機会が限られることが，こうした

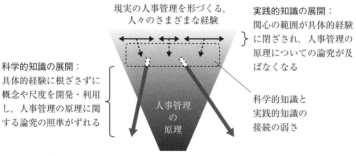

図 終-1 人事管理の原理を捉えきれない研究者と実務家

(出所) 筆者作成。

困難を大きくするだろう。

　研究者と実務家，科学的知識と実践的知識の間に横たわる溝を検討するにあたって示唆深いのが，ベイトソンによって示された「分裂生成」(schismogenesis)という理論である (Bateson, 1972；Graeber & Wengrow, 2021)。

　ベイトソンによると，異なる行動規範のもとにある二者が相互作用を重ねる場合，それぞれの行動規範が強化されることが多い。関係性を有する二者は，相互の模倣や同質化をしうるが，常にそうなるわけではない。分裂生成にはいくつかのモードがあるが，「扶養する～依存する」「見る～見られる」のように，補い合って成立する2つの異なる行為の累積が，本書で着目してきた人事管理の研究者と実務家の二者関係においては示唆的である。こうした補完性は，相互作用を通じたそれぞれの行動規範の分断を大きくする (正のフィードバックしか作用しない) ため，二者関係にとっては自己破壊的でもある。

(2) 広がる溝の埋め方

　ただし，現実に存続する二者関係の多くが，分裂生成を抑制する (負のフィードバックを作用させる) 統合メカニズムも同時に有している[7]。正負のフィードバックの併存は，マクロ・レベルからミクロ・レベルに至る幅広い社会において，現在でも観察される。本書の検討対象であった人事管理の研究者と実務家について

---

[7] ニューギニアのイアトルム族を対象にしたベイトソン自身の人類学的調査によると，「ナヴェン」という儀式において人々 (とりわけ男女) が対立的で相補的な役割を交換することが，そうした統合機能を果たしていた (Bateson, 1972, 邦訳164-167頁)。古代ギリシャにおける諸ポリス (たとえばアテナイとスパルタ) が，それぞれの統治システムの純化や他のポリスとの軍事的な対立に加え，それらを一時的に棚に上げる儀式，すなわちオリンピア競技を設ける中で，独自の文明を形成・維持してきたことも，そうした正負のフィードバックが併存した例だろう。

いえば，彼らは異なる社会的状況に身を置いており，科学的知識と実践的知識を独自に発展させやすい。他方と比して自身の活動により高い意義を想起する場合，知識発展の自己強化も進みやすいだろう。その反面，両者の間には，「よい人事管理とは何かを知り，実現したい」「異質性に触れることは学習のきっかけになる」といった，共有可能な動機・価値観・思考も存在しうる。それらは，研究者と実務家によって形成される人事管理の「業界」における分裂生成のモーメントを抑制しうる。

研究者と実務家の双方が，自身の関心を追求することに付随する困難を認識し，それに対処することは，他方の人事管理に関する関心やアプローチを理解し，折に触れて自らの関心やアプローチと照合させることで，ある程度可能になるだろう。研究者には，科学的知識を構成する理論やエビデンス，その根底にある概念・尺度を，研究者のみならず実務家にも理解可能で有用性が感じられるものにすることが期待される。実務家には，科学的知識を利用した検討や理解が可能な形で，あるいは科学的知識の不備を指摘する根拠として，自らの実践的知識について言語化できるようにしておくことが期待される。人事管理という社会現象をどう捉え，その把握のもとで何がなされ，生み出されているのかについて，理論と実例，一般性と個別性，科学的知識と実践的知識を重ね合わせること。そして，その中で生じる研究者と実務家の間の競合と協調，断絶と融合，それらを通じて変化しつつ残る差異が，人事管理に携わる人々がその原理に迫るのに必要な照準を備えることにつながるのかもしれない。

研究者が実務家にさまざまな理論の成り立ちや活かし方を伝え，実際にそれらを意識して人事施策を設計・運用してもらう。反対に実務家は，研究者に対して，さまざまな状況要因を統制した上で示されるようなエビデンスに裏づけられた理論が当てはまる個別事例は，実際には限られること，状況に即した多様なエビデンスや理論の使い分けが研究が想定する形で進む場合とそうでない場合の双方があることを示す。これらは，研究者と実務家のそれぞれのアプローチが，他のアプローチと断絶せずに発展的に影響し合う可能性を示す一例である。

(3) 人事管理という事象の捉え方

人事管理という事象を構成する種々の施策・活動の間の関係性や，その関係性の中で個別の人事施策あるいは人事管理システム全体の費用・効果が生じるプロセスを描写するにあたっては，それにかかわる人々の利害調整や，それに伴う対立ないしは協働を，観察者（としての研究者や実務家）自身が理解し，解釈するこ

とが起点となる。すなわち，人事管理に関するさまざまな施策や活動が，それに
かかわる人々の多様な利害を踏まえて創出されたり，逆に人々の利害を形づくっ
たりすることを，理解・解釈するということである。

　たとえ，こうした社会的プロセスを直接的には含まない理論に基づいて知見の
導出を目指すにせよ，導出された知見は，そうした社会的プロセスについての理
解や解釈と矛盾しないことが求められる。この観点に立つと，たとえば，個人レ
ベルの人的資本・心理的資本・社会関係資本を単純に加算すれば組織レベルの
経営資源が成立し，それが組織の業績や競争優位に結びつくとは言い切れなく
なる。組織や集団は，複数の個人によって成立し，個人の性質によってある程度
特徴づけられているが，それらの性質は個人に還元しても十分に説明できない
(Boulding, 1956；野中, 1987)。このとき，個人レベルの経営資源のあり方とりわけ
有用性は，それが埋め込まれた組織的・社会的な状況に依存する (Granovetter,
1985；砂口・貴島, 2022)。個人の有するさまざまな特性が経営資源という性質を帯
び，あるいはそのようなものであると見なされ，組織レベルのそれに複合されて
いくメカニズムの検討が，別途必要になる。

　観察者による理解・解釈は，人事管理の当事者の理解・解釈を，観察者が再構
成することで可能になる (解釈主義的なアプローチ)。研究者，あるいは研究者か
ら調査の方法を教授された実務家が，人事管理実務を当事者の視点から理解・解
釈した上で，他のさまざまな理解・解釈と比較検討することは，両者の関心を架
橋する一つのあり方である。

　もっとも人事管理は，当事者の理解・解釈を超えて成立するものでもある。そ
うした社会現象を描くために有効なのが，第2章2.5項でも検討したアブダクシ
ョンである。観察対象をめぐるさまざまな当事者の理解や解釈にずれがある。ど
の当事者の理解や解釈も，観察対象を部分的にしか説明せず，全体の把握には至
らない。しかも，こうした事態について，観察者が有する既存の理論や概念では
説明がつかない。このようなときに，なぜそうした局所的な理解や解釈が複数生
まれ，併存したり対立したりするのか，といった問いを立てるのである。問いに
向き合うことを通じて，さまざまな理解や解釈の生成や並立，ひいては，ある社
会現象の成立を支える構造的要因について推論がなされる。ただし，そのアプロ
ーチは研究者と実務家で異なるだろうし，そのことがまた各アプローチ間での討
論や相互学習を促すだろう。こうした関係の中で，表層と深層からなる人事管理
の全体像についての「説明仮説」(explanatory hypothesis, 米盛, 2007。第2章2.5項

参照）が提示しやすくなることが期待される（批判的実在論的なアプローチ）[8]。

4 本書の課題と展望

本書を閉じるにあたり，残されたいくつかの課題を取り上げ，それぞれに対応する形で今後の研究に向けた展望を示したい。

4.1 分析データの偏りについての不十分な理解・説明

第一に，本書での分析に利用したデータの偏りや，それが分析結果にもたらす影響について，十分に吟味できていない。

本書では，研究者の関心を示すであろう文献として日本労務学会の刊行物に収められた論文や論考に，実務家の関心を示すであろう文献として『労政時報』の「特集」と「相談室」に収められた記事に，それぞれ着目した。こうした絞り込みの理由を改めて簡単に述べると，両媒体とも，今日までの50年間にわたって刊行されてきたこと，そして人事管理の幅広いトピックを中心的に扱ってきたことである（第3章2.1項・3.2項参照）。他の媒体は，刊行期間が50年といった長きに至らない，人事管理の特定の領域に傾斜している，人事管理以外の領域についても議論されており人事管理領域の議論のみを分析対象として抽出するのが困難である，などのさまざまな制約のうち，1つ以上を抱えていた。日本労務学会が刊行してきた文献についていえば，その大半は匿名レフェリーの査読を受けない非公刊の灰色文献だったが，そうであるからこそ日本の研究者の幅広い関心を網羅できると判断した。

こうした分析方針ゆえ，サンプルの構成が変わると，分析結果が変わる可能性がある。本書は長く刊行されてきた媒体に着目したため，研究者や実務家の関心を，伝統的に論じられてきたテーマに傾斜して捉えてしまっている懸念がある。別の媒体に着目することで，分析結果が変わる可能性もある。たとえば，人事管理の研究者が関心を示してこなかった事象として，従業員の安全衛生，不利益変更，法律の動向を指摘したが，もし労働法や産業衛生に関する研究も広い意味での人事管理研究と捉えるならば，関連の学会が刊行する文献を分析対象に入れるということも，将来的には検討すべきかもしれない。

---

8) 解釈主義と批判的実在論についての説明は，たとえば野村（2017）を参照のこと。

データセットが変われば分析結果も変わるという可能性は，日本労務学会の刊行物や『労政時報』に収められた文献について，本書が除外した2021年以降に刊行された巻号を分析対象とする場合にも，当てはまる。それによって「前期」「中期」「後期」の区分を変える場合はなおさらである。

これらの懸念が現実のものなのかどうかについては，他媒体の特徴を実際に検討してみないとわからない。にもかかわらず本書では，そうした比較検討を行いきれなかった。そもそも偏りのないデータ収集が不可能であるからこそ，本書のデータがどういう偏りを内包しているのかについては慎重に検討し，説明する必要があるが，その点の課題を本書は抱えている。今後の研究では，分析には直接用いていない他媒体のデータセットについても，その特徴を理解し，読者に向けて説明することが期待される。

4.2　研究者と実務家の関心を直接把握していないこと

第二に，本書では研究者と実務家の関心を比較しながら描写しているが，彼らの関心を直接的に収集したわけではない。

まず，日本労務学会で生み出された文献については，著者である研究者の関心が現れたものである蓋然性は高い。しかし，これもあくまで，彼らの関心の一部についての推論に過ぎない。また，各年の全国大会の統一論題報告に関するものなど，著者である研究者自身の発表意図が起点になったとは限らない論考も，一部含まれている[9]。

『労政時報』に納められた記事の数々については，こうした蓋然性がさらにいくぶん低下する。つまり，これらの記事は，基本的には実務家自身の発表意図が起点になったものではない。実務家のニーズを，媒体の編集担当者が推測した結果として，発表され続けたものである[10]。

日本労務学会の論考の一部や『労政時報』の文献のように，第三者の視点に依拠して描かれた研究者や実務家の関心については，一定程度のサンプリング・バイアスや理論的バイアスを排除することができない。バイアスが結果にどのよう

---

9)　もちろん，発表依頼を受諾した時点で，文献の内容は執筆者の関心を表しているといえる。また，発表依頼の根底にあるのが統一論題を企画した研究者の関心であるならば，これらの文献も研究者の関心の現れであると，やはりいえる。

10)　もっとも，今日に至るまで刊行が継続している媒体である以上，実務家の関心についての編集担当者の推論は大きく外れてはいないとも解釈できる。

な影響を及ぼしたのかを明確にできていないのは，本書の限界である。今後の研究では，研究者と実務家がどのような関心を持っているかを，インタビューや質問票調査によって，彼らから直接聞き取ることが期待される。そのときにたとえば，人事管理の研究と実務に関するいくつかの語句について，「理解している程度」「関心を持っている程度」「自らの活動に活かしている程度」などを尋ねるのもよいだろう。

　また，とりわけ研究者の関心については，本書の分析結果をもとに，個別の文献の引用傾向や，人事管理の特定領域における引用傾向等を追うような局所的な研究が可能であろう。同様に実務家の関心については，彼ら自身が経験や見解を発信するような媒体を分析する研究もありうるだろう。その他にも，研究や実務に関する語句と調査協力者との距離の背景にある，研究者あるいは実務家としての経験の量および質についても情報を収集し，経験と関心の関係を体系的に検討することもできるだろう。

4.3　研究者と実務家との接点の実態を解明していないこと

　第三に，研究者と実務家の間に関心のずれがあるとして，そのずれを埋めたり，かえって広げたりするのにつながる，両者の関係性の実態を描ききれていない。

　たとえば，研究者がどれだけ実務のことを知っているか，知ろうとしているか。反対に，実務家がどれだけ研究のことを知っているか，知ろうとしているか。つまり，研究者と実務家が互いをどのように捉えているかについては，本書のデータからは描き出すことができない。日本以外の国の実態をもとにした先行研究では，実務家が研究に関する情報にアクセスするチャネルがない，アクセスしたとしても得られる情報を理解するのが困難である，そもそも実務家が研究者の生み出した知見に対して疑念を持っているといった問題が指摘されている（Rousseau, 2006；DeNisi *et al.*, 2014；Rynes *et al.*, 2018；Podgorodnichenko *et al.*, 2022）。

　今後，こうした事柄が，実際に日本ではどのような形でどの程度生じているのかについて，検討されるべきだろう。また，同じような障壁は，研究者が実務界の動向に向き合う場合にも，存在するだろう。こうした研究は海外にはなく，日本を対象とした調査であったとしても，それを行う普遍的価値があるといえる。

4.4　研究者と実務家それぞれの多様性を想定した検討を行っていないこと

　最後に，一言で研究者や実務家といっても，その内実は多様で，それが人事管

理への関心の持ち方のばらつきにつながっているはずだが，データの性質によってその内実を検討するに至らなかった。たとえば，日本労務学会で研究成果を発表しうる，あるいは実際に発表する研究者の中には，大学等の研究機関に所属して業務として研究に従事する者と，民間企業や公共組織での実務のかたわら研究に従事する者とがいる。また，『労政時報』の読者たりうる実務家の中にも，所属組織の人事管理を担当する者と，コンサルタント，弁護士，講師，政策担当者などとして人事管理実務に従事する人々を支援する者とがいる。さらに，たとえば企業内の人事担当者にも，制度企画，労務管理，採用，研修，組織開発，データ分析，労政など多様な職群がある上，役職もさまざまである。

　研究者や実務家のグループそれぞれにおいても，人事管理に示す研究上または実務上の関心が分化するため，一言で研究者と実務家のかかわり合いといっても，その形態や期待されるアウトプットをあらかじめ特定することは困難である。すでに見たように，人事管理実務にはさまざまな領域があるが，その中にも研究界との距離がより近いものと，より遠いものがある。たとえば，配置転換の意思決定の場に，研究者が参画することはほとんどない。反面，人材開発，組織開発，データ分析については，産学共同のプロジェクト，研究者による社会人大学院・研修機関・特定企業での教育，実務家による教育機関への登壇といった事例が少なくない。こうしたかかわり合いが，研究者と実務家の関心のずれを，どの程度どのような形で埋めるのかについて，インタビュー調査や質問票調査を通じて具体的に検討することは，この研究が将来展開する一つの形である。

5　本書の結び

　本書の検討を通じて，人事管理に関して日本の研究者と実務家の双方が50年かけて独自の関心を形成そして変化させてきたことが明らかになった。双方の関心の隔たりを，実際のかかわり合いを通じて埋めることは，これからの人事管理に携わる人々が今踏み入るべき，研究上および実務上のフロンティアである。

　研究者と実務家の双方にとって，畑違いの他者との交わりには認知的・時間的・金銭的などさまざまなコストが伴うため，従来にはない理由や正当性が必要になる。しかし，これまでの研究と実務の試行錯誤の歴史を踏まえると，「人事管理とはいかなる成り立ちをした社会現象なのか」という原理にまつわる問いに対する答えを無数の具体的事象と照らし合わせながら導出し，科学的知識と実践

的知識を共進化させる，場合によっては研究と実務の境界も無効化するというプロジェクトは改めて試みる価値がある。

　人口減少社会における労働力構成や就業理由の変化と多様化。有用な職務遂行能力とその形成のあり方の変化。人々の仕事を取り巻くオフィス空間や什器，生成 AI などの計算システム。自社の成長と社会全体の持続可能性の両立を模索する雇用・人事。これらが日々変化し，人事管理上の課題となる現実の奔流に向き合うには，今の研究者も実務家も，単独ではあまりに非力である。自分が持ちきれない人事管理に関する科学的知識と実践的知識，さらには人事管理以外の経営・経済・社会に関する諸々の情報や体験，理工系の概念体系や技能，人文的・文芸的な知恵や創作，生活実感や身体感覚。こういったものをいずれ総動員できる人事管理の研究者や実務家であるため，まずは「隣人」との協働（力を合わせる）や共同（とりあえず共に在る）から始める。このことを，著者から読者への提案として示しつつ，著者自身の戒めかつ楽しみとしたい。

参 考 文 献

注 記
1) 第2章で体系的文献レビューの文献として抽出されたものには「*」を付した。
2) 第2章では2022年5月17日時点の情報に基づいて体系的文献レビュー文献を抽出したが，対象となった文献には，当時はオンライン先行公開の段階であったものの，以降に掲載が確定した論文が含まれる。それらの文献は，確定した刊行年・巻号・頁数等の書誌情報に基づいて挙示し，本文中で言及する場合もこれに従った。一方，本書初校時（2024年7月）もオンライン先行公開段階にとどまっていたものについては，巻号と頁数を表記していない。
3) 第4〜6章の体系的文献レビューの対象とした日本労務学会の文献と『労政時報』の記事は，以下に挙示していない。
4) 第5章で取り上げた，日本労務学会の文献によってたびたび引用された文献には「**」を付した。

** Abegglen, J. C. (1958). *The Japanese Factory: Aspects of Its Social Organization.* Free Press.（占部都美監訳．日本の経営．ダイヤモンド社，1958）

Abrahamson, E. (1991). Managerial fads and fashions: The diffusion and rejection of innovations. *Academy of Management Review, 16*(3), 586-612.

Abrahamson, E., & Eisenman, M. (2008). Employee-management techniques: Transient fads or trending fashions? *Administrative Science Quarterly, 53*(4), 719-744.

赤岡功（1976）．社会・技術システム論の発展と作業組織の再編成．經濟論叢（京都大学），*117*(5-6)，311-329.

** 赤岡功（1983）．QCサークル活動と社会・技術システム論による責任ある自律的作業集団．經濟論叢（京都大学），*131*(6)，295-319.

赤岡功（1989）．作業組織再編成の新理論．千倉書房．

** 秋元樹＝コール，R. E.（1983）．アメリカ自動車工場におけるQCサークル．日本労働協会雑誌，*293*，24-39.

* Akter, K., Ali, M., & Chang, A. (2022). A review of work-life programs and organizational outcomes. *Personnel Review, 51*(2), 543-563.

* Alagaraja, M. (2013). HRD and HRM perspectives on organizational performance: A review of literature. *Human Resource Development Review, 12*(2), 117-143.

* Alcázar, F. M., Fernández, P. M. R., & Gardey, G. S. (2013). Workforce diversity in strategic human resource management models: A critical review of the literature and implications for future research. *Cross Cultural Management: An International Journal, 20*(1), 39-49.

** Allen, N. J., & Meyer, J. P. (1990). The measurement and antecedents of affective, continuance and normative commitment to the organization. *Journal of Occupational Psychology, 63*(1), 1-18.

** Allen, T. J. (1977). *Managing the Flow of Technology: Technology Transfer and the Dissemination* *of Technological Information within the R&D Organization.* MIT Press.

Alvesson, M., & Deetz, S. (1996). Critical theory and postmodernism approaches to organizational studies. In S. Clegg, C. Hardy, & W. R. Nord (eds.), *Handbook of Organization Studies* (pp. 191-217). Sage.

Alvesson, M., Bridgman, T., & Willmott, H. (2009). *The Oxford Handbook of Critical Management Studies.* Oxford University Press.

Amabile, T. M., Patterson, C., Mueller, J., Wojcik, T., Odomirok, P. W., Marsh, M., & Kramer, S. J. (2001). Academic-practitioner collaboration in management research: A case of cross-profession collaboration. *Academy of Management Journal, 44*(2), 418-431.

* Anlesinya, A., & Susomrith, P. (2020). Sustainable human resource management: A systematic review of a developing field. *Journal of Global Responsibility, 11*(3), 295-324.

* Anlesinya, A., Dartey-Baah, K., & Amponsah-Tawiah, K. (2019). A review of empirical research on global talent management. *FIIB Business Review, 8*(2), 147-160.

Aoki, M., & Dore, R. (eds.) (1994). *The Japanese Firm: The Sources of Competitive Strength.* Oxford University Press. (NTTデータ通信システム科学研究所訳. 国際・学際研究 システムとしての日本企業. NTT出版, 1995)

青木昌彦・奥野正寛 (1996). 経済システムの比較制度分析. 東京大学出版会.

新井康平・服部泰宏 (2014). 経営学に関する宣言的知識──普及状況の実態調査. 日本情報経営学会誌, *34*(2), 40-50.

Aram, J. D., & Salipante, P. F. (2003). Bridging scholarship in management: Epistemological reflections. *British Journal of Management, 14*(3), 189-205.

** Argyris, C. (1957). *Personality and Organization: The Conflict between System and the Individual.* Harper. (伊吹山太郎・中村実訳. 新訳 組織とパーソナリティー──システムと個人との葛藤. 日本能率協会, 1970)

Argyris, C. (1993). *Knowledge for Action: A Guide to Overcoming Barriers to Organizational Change.* Jossey-Bass.

** Arthur, M. B., & Rousseau, D. M. (eds.) (1996). *The Boundaryless Career: A New Employment Principle for a New Organizational Era.* Oxford University Press.

** 浅海典子 (2006). 女性事務職のキャリア拡大と職場組織. 日本経済評論社.

* Audenaert, M., Vanderstraeten, A., Buyens, D., & Desmidt, S. (2014). Does alignment elicit competency-based HRM? A systematic review. *Management Revue, 25*(1), 5-26.

* Bahuguna, P. C., Srivastava, R., & Tiwari, S. (2023). Two-decade journey of green human resource management research: A bibliometric analysis. *Benchmarking: An International Journal, 30*(2), 585-602.

Barnard, C. I. (1938). *The Functions of the Executive.* Harvard University Press. (山本安次郎・田杉競・飯野春樹訳. 新訳 経営者の役割. ダイヤモンド社, 1968)

** Barney, J. B. (1991). Firm resources and sustained competitive advantage. *Journal of Management, 17*(1), 99-120.

Bateson, G. (1972). *Steps to an Ecology of Mind.* Ballantine Books. (佐藤良明訳. 精神の生態学へ (上中下). 岩波書店, 2023)

** Becker, G. S. (1964). *Human Capital: A Theoretical and Empirical Analysis, with Special Reference to Education.* National Bureau of Economic Research.

Becker, G. S. (1975). *Human Capital: A Theoretical and Empirical Analysis, with Special Reference to Education (2nd ed.).* National Bureau of Economic Research. (佐野陽子訳. 人的資本──教育を中心とした理論的・経験的分析. 東洋経済新報社, 1976)

** Beer, M., Spector, B., Lawrence, P. R., Mills, D. Q., & Walton, R. E. (1984). *Managing Human Assets: The Groundbreaking Harvard Business School Program*. Free Press. (梅津祐良・水谷榮二訳. ハーバードで教える人材戦略. 日本生産性本部, 1990)

* Beijer, S., Peccei, R., Van Veldhoven, M., & Paauwe, J. (2021). The turn to employees in the measurement of human resource practices: A critical review and proposed way forward. *Human Resource Management Journal, 31*(1), 1-17.

* Belte, A. (2022). New avenues for HRM roles: A systematic literature review on HRM in hybrid organizations. *German Journal of Human Resource Management, 36*(2), 148-179.

** Blauner, R. (1964). *Alienation and Freedom: The Factory Worker and His Industry*. University of Chicago Press.

* Boon, C., Den Hartog, D. N., & Lepak, D. P. (2019). A systematic review of human resource management systems and their measurement. *Journal of Management, 45*(6), 2498-2537.

* Bos-Nehles, A., Renkema, M., & Janssen, M. (2017). HRM and innovative work behaviour: A systematic literature review. *Personnel Review, 46*(7), 1228-1253.

Boulding, K. E. (1956). General systems theory: The skeleton of science. *Management Science, 2*(3), 197-208.

* Bouranta, N., Psomas, E., & Antony, J. (2022). Human factors involved in lean management: A systematic literature review. *Total Quality Management & Business Excellence, 33*(9-10), 1113-1145.

Boxall, P. & Purcell, J. (2022). *Strategy and Human Resource Management (5th ed.)*. Bloomsbury Academic.

Bratton, J., Gold, J., Bratton, A., & Steele, L. (2021). *Human Resource Management: A Critical Approach (7th ed.)*. Bloomsbury Academic.

Braverman, H. (1974). *Labor and Monopoly Capital: The Degradation of Work in the Twentieth Century*. Monthly Review Press. (富沢賢治訳. 労働と独占資本. 岩波書店, 1978)

Brawoy, M. (1979). *Manufacturing Consent: Changes in the Labor Process under Monopoly Capitalism*. University of Chicago Press.

Briner, R., & Denyer, D. (2012). Systematic review and evidence synthesis as a practice and scholarship. In D. M. Rousseau (ed.), *The Oxford Handbook of Evidence-based Management* (pp. 112-129). Oxford University Press.

* Budhwar, P., Pereira, V., Mellahi, K., & Singh, S. K. (2019). The state of HRM in the Middle East: Challenges and future research agenda. *Asia Pacific Journal of Management, 36*(4), 905-933.

* Budhwar, P., Malik, A., De Silva, M. T. T., & Thevisuthan, P. (2022). Artificial intelligence - challenges and opportunities for international HRM: A review and research agenda. *International Journal of Human Resource Management, 33*(6), 1065-1097.

Burrell, G., & Morgan, G. (1979). *Sociological Paradigms and Organisational Analysis: Elements of the Sociology of Corporate Life*. Heinemann.

* Busse, R., Warner, M., & Zhao, S. M. (2016). In search of the roots of HRM in the Chinese workplace. *Chinese Management Studies, 10*(3), 527-543.

** Cappelli, P. (1999). *The New Deal at Work: Managing the Market-driven Workforce*. Harvard Business School Press. (若山由美訳. 雇用の未来. 日本経済新聞出版社, 2001)

Cappelli, P. (2008). *Talent on Demand: Managing Talent in an Age of Uncertainty*. Harvard Business School Press. (若山由美訳. ジャスト・イン・タイムの人材戦略——不確実な時代にどう採用し, 育てるか. 日本経済新聞出版社, 2010)

Cappelli, P., & Neumark, D. (2001). Do "high performance" work practices improve establishment level outcomes? *ILR Review, 54*(4), 737-775.

* Castro, M. V. M., de Araújo, M. L., Ribeiro, A. M., Demo, G., & Meneses, P. P. M. (2020). Implementation of strategic human resource management practices: A review of the national scientific production and new research paths. *Revista de Gestão, 27*(3), 229-246.

* Chowdhury, S., Dey, P., Joel-Edgar, S., Bhattacharya, S., Rodriguez-Espindola, O., Abadie, A., & Truong, L. (2023). Unlocking the value of artificial intelligence in human resource management through AI capability framework. *Human Resource Management Review, 33*(1), 100899.

* Christensen, J. F., Guschke, B. L., Storm, K. I. L., & Muhr, S. L. (2022). The norm of norms in HRM research: A review and suggestions for future studies. *Human Resource Management Review, 32*(4), 100859.

Chuai, X., Preece, D., & Iles, P. (2008). Is talent management just "old wine in new bottles"? The case of multinational companies in Beijing. *Management Research News, 31*(12), 901-911.

** Cole, R. E. (1971). *Japanese Blue Collar: The Changing Tradition.* University of California Press.

** Colquitt, J. A. (2001). On the dimensionality of organizational justice: A construct validation of a measure. *Journal of Applied Psychology, 86*(3), 386-400.

Combs, J., Liu, Y., Hall, A., & Ketchen, D. (2006). How much do high-performance work practices matter? A meta-analysis of their effects on organizational performance. *Personnel Psychology, 59*(3), 501-528.

* Cooke, F. L., Veen, A., & Wood, G. (2017). What do we know about cross-country comparative studies in HRM? A critical review of literature in the period of 2000-2014. *International Journal of Human Resource Management, 28*(1), 196-233.

* Cooke, F. L., Wood, G., Wang, M., & Veen, A. (2019). How far has international HRM travelled? A systematic review of literature on multinational corporations (2000-2014). *Human Resource Management Review, 29*(1), 59-75.

* Cooke, F. L., Xiao, M. T., & Chen, Y. (2021). Still in search of strategic human resource management? A review and suggestions for future research with China as an example. *Human Resource Management, 60*(1), 89-118.

* Cooper, E. A., Phelps, A. D., & Rogers, S. E. (2020). Research in nonprofit human resource management from 2015 to 2018: Trends, insights, and opportunities. *Employee Relations, 42*(5), 1055-1100.

* Dabic, M., González-Loureiro, M., & Harvey, M. (2015). Evolving research on expatriates: What is 'known' after four decades (1970-2012). *International Journal of Human Resource Management, 26*(3), 316-337.

Deadrick, D. L., & Gibson, P. A. (2007). An examination of the research-practice gap in HR: Comparing topics of interest to HR academics and HR professionals. *Human Resource Management Review, 17*(2), 131-139.

Deadrick, D. L., & Gibson, P. A. (2009). Revisiting the research-practice gap in HR: A longitudinal analysis. *Human Resource Management Review, 19*(2), 144-153.

De Certeau, M. (1980). *L'invention du quotidien, 1: Arts de faire.* Union générale d'Éditions. (山田登世子訳. 日常的実践のポイエティーク. 筑摩書房, 2021)

* De Kock, F. S., Lievens, F., & Born, M. P. (2020). The profile of the "Good Judge" in HRM: A systematic review and agenda for future research. *Human Resource Management Review, 30*(2), 100667.

** Delery, J. E., & Doty, D. H. (1996). Modes of theorizing in strategic human resource management:

Tests of universalistic, contingency, and configurational performance predictions. *Academy of Management Journal, 39*(4), 802-835.

Delery, J. E., & Shaw, J. D.（2001）. The strategic management of people in work organizations: Review, synthesis, and extension. In G. R. Ferris（ed.）, *Research in Personnel and Human Resources Management, Vol. 20*（pp. 165-197）. JAI Press.

Denyer, D., & Tranfield, D.（2009）. Producing a systematic review. In D. A. Buchanan, & A. Bryman（eds.）, *The Sage Handbook of Organizational Research Methods*（pp. 671-689）. Sage.

DeNisi, A. S., Wilson, M. S., & Biteman, J.（2014）. Research and practice in HRM: A historical perspective. *Human Resource Management Review, 24*(3), 219-231.

* Do, H., Patel, C., Budhwar, P., Katou, A. A., Arora, B., & Dao, M.（2020）. Institutionalism and its effect on HRM in the ASEAN context: Challenges and opportunities for future research. *Human Resource Management Review, 30*(4), 100729.

** Doeringer, P. B., & Piore, M. J.（1971）. *Internal Labor Markets and Manpower Analysis*. Routledge.（白木三秀監訳. 内部労働市場とマンパワー分析. 早稲田大学出版部, 2007）

Donthu, N., Kumar, S., Mukherjee, D., Pandey, N., & Lim, W. M.（2021）. How to conduct a bibliometric analysis: An overview and guidelines. *Journal of Business Research, 133*, 285-296.

** Drucker, P. F.（1954）. *The Practice of Management*. Harper & Row.（上田惇生訳. 新訳 現代の経営. ダイヤモンド社, 1996）

** Dunlop, J. T.（1958）. *Industrial Relations Systems*. Holt.

** 江幡清（1983）. 労働問題入門. 日本労働協会.

Edwards, J. R.（2010）. Reconsidering theoretical progress in organizational and management research. *Organizational Research Methods, 13*(4), 615-619.

江夏幾多郎（2011）. 成果主義. 経営行動科学学会編, 経営行動科学ハンドブック（457-462 頁）. 中央経済社.

江夏幾多郎（2014）. 人事評価における「曖昧」と「納得」. NHK 出版.

江夏幾多郎（2020）. 報酬管理と組織業績――業績給（Pay for Performance）研究についてのレビューから. 日本労働研究雑誌, *723*, 19-29.

江夏幾多郎（2022）. 経営学と臨床――研究特集に寄せて. 経営行動科学, *33*(3), 65-75.

江夏幾多郎・穴田貴大（2021）. 利害調整に基づく「柔軟な人事管理」. 日本労務学会誌, *21*(2), 21-43.

江夏幾多郎・田中秀樹・余合淳（2022）. 日本の人事管理研究における関心の推移―― 1971 年から 2019 年の研究成果の体系的文献レビュー. 経済経営研究（年報）, *71*, 43-89.

遠藤公嗣（1999）. 日本の人事査定. ミネルヴァ書房.

* Ererdi, C., Nurgabdeshov, A., Kozhakhmet, S., Rofcanin, Y., & Demirbag, M.（2022）. International HRM in the context of uncertainty and crisis: A systematic review of literature（2000-2018）. *International Journal of Human Resource Management, 33*(12), 2503-2540.

** Etzioni, A.（1964）. *Modern Organizations*. Prentice-Hall.（渡瀬浩訳. 現代組織論. 至誠堂, 1967）

* Farrukh, M., Raza, A., Ansari, N. Y., & Bhutta, U. S.（2022）. A bibliometric reflection on the history of green human resource management research. *Management Research Review, 45*(6), 781-800.

* Flamini, G., Gnan, L., & Pellegrini, M. M.（2021）. Forty years of research on human resource management in family firms: Analyzing the past; preparing for the future. *Journal of Family Business Management, 11*(3), 264-285.

Fleetwood, S.（2004）. An ontology for organisation and management studies. In S. Ackroyd, & S. Fleetwood（eds.）, *Critical Realist Applications in Organization and Management Studies*（pp.

25-50). Routledge.

* Florkowski, G. W. (2018). HR technology systems: An evidence-based approach to construct measurement. In M. R. Buckley, A. R. Wheeler, & J. R. B. Halbesleben (eds.), *Research in Personnel and Human Resources Management, Vol. 36* (pp. 197-239). Emerald.

Fombrun, C., Tichy, N. M., & Devanna, M. A. (eds.) (1984). *Strategic Human Resource Management.* John Wiley & Sons.

Franco, A., Malhotra, N., & Simonovits, G. (2014). Publication bias in the social sciences: Unlocking the file drawer. *Science, 345*(6203), 1502-1505.

** Freeman, R. B., & Medoff, J. M. (1984). *What Do Unions Do?* Basic Books.

藤林敬三（1928）．淡路圓次郎著 職業心理学．三田学会雑誌，*22*(3)，456-460.

** 舟橋尚道（1975）．内部労働市場と年功制論——隅谷三喜男教授の見解をめぐって．日本労働協会雑誌，*192*，2-12.

Furnham, A. (1988). *Lay Theories: Everyday Understanding of Problems in the Social Sciences.* Pergamon Press.

* Gallardo-Gallardo, E., Nijs, S., Dries, N., & Gallo, P. (2015). Towards an understanding of talent management as a phenomenon-driven field using bibliometric and content analysis. *Human Resource Management Review, 25*(3), 264-279.

* Garcia-Arroyo, J., & Osca, A. (2021). Big data contributions to human resource management: A systematic review. *International Journal of Human Resource Management, 32*(20), 4337-4362.

* García-Lillo, F., Úbeda-García, M., & Marco-Lajara, B. (2017). The intellectual structure of human resource management research: A bibliometric study of the International Journal of Human Resource Management, 2000-2012. *International Journal of Human Resource Management, 28*(13), 1786-1815.

Gardner, T. M., Wright, P. M., & Moynihan, L. M. (2011). The impact of motivation, empowerment, and skill-enhancing practices on aggregate voluntary turnover: The mediating effect of collective affective commitment. *Personnel Psychology, 64*(2), 315-350.

Garfinkel, H. (1967). *Studies in Ethnomethodology.* Prentice-Hall.

* Garg, S., Sinha, S., Kar, A. K., & Mani, M. (2022). A review of machine learning applications in human resource management. *International Journal of Productivity and Performance Management, 71*(5), 1590-1610.

** 玄田有史・神林龍・篠﨑武久（2001）．成果主義と能力開発——結果としての労働意欲．組織科学，*34*(3)，18-31.

Giddens, A. (1984). *The Constitution of Society: Outline of the Theory of Structuration.* Polity Press.（門田健一訳．社会の構成．勁草書房，2015）

Giddens, A. (1993). *New Rules of Sociological Method: A Positive Critique of Interpretative Sociologies (2nd ed.).* Polity Press.（松尾精文・藤井達也・小幡正敏訳．社会学の新しい方法規準——理解社会学の共感的批判（第2版）．而立書房，2000）

Ginzberg, E. (1976). *The Human Economy.* McGraw-Hill.（関口末夫・内田茂男訳．人間・労働・組織——人的資源論の構築．佑学社，1977）

Godard, J. (2014). The psychologisation of employment relations? *Human Resource Management Journal, 24*(1), 1-18.

ゴードン，A.（2012）．日本労使関係史—— 1853-2010（二村一夫訳）．岩波書店．

** Gouldner, A. W. (1957). Cosmopolitans and locals: Toward an analysis of latent social roles I. *Administrative Science Quarterly, 2*(3), 281-306.

Graeber, D., & Wengrow, D. (2021). *The Dawn of Everything: A New History of Humanity.* Allen

Lane.（酒井隆史訳．万物の黎明——人類史を根本からくつがえす．光文社，2023）

Granovetter, M. (1985). Economic action and social structure: The problem of embeddedness. *American Journal of Sociology, 91*(3), 481-510.

Greenwood, M., & Van Buren, H. J. (2017). Ideology in HRM scholarship: Interrogating the ideological performativity of 'new unitarism'. *Journal of Business Ethics, 142*(4), 663-678.

** Grusky, O. (1966). Career mobility and organizational commitment. *Administrative Science Quarterly, 10*(4), 488-503.

Guest, D. E. (1987). Human resource management and industrial relations. *Journal of Management Studies, 24*(5), 503-521.

** Haimann, T., & Scott, W. G. (1970). *Management in the Modern Organization.* Houghton Mifflin.

Hall, P. A., & Soskice, D. (2001). *Varieties of Capitalism: The Institutional Foundations of Comparative Advantage.* Oxford University Press.

濱口桂一郎（2009）．新しい労働社会——雇用システムの再構築へ．岩波書店．

濱口桂一郎（2017）．日本型雇用システムと解雇権濫用法理の形成．JILPT ディスカッションペーパー，17-03.

濱口桂一郎（2021）．ジョブ型雇用社会とは何か——正社員体制の矛盾と転機．岩波書店．

花田光世（1987）．人事制度における競争原理の実態——昇進・昇格のシステムからみた日本企業の人事戦略．組織科学，*21*(2)，44-53.

* Harney, B., & Alkhalaf, H. (2021). A quarter-century review of HRM in small and medium-sized enterprises: Capturing what we know, exploring where we need to go. *Human Resource Management, 60*(1), 5-29.

服部泰宏（2020a）．組織行動論の考え方・使い方——良質のエビデンスを手にするために．有斐閣．

服部泰宏（2020b）．文献レビューの書き方に関するレビュー——過去の要約，統合，批判から未来を紡ぎ出す考え方と技術の整理．国民経済雑誌，*222*(5)，65-89.

服部泰宏（2022）．産学連携型の共同研究における学術的成果と実践的成果の両立——質的比較分析（QCA）による先行要因の探究．経営行動科学，*33*(3)，77-96.

* Hausmann, A. (2013). Empirische Forschung zum Personalmanagement in Kulturbetrieben: Ein Literaturüberblick. *German Journal of Human Resource Management, 27*(2), 103-124.

間宏（1964）．日本労務管理史研究——経営家族主義の形成と展開．ダイヤモンド社．

Heath, C., & Sitkin, S. B. (2001). Big-B versus Big-O: What is *organizational* about organizational behavior? *Journal of Organizational Behavior, 22*(1), 43-58.

** Herzberg, F. (1966). *Work and the Nature of Man.* World Publishing.

樋口耕一（2004）．テキスト型データの計量的分析——２つのアプローチの峻別と統合．理論と方法，*19*(1)，101-115.

樋口耕一（2020）．社会調査のための計量テキスト分析——内容分析の継承と発展を目指して（第２版）．ナカニシヤ出版．

** 平野光俊（2006）．日本型人事管理——進化型の発生プロセスと機能性．中央経済社．

** 平野光俊（2009）．内部労働市場における雇用区分の多様化と転換の合理性——人材ポートフォリオ・システムからの考察．日本労働研究雑誌，*586*，5-19.

平野光俊・江夏幾多郎（2018）．人事管理——人と企業，ともに活きるために．有斐閣．

久本憲夫（2010）．正社員の意味と起源．季刊 政策・経営研究，*2*，19-40.

** Hirschman, A. O. (1970). *Exit, Voice, and Loyalty: Responses to Decline in Firms, Organizations, and States.* Harvard University Press.（矢野修一訳．離脱・発言・忠誠——企業・組織・国家における衰退への反応．ミネルヴァ書房，2005）

Hochschild, A. R. (1997). *The Time Bind: When Work Becomes Home and Home Becomes Work.*

Metropolitan Books.（坂口緑・中野聡子・両角道代訳. タイム・バインド――不機嫌な家庭, 居心地がよい職場. 筑摩書房, 2022）

* Hohenstein, N. O., Feisel, E., & Hartmann, E. (2014). Human resource management issues in supply chain management research: A systematic literature review from 1998 to 2014. *International Journal of Physical Distribution & Logistics Management, 44*(6), 434-463.

* Homberg, F., & Vogel, R. (2016). Human resource management (HRM) and public service motivation (PSM): Where are we, and where do we go from here? *International Journal of Manpower, 37*(5), 746-763.

** 本田一成（2007）. チェーンストアのパートタイマー――基幹化と新しい労使関係. 白桃書房.

Horkheimer, M., & Adorno, T. W. (1947). *Dialektik der Aufklärung: Philosophische Fragmente.* Querido.（徳永恂訳. 啓蒙の弁証法――哲学的断想. 岩波書店, 2007）

* Horwitz, F. (2015). Human resources management in multinational companies in Africa: A systematic literature review. *International Journal of Human Resource Management, 26*(21), 2786-2809.

** Huselid, M. A. (1995). The impact of human resource management practices on turnover, productivity, and corporate financial performance. *Academy of Management Journal, 38*(3), 635-672.

Huselid, M. A., & Becker, B. E. (2000). Comment on "Measurement error in research on human resources and firm performance: How much error is there and how does it influence effect size estimates?" by Gerhart, Wright, McMahan, and Snell. *Personnel Psychology, 53*(4), 835-854.

一守靖（2022）. 人的資本経営のマネジメント――人と組織の見える化とその開示. 中央経済社.

伊原亮司（2003）. トヨタの労働現場――ダイナミズムとコンテクスト. 桜井書店.

池田貴儀（2010）. 灰色文献をめぐる動向――灰色文献国際会議の議論を中心に. 情報管理, *53*(8), 428-440.

池田貴儀（2015）. インターネット時代の灰色文献――灰色文献の定義の変容とピサ宣言を中心に. 情報管理, *58*(3), 193-203.

** 今田幸子・平田周一（1995）. ホワイトカラーの昇進構造. 日本労働研究機構.

今井賢一・伊丹敬之・小池和男（1982）. 内部組織の経済学. 東洋経済新報社.

** 今野浩一郎・佐藤博樹（2002）. 人事管理入門. 日本経済新聞社.

** 井上詔三（1976）. 内部労働市場論の再検討. 日本労働協会雑誌, *210*, 21-30.

* Intindola, M., Weisinger, J. Y., Benson, P., & Pittz, T. (2017). The evolution of devolution in HR. *Personnel Review, 46*(8), 1796-1815.

入山章栄（2012）. 世界の経営学者はいま何を考えているのか―知られざるビジネスの知のフロンティア. 英治出版.

** 石田英夫（1985）. 日本企業の国際人事管理. 日本労働協会.

** 石田光男（2003）. 仕事の社会科学――労働研究のフロンティア. ミネルヴァ書房.

石川経夫（1999）. 分配の経済学. 東京大学出版会.

石塚由起夫（2016）. 資生堂インパクト――子育てを聖域にしない経営. 日本経済新聞出版社.

* Islam, M. S., & Amin, M. (2022). A systematic review of human capital and employee well-being: Putting human capital back on the track. *European Journal of Training and Development, 46*(5-6), 504-534.

伊藤智明（2022）. 苦悩する連続起業家とパートナーシップ生成――二人称的アプローチに基づく省察の追跡. 経営行動科学, *33*(3), 119-141.

岩出博（1989）. アメリカ労務管理史. 三嶺書房.

** 岩出博（2002）. 戦略的人的資源管理論の実相――アメリカ SHRM 論研究ノート. 泉文堂.

** 岩田龍子（1977）．日本的経営の編成原理．文眞堂．

Jabbour, C. J. C. (2013). Environmental training in organisations: From a literature review to a framework for future research. *Resources, Conservation and Recycling, 74*, 144-155.

* Jackson, S. E., Schuler, R. S., & Jiang, K. (2014). An aspirational framework for strategic human resource management. *Academy of Management Annals, 8*(1), 1-56.

Jacoby, S. M. (2004). *Employing Bureaucracy: Managers, Unions, and the Transformation of Work in the 20th Century (Revised ed.)*. Lawrence Erlbaum Associates.（荒又重雄・木下順・平尾武久・森杲訳．雇用官僚制——アメリカの内部労働市場と"良い仕事"の生成史（増補改訂版）．北海道大学図書刊行会，2005）

** Jacoby, S. M. (2005). *The Embedded Corporation: Corporate Governance and Employment Relations in Japan and the United States*. Princeton University Press.（鈴木良始・伊藤健市・堀龍二訳．日本の人事部・アメリカの人事部——日米企業のコーポレート・ガバナンスと雇用関係．東洋経済新報社，2005）

Jewell, D. O., Jewell, S. F., & Kaufman, B. E. (2022). Designing and implementing high-performance work systems: Insights from consulting practice for academic researchers. *Human Resource Management Review, 32*(1), 100749.

Jiang, K., & Messersmith, J. (2018). On the shoulders of giants: A meta-review of strategic human resource management. *International Journal of Human Resource Management, 29*(1), 6-33.

城繁幸（2004）．内側から見た富士通「成果主義」の崩壊．光文社．

* Jotabá, M. N., Fernandes, C. I., Gunkel, M., & Kraus, S. (2022). Innovation and human resource management: A systematic literature review. *European Journal of Innovation Management, 25*(6), 1-18.

* Juarez-Tarraga, A., Santandreu-Mascarell, C., & Marin-Garcia, J. A. (2019). What are the main concerns of human resource managers in organizations? *Intangible Capital, 15*(1), 72-95.

** 加護野忠男・野中郁次郎・榊原清則・奥村昭博（1983）．日米企業の経営比較——戦略的環境適応の理論．日本経済新聞社．

海道進（1979）．あとがき．古林喜樂著，経営労務論（281-282頁）．千倉書房．

柿沼英樹（2023）．タレントマネジメントと戦略的人的資源管理の言説空間の可視化——計量書誌学的手法による異同の検討．組織科学，*57*(1)，66-79.

** 柿澤寿信・梅崎修（2010）．評価・賃金・仕事が労働意欲に与える影響——人事マイクロデータとアンケート調査による実証分析．日本労働経済雑誌，*598*，67-82.

* Kang, H. Y., & Shen, J. (2014). International human resource management policies and practices of South Korean MNEs: A review of the literature. *Asia Pacific Business Review, 20*(1), 42-58.

* Kataria, A., Kumar, S., Sureka, R., & Gupta, B. (2020). Forty years of Employee Relations - The International Journal: A bibliometric overview. *Employee Relations, 42*(6), 1205-1230.

** Katz, R. L. (1974). Skills of an effective administrator. *Harvard Business Review, 52*(5), 90-102.

Kaufman, B. E. (2014). The historical development of American HRM broadly viewed. *Human Resource Management Review, 24*(3), 196-218.

Kaufman, B. E. (2015a). Evolution of strategic HRM as seen through two founding books: A 30th anniversary perspective on development of the field. *Human Resource Management, 54*(3), 389-407.

Kaufman, B. E. (2015b). The RBV theory foundation of strategic HRM: Critical flaws, problems for research and practice, and an alternative economics paradigm. *Human Resource Management Journal, 25*(4), 516-540.

Kaufman, B. E., Barry, M., Wilkinson, A., & Gomez, R. (2020). The future of employee engagement: The challenge of separating old wine from new bottles. In A. Wilkinson, & M. Barry (eds.), *The Future of Work and Employment* (pp. 223-244). Edward Elgar Publishing.

* Kaushal, N., Kaurav, R. P. S., Sivathanu, B., & Kaushik, N. (2023). Artificial intelligence and HRM: Identifying future research agenda using systematic literature review and bibliometric analysis. *Management Review Quarterly, 73*(2), 455-493.

** 川口章 (2008). ジェンダー経済格差——なぜ格差が生まれるのか，克服の手がかりはどこにあるのか. 勁草書房.

Keenoy, T. (2009). Human Resource Management. In M. Alvesson, T. Bridgman, & H. Willmott (eds.), *The Oxford Handbook of Critical Management Studies* (pp. 454-472). Oxford University Press.

* Khan, M. H., & Muktar, S. N. (2020). A bibliometric analysis of green human resource management based on scopus platform. *Cogent Business and Management, 7*(1), 1831165.

Klikauer, T. (2015). What is managerialism? *Critical Sociology, 41*(7-8), 1103-1109.

* Kloutsiniotis, P. V., & Mihail, D. M. (2020). High performance work systems in the tourism and hospitality industry: A critical review. *International Journal of Contemporary Hospitality Management, 32*(7), 2365-2395.

古林喜樂 (1979). 経営労務論. 千倉書房.

** 小池和男 (1981). 日本の熟練——すぐれた人材形成システム. 有斐閣.

** 小池和男 (1991). 仕事の経済学. 東洋経済新報社.

** 小池和男編 (1991). 大卒ホワイトカラーの人材開発. 東洋経済新報社.

** 小池和男 (1994). 日本の雇用システム——その普遍性と強み. 東洋経済新報社.

小池和男 (2005). 仕事の経済学 (第3版). 東洋経済新報社.

** 小池和男・猪木武徳編 (1987). 人材形成の国際比較——東南アジアと日本. 東洋経済新報社.

** 小池和男・猪木武徳編著 (2002). ホワイトカラーの人材形成——日米英独の比較. 東洋経済新報社.

** 小池和男・中馬宏之・太田總一 (2001). もの造りの技能——自動車産業の職場で. 東洋経済新報社.

Kolb, D. A. (1984). *Experiential Learning: Experience as the Source of Learning and Development.* Prentice-Hall.

Korff, J., Biemann, T., & Voelpel, S. C. (2017). Differentiating HR systems' impact: Moderating effects of age on the HR system-work outcome association. *Journal of Organizational Behavior, 38*(3), 415-438.

* Kotera, Y., Sheffield, D., & van Gordon, W. (2019). The applications of neuro-linguistic programming in organizational settings: A systematic review of psychological outcomes. *Human Resource Development Quarterly, 30*(1), 101-116.

* Kravariti, F., & Johnston, K. (2020). Talent management: A critical literature review and research agenda for public sector human resource management. *Public Management Review, 22*(1), 75-95.

熊沢誠 (1997). 能力主義と企業社会. 岩波書店.

草野隆彦 (2021). 雇用システムの生成と変貌——政策との関連で. 労働政策研究・研修機構.

楠田丘 (2004). 賃金とは何か——戦後日本の人事・賃金制度史 (石田光男監修). 中央経済社.

* Kutaula, S., Gillani, A., & Budhwar, P. S. (2020). An analysis of employment relationships in Asia using psychological contract theory: A review and research agenda. *Human Resource Management Review, 30*(4), 100707.

京谷栄二 (1993). フレキシビリティとはなにか——現代日本の労働過程. 窓社.

** Lazear, E. P. (1979). Why is there mandatory retirement? *Journal of Political Economy, 87*(6),

1261-1284.

** Lazear, E. P. (1998). *Personnel Economics for Managers.* Wiley. (樋口美雄・清家篤訳. 人事と組織の経済学. 日本経済新聞社, 1998)

Learmonth, M. (2008). Evidence-based management: A backlash against pluralism in organizational studies? *Organization, 15*(2), 283-291.

Learmonth, M. (2009). Rhetoric and evidence: The case of evidence-based management. In D. A. Buchanan, & A. Bryman (eds.), *The Sage Handbook of Organizational Research Methods* (pp. 93-107). Sage.

Lee, H. W., Pak, J., Kim, S., & Li, L.-Z. (2019). Effects of human resource management systems on employee proactivity and group innovation. *Journal of Management, 45*(2), 819-846.

Lengnick-Hall, M. L., Lengnick-Hall, C. A., Andrade, L. S., & Drake, B. (2009). Strategic human resource management: The evolution of the field. *Human Resource Management Review, 19*(2), 64-85.

** Lepak, D. P., & Snell, S. A. (1999). The human resource architecture: Toward a theory of human capital allocation and development. *Academy of Management Review, 24*(1), 31-48.

* Liang, X. Y., Xie, J. Y., & Cui, Z. Y. (2010). A survey of Chinese human resource management research in China. *International Journal of Human Resource Management, 21*(12), 2079-2094.

* Liboni, L. B., Cezarino, L. O., Jabbour, C. J. C., Oliveira, B. G., & Stefanelli, N. O. (2019). Smart industry and the pathways to HRM 4.0: Implications for SCM. *Supply Chain Management, 24* (1), 124-146.

Likert, R. (1961). *New Patterns of Management.* McGraw-Hill. (三隅二不二訳. 経営の行動科学——新しいマネジメントの探求. ダイヤモンド社, 1964)

* Lima, L., & Galleli, B. (2021). Human resources management and corporate governance: Integration perspectives and future directions. *European Management Journal, 39*(6), 731-744.

* López-Duarte, C., Vidal-Suárez, M. M., & González-Díaz, B. (2020). Expatriate management and national culture: A bibliometric study of prolific, productive, and most cited authors and institutions. *International Journal of Human Resource Management, 31*(6), 805-833.

* Lozano-Reina, G., & Sánchez-Marín, G. (2020). Say on pay and executive compensation: A systematic review and suggestions for developing the field. *Human Resource Management Review, 30*(2), 100683.

* Luo, B. N. F., Sun, T. W., Lin, C. H., Luo, D. Y., Qin, G., & Pan, J. Z. (2021). The human resource architecture model: A twenty-year review and future research directions. *International Journal of Human Resource Management, 32*(2), 241-278.

Madden, C., Easley, R. W., & Dunn, M. G. (1995). How journal editors view replication research. *Journal of Advertising, 24*(4), 77-87.

Madden, A., Bailey, C., Alfes, K., & Fletcher, L. (2018). Using narrative evidence synthesis in HRM research: An overview of the method, its application, and the lessons learned. *Human Resource Management, 57*(2), 641-657.

Mahoney, T. A., & Deckop, J. R. (1986). Evolution of concept and practice in personnel administration/human resource management (PA/HRM). *Journal of Management, 12*(2), 223-241.

* Maley, J. F., Dabic, M., & Moeller, M. (2021). Employee performance management: Charting the field from 1998 to 2018. *International Journal of Manpower, 42*(1), 131-149.

* Malik, A., Nguyen, T.-M., & Budhwar, P. (2022). Towards a conceptual model of AI-mediated knowledge sharing exchange of HRM practices: Antecedents and consequences. *IEEE*

Transactions on Engineering Management.

** March, J. G., & Simon, H. A. (1958). *Organizations.* Wiley.

March, J. G., & Simon, H. A. (1993). *Organizations (2nd ed.).* Blackwell. (高橋伸夫訳. オーガニゼーションズ (第2版)――現代組織論の原典. ダイヤモンド社, 2014)

* Marescaux, E., De Winne, S., & Brebels, L. (2021). Putting the pieces together: A review of HR differentiation literature and a multilevel model. *Journal of Management, 47*(6), 1564-1595.

* Markoulli, M. P., Lee, C. I. S. G, Byington, E., & Felps, W. A. (2017). Mapping Human Resource Management: Reviewing the field and charting future directions. *Human Resource Management Review, 27*(3), 367-396.

Martín-Martín, A., Orduna-Malea, E., Thelwall, M., & López-Cózar, E. D. (2018). Google Scholar, Web of Science, and Scopus: A systematic comparison of citations in 252 subject categories. *Journal of Informetrics, 12*(4), 1160-1177.

** Marx, K. (1867). *Das Kapital: Kritik der politischen Ökonomie.* Verlag von Otto Meissner.

** Maslow, A. H. (1970). *Motivation and Personality (2nd ed.).* Harper. (小口忠彦訳. 人間性の心理学――モチベーションとパーソナリティ (改訂新版). 産業能率大学出版部, 1987)

** 松尾睦 (2006). 経験からの学習――プロフェッショナルへの成長プロセス. 同文舘出版.

松嶋登・早坂啓 (2014). 情報経営研究の学問的アイデンティティ. 日本情報経営学会誌, *34*(4), 71-89.

** McGregor, D. (1960). *The Human Side of Enterprise.* McGraw-Hill. (高橋達男訳. 新版 企業の人間的側面――統合と自己統制による経営. 産業能率大学出版部, 1970)

Meyer, J. W., & Rowan, B. (1977). Institutionalized Organizations: Formal Structure as Myth and Ceremony. *American Journal of Sociology, 83*(2), 340-363.

** Milgrom, P., & Roberts, J. (1992). *Economics, Organization and Management.* Prentice-Hall.

Mintzberg, H. (2004). *Managers not MBAs: A Hard Look at the Soft Practice of Managing and Management Development.* Berrett-Koehler. (池村千秋訳. MBAが会社を滅ぼす――マネジャーの正しい育て方. 日経BP社, 2006)

三戸公 (1968). 個別資本論序説――経営学批判 (増補版). 森山書店.

三戸公 (2004). 人的資源管理論の位相. 立教經濟學研究, *58*(1), 19-34.

宮本常一・安渓遊地 (2008). 調査されるという迷惑――フィールドに出る前に読んでおく本. みずのわ出版.

** 森五郎 (1964). 労務管理概論. 泉文堂.

** 森五郎編著 (1995). 現代日本の人事労務管理――オープン・システム思考. 有斐閣.

森五郎・松島静雄 (1977). 日本労務管理の現代化. 東京大学出版会.

森川譯雄 (2002). 労使関係の経営経済学――アメリカ労使関係研究の方法と対象. 同文舘出版.

** 森本隆男・矢倉伸太郎編 (1998). 転換期の日本酒メーカー――灘五郷を中心として. 森山書店.

** 守島基博 (1997). 企業内賃金格差の組織論的インプリケーション. 日本労働研究雑誌, *449*, 27-36.

** 守島基博 (1999a). ホワイトカラー・インセンティブ・システムの変化と過程の公平性. 社會科學研究 (東京大学), *50*(3), 81-100.

** 守島基博 (1999b). 成果主義の浸透が職場に与える影響. 日本労働研究雑誌, *474*, 2-14.

守島基博 (2004). 人材マネジメント入門. 日本経済新聞社.

守島基博 (2010). 社会科学としての人材マネジメント論へ向けて. 日本労働研究雑誌, *600*, 69-74.

Morrell, K., & Learmonth, M. (2015). Against evidence-based management, for management learning. *Academy of Management Learning & Education, 14*(4), 520-533.

* Moustaghfir, K., Ramid, S., & Touhs, K. (2020). Linking human resource management, entrepreneurial orientation, and firm performance: An integrative theoretical framework. *International Journal of Innovation and Learning, 28*(3), 394-414.

Münsterberg, H. (1913). *Psychology and Industrial Efficiency.* Mifflin and Company.

* Murawski, L. (2021). Gamification in human resource management: Status quo and quo vadis. *German Journal of Human Resource Management, 35*(3), 337-355.

* Nadeem, S., Raza, M., Kayani, N., Aziz, A., & Nayab, D. (2018). Examining cross-cultural compatibility of high performance work practices. *International Business Review, 27*(3), 563-583.

** 中原淳（2010）．職場学習論——仕事の学びを科学する．東京大学出版会．

中原翔（2023）．社会問題化する組織不祥事——構築主義と調査可能性の行方．中央経済社．

** 中村圭介（2006）．成果主義の真実．東洋経済新報社．

** 中村圭介・石田光男編（2005）．ホワイトカラーの仕事と成果——人事管理のフロンティア．東洋経済新報社．

* Nguyen, L. A., & Park, M. (2022). Artificial Intelligence in staffing. *Vision: The Journal of Business Perspective.*

日経連能力主義管理研究会編（2001）．能力主義管理——その理論と実践 日経連能力主義管理研究会報告（新装版）．日経連出版部．

日経連政策調査局編（1995）．人事・労務用語辞典（改訂新版）．日本経営者団体連盟広報部．

西村剛（2019）．古林喜樂の経営労務論に関する一考察．尾道市立大学経済情報論集, *19*(1), 37-58.

西岡由美（2018）．多様化する雇用形態の人事管理——人材ポートフォリオの実証分析．中央経済社．

Nkomo, S. M. (2014). Inclusion: Old wine in new bottles? In B. M. Ferdman, & B. R. Deane (eds.), *Diversity at Work: The Practice of Inclusion* (pp. 580-592). John Wiley & Sons.

野家啓一（2015）．科学哲学への招待．筑摩書房．

野村康（2017）．社会科学の考え方——認識論，リサーチ・デザイン，手法．名古屋大学出版会．

野中郁次郎（1987）．経営戦略の本質——情報創造の方法論の組織化．組織科学. *20*(4), 79-90.

** 野中郁次郎（1990）．知識創造の経営——日本企業のエピステモロジー．日本経済新聞社．

沼上幹（2000）．行為の経営学——経営学における意図せざる結果の探究．白桃書房．

* Nyamubarwa, W., & Chipunza, C. (2019). Debunking the one-size-fits-all approach to human resource management: A review of human resource practices in small and medium-sized enterprise firms. *SA Journal of Human Resource Management, 17*, a1108.

* Nyberg, A. J., Moliterno, T. P., Hale, D., & Lepak, D. P. (2014). Resource-based perspectives on unit-level human capital: A review and integration. *Journal of Management, 40*(1), 316-346.

岡田行正（2004）．アメリカ人事管理・人的資源管理史．同文舘出版．

岡田行正（2007）．ヨーダー——『人事管理と労使関係』（1956年版）の再考．北海学園大学経営論集, *5*(1), 1-14.

奥林康司（1975）．人事管理学説の研究．有斐閣．

* Onnis, L. A. L., & Pryce, J. (2016). Health professionals working in remote Australia: A review of the literature. *Asia Pacific Journal of Human Resources, 54*(1), 32-56.

** 小野旭（1997）．変化する日本の雇用慣行．日本労働研究機構．

大野威（2003）．リーン生産方式の労働——自動車工場の参与観察に基づいて．御茶の水書房．

** 太田肇（1993）．プロフェッショナルと組織——組織と個人の「間接的統合」．同文舘出版．

** 大竹文雄・唐渡広志（2003）．成果主義的賃金制度と労働意欲．経済研究（一橋大学）, *54*(3), 193-205.

Ouchi, W. G. (1981). *Theory Z: How American Business Can Meet the Japanese Challenge.* Avon

Books.（徳山二郎監訳．セオリー Z ——日本に学び，日本を超える．ソニー出版，1982）

* Pak, K., Kooij, D. T. A. M., De Lange, A. H., & Van Veldhoven, M. J. P. M. (2019). Human resource management and the ability, motivation and opportunity to continue working: A review of quantitative studies. *Human Resource Management Review, 29*(3), 336-352.

* Peccei, R., & Van De Voorde, K. (2019). Human resource management - well-being - performance research revisited: Past, present, and future. *Human Resource Management Journal, 29*(4), 539-563.

* Pedraja-Rejas, L., Rodríguez-Ponce, E., & Muñoz-Fritis, C. (2022). Human resource management and performance in Ibero-America: Bibliometric analysis of scientific production. *Cuadernos de Gestion, 22*(2), 123-137.

* Pelit, E., & Katircioglu, E. (2022). Human resource management studies in hospitality and tourism domain: A bibliometric analysis. *International Journal of Contemporary Hospitality Management, 34*(3), 1106-1134.

** Pelz, D. C., & Andrews, F. M. (1966). *Scientists in Organizations: Productive Climates for Research and Development*. Wiley.

* Pereira, V., Hadjielias, E., Christofi, M., & Vrontis D. (2023). A systematic literature review on the impact of artificial intelligence on workplace outcomes: A multi-process perspective. *Human Resource Management Review, 33*(1), 100857.

Pfeffer, J. (1993). Barriers to the advance of organizational science: Paradigm development as a dependent variable. *Academy of Management Review, 18*(4), 599-620.

** Pfeffer, J. (1998). *The Human Equation: Building Profits by Putting People First*. Harvard Business School Press.（佐藤洋一訳．人材を活かす企業——「人材」と「利益」の方程式（守島基博監修）．翔泳社，2010）

Pfeffer, J., & Sutton, R. I. (2006). *Hard Facts, Dangerous Half-truths, and Total Nonsense: Profiting from Evidence-based Management*. Harvard Business School Press.（清水勝彦訳．事実に基づいた経営——なぜ「当たり前」ができないのか？　東洋経済新報社，2009）

* Pham, D. D. T., & Paillé, P. (2020). Green recruitment and selection: An insight into green patterns. *International Journal of Manpower, 41*(3), 258-272.

* Pham, N. T., Hoang, H. T., & Phan, Q. P. T. (2020). Green human resource management: A comprehensive review and future research agenda. *International Journal of Manpower, 41*(7), 845-878.

Pigors, P., & Myers, C. A. (1956). *Personnel Administration: A Point of View and a Method (3rd ed.)*. McGraw-Hill.（武沢信一訳編．人事管理．日本生産性本部，1960）

* Piwowar-Sulej, K., Wawak, S., Tyrańska, M., Zakrzewska, M., Jarosz, S., & Sołtysik, M. (2023). Research trends in human resource management. A text-mining-based literature review. *International Journal of Manpower, 44*(1), 176-196.

* Podgorodnichenko, N., Edgar, F., & McAndrew, I. (2020). The role of HRM in developing sustainable organizations: Contemporary challenges and contradictions. *Human Resource Management Review, 30*(3), 100685.

Podgorodnichenko, N., Edgar, F., & Akmal, A. (2022). An integrative literature review of the CSR-HRM nexus: Learning from research-practice gaps. *Human Resource Management Review, 32*(3), 100839.

Polanyi, M. (1966). *The Tacit Dimension*. Routledge & Kegan Paul.（佐藤敬三訳．暗黙知の次元——言語から非言語へ．紀伊国屋書店，1980）

Popper, K. R. (1959). *The Logic of Scientific Discovery*. Hutchinson.（大内義一・森博訳．科学的発

見の論理（上）．恒星社厚生閣，1971）

Post, C., Sarala, R., Gatrell, C., & Prescott, J. E. (2020). Advancing theory with review articles. *Journal of Management Studies, 57*(2), 351-376.

Powell, W. W., & DiMaggio, P. J. (eds.) (1991). *The New Institutionalism in Organizational Analysis*. University of Chicago Press.

* Prouska, R., & Kapsali, M. (2021). The determinants of project worker voice in project-based organisations: An initial conceptualisation and research agenda. *Human Resource Management Journal, 31*(2), 375-391.

Purcell, J. & Kinnie, N. (2008). HRM and business performance. In P. Boxall, J. Purcell, & P. M. Wright (eds.), *The Oxford Handbook of Human Resource Management* (pp. 533-551). Oxford University Press.

* Qamar, Y., Agrawal, R. K., Samad, T. A., & Jabbour, C. J. C. (2021). When technology meets people: The interplay of artificial intelligence and human resource management. *Journal of Enterprise Information Management, 34*(5), 1339-1370.

Rosemann, M., & Vessey, I. (2008). Toward improving the relevance of information systems research to practice: The role of applicability checks. *MIS Quarterly, 32*(1), 1-22.

** Rosenbaum, J. E. (1984). *Career Mobility in a Corporate Hierarchy*. Academic Press.

労働政策研究・研修機構（2023）．データブック 国際労働比較 2023（https://www.jil.go.jp/kokunai/statistics/databook/2023/documents/Databook2023.pdf）．労働政策研究・研修機構．

Rousseau, D. M. (2006). Is there such a thing as "evidence-based management"? *Academy of Management Review, 31*(2), 256-269.

Rousseau, D. M. (2012). Organizational behavior's contributions to evidence-based management. In D. M. Rousseau (ed.), *The Oxford Handbook of Evidence-based Management* (pp. 61-78). Oxford University Press.

Rousseau, D. M., & McCarthy, S. (2007). Educating managers from an evidence-based perspectives. *Academy of Management Learning & Education, 6*(1), 84-101.

Rousseau, D. M., Manning, J., & Denyer, D. (2008). Evidence in management and organizational science: Assembling the field's full weight of scientific knowledge through syntheses. *Academy of Management Annals, 2*(1), 475-515.

Rynes, S. L., Colbert, A. E., & Brown, K. G. (2002). HR professionals' beliefs about effective human resource practices: Correspondence between research and practice. *Human Resource Management, 41*(2), 149-174.

Rynes, S. L., Giluk, T. L., & Brown, K. G. (2007). The very separate worlds of academic and practitioner periodicals in human resource management: Implications for evidence-based management. *Academy of Management Journal, 50*(5), 987-1008.

Rynes, S. L., Colbert, A. E., & O'Boyle, E. H. (2018). When the "best available evidence" doesn't win: How doubts about science and scientists threaten the future of evidence-based management. *Journal of Management, 44*(8), 2995-3010.

* Saif, A. N. M., & Islam, M. A. (2024). Blockchain in human resource management: A systematic review and bibliometric analysis. *Technology Analysis & Strategic Management, 36*(4), 635-650.

* Saini, G. K., Lievens, F., & Srivastava, M. (2022). Employer and internal branding research: A bibliometric analysis of 25 years. *Journal of Product and Brand Management, 31*(8), 1196-1221.

** 坂爪洋美（2002）．ファミリー・フレンドリー施策と組織のパフォーマンス．日本労働研究雑誌，*503*, 29-42.

* Salmen, K., & Festing, M. (2022). Paving the way for progress in employee agility research: A systematic literature review and framework. *International Journal of Human Resource Management, 33*(22), 4386-4439.

* Samimi, E., & Sydow, J. (2021). Human resource management in project-based organizations: Revisiting the permanency assumption. *International Journal of Human Resource Management, 32*(1), 49-83.

* Sandeepanie, M. H. R., Gamage, P., Perera, G. D. N., & Sajeewani, T. L. (2023). The role of talent management and employee psychological contract on employer branding: A pragmatic conceptual model. *Management Research Review, 46*(2), 196-222.

佐野陽子 (1989). 企業内労働市場. 有斐閣.

* Santana, M., & Lopez-Cabrales, A. (2019). Sustainable development and human resource management: A science mapping approach. *Corporate Social Responsibility and Environmental Management, 26*(6), 1171-1183.

** 佐藤厚 (2008). 仕事管理と労働時間——長労働時間の発生メカニズム. 日本労働研究雑誌, *575*, 27-38.

佐藤博樹 (2020). ワーク・ライフ・バランス. 日本労働研究雑誌, *717*, 42-45.

** 佐藤博樹・佐野嘉秀・原ひろみ (2003). 雇用区分の多元化と人事管理の課題——雇用区分間の均衡処遇. 日本労働研究雑誌, *518*, 31-46.

佐藤博樹・藤村博之・八代充史 (2019). 新しい人事労務管理 (第6版). 有斐閣.

佐藤郁哉 (2002). 組織と経営について知るための実践フィールドワーク入門. 有斐閣.

佐藤修 (2014). リガー vs. レリバンス問題の再検討. 日本情報経営学会誌, *34*(2), 51-61.

佐藤翔 (2016). 査読の抱える問題とその対応策. 情報の科学と技術, *66*(3), 115-121.

Sayer, E. J. (2018). The anatomy of an excellent review paper. *Functional Ecology, 32*(10), 2278-2281.

** Schein, E. H. (1978). *Career Dynamics: Matching Individual and Organizational Needs.* Addison-Wesley. (二村敏子・三善勝代訳. キャリア・ダイナミクス——キャリアとは, 生涯を通しての人間の生き方・表現である。白桃書房, 1991)

* Schleu, J. E., & Hüffmeier, J. (2021). Simply the best? A systematic literature review on the predictive validity of employee performance for leader performance. *Human Resource Management Review, 31*(2), 100777.

* Schloemer-Jarvis, A., Bader, B., & Böhm, S. A. (2022). The role of human resource practices for including persons with disabilities in the workforce: A systematic literature review. *International Journal of Human Resource Management, 33*(1), 45-98.

Schön, D. A. (1983). *The Reflective Practitioner: How Professionals Think in Action.* Basic Books. (柳沢昌一・三輪建二訳. 省察的実践とは何か——プロフェッショナルの行為と思考. 鳳書房, 2007)

Scott, W. R. (2013). *Institutions and Organizations: Ideas, Interests, and Identities (4th ed.).* Sage.

Shapiro, D. L., Kirkman, B. L., & Courtney, H. G. (2007). Perceived causes and solutions of the translation problem in management research. *Academy of Management Journal, 50*(2), 249-266.

Sharma, G., & Bansal, P. (2020). Cocreating rigorous and relevant knowledge. *Academy of Management Journal, 63*(2), 386-410.

* Sheehan, C., Fenwick, M., & Dowling, P. J. (2010). An investigation of paradigm choice in Australian international human resource management research. *International Journal of Human Resource Management, 21*(11), 1816-1836.

参 考 文 献 | 239

Shepherd, D. A., & Sutcliffe, K. M. (2011). Inductive top-down theorizing: A source of new theories of organization. *Academy of Management Review, 36*(2), 361-380.

島貫智行 (2017). 派遣労働という働き方——市場と組織の間隙. 有斐閣.

新・日本的経営システム等研究プロジェクト編著 (1995). 新時代の「日本的経営」——挑戦すべき方向とその具体策 新・日本的経営システム等研究プロジェクト報告. 日本経営者団体連盟.

** 白井泰四郎 (1982). 現代日本の労務管理. 東洋経済新報社.

Snyder, H. (2019). Literature review as a research methodology: An overview and guidelines. *Journal of Business Research, 104*, 333-339.

* Sokolov, D., & Zavyalova, E. (2022). Trendsetters of HRM: A systematic review of how professional service firms manage people. *Personnel Review, 51*(2), 564-583.

* Steffensen, D. S., Jr., Ellen, B. P. III, Wang, G., & Ferris, G. R. (2019). Putting the "management" back in human resource management: A review and agenda for future research. *Journal of Management, 45*(6), 2387-2418.

Storey, J. (1992). *Developments in the Management of Human Resources: An Analytical Review*. Blackwell.

砂口文兵・貴島耕平 (2022). 組織行動研究における組織. 組織学会編, 組織論レビューⅢ——組織の中の個人と集団 (1-25 頁). 白桃書房.

** 鈴木良始 (1994). 日本的生産システムと企業社会. 北海道大学図書刊行会.

** 高橋伸夫 (2004). 虚妄の成果主義——日本型年功制復活のススメ. 日経 BP 社.

** 武石恵美子 (2003). 非正規労働者の基幹労働力化と雇用管理の変化. ニッセイ基礎研究所報, *26*, 1-36.

* Talukdar, D. (2015). Research productivity patterns in the organizational behavior and human resource management literature. *International Journal of Human Resource Management, 26*(4), 467-484.

田中秀樹 (2008). 戦略的人的資源管理論の整理. 同志社政策科学研究, *10*(1), 181-196.

谷口真実 (2005). ダイバシティ・マネジメント——多様性をいかす組織. 白桃書房.

* Tanova, C., & Bayighomog, S. W. (2022). Green human resource management in service industries: The construct, antecedents, consequences, and outlook. *Service Industries Journal, 42*(5-6), 412-452.

Taylor, F. W. (1911). *The Principles of Scientific Management*. Harper & Brothers. (有賀裕子訳. 新訳 科学的管理法——マネジメントの原点. ダイヤモンド社, 2009)

Tead, O., & Metcalf, H. C. (1933). *Personnel Administration: Its Principle and Practice (3rd ed.)*. McGraw-Hill. (高田琴三郎訳補. 人事管理. 厳松堂書店, 1950)

Tenhiälä, A., Giluk, T. L., Kepes, S., Simón, C., Oh, I.-S., & Kim, S. (2016). The research-practice gap in human resource management: A cross-cultural study. *Human Resource Management, 55*(2), 179-200.

Tourish, D. (2013). "Evidence based management", or "evidence oriented organizing"? A critical realist perspective. *Organization, 20*(2), 173-192.

Tourish, D. (2019). *Management Studies in Crisis: Fraud, Deception and Meaningless Research*. Cambridge University Press. (佐藤郁哉訳. 経営学の危機——詐術・欺瞞・無意味な研究. 白桃書房, 2022)

Tranfield, D., Denyer, D., & Smart, P. (2003). Towards a methodology for developing evidence-informed management knowledge by means of systematic review. *British Journal of Management, 14*(3), 207-222.

** 津田真澂 (1968). 年功的労使関係論. ミネルヴァ書房.

津田真澂（1970）．日本の労務管理．東京大学出版会．

** 占部都美（1978）．日本的経営を考える．中央経済社．

* Van Beurden, J., Van De Voorde, K., & Van Veldhoven, M. (2021). The employee perspective on HR practices: A systematic literature review, integration and outlook. *International Journal of Human Resource Management, 32*(2), 359-393.

* Van Lancker, E., Knockaert, M., Audenaert, M., & Cardon, M. (2022). HRM in entrepreneurial firms: A systematic review and research agenda. *Human Resource Management Review, 32* (3), 100850.

Van Maanen, J., Sørensen, J. B., & Mitchell, T. R. (2007). Introduction to special topic forum: The interplay between theory and method. *Academy of Management Review, 32*(4), 1145-1154.

Verbeek, A., Debackere, K., Luwel, M., & Zimmermann, E. (2002). Measuring progress and evolution in science and technology - I: The multiple uses of bibliometric indicators. *International Journal of Management Reviews, 4*(2), 179-211.

* Verma, S., Singh, V., & Bhattacharyya, S. S. (2021). Do big data-driven HR practices improve HR service quality and innovation competency of SMEs. *International Journal of Organizational Analysis, 29*(4), 950-973.

* Voegtlin, C., & Greenwood, M. (2016). Corporate social responsibility and human resource management: A systematic review and conceptual analysis. *Human Resource Management Review, 26*(3), 181-197.

* Vrontis, D., Christofi, M., Pereira, V., Tarba, S., Makrides, A., & Trichina, E. (2022). Artificial intelligence, robotics, advanced technologies and human resource management: A systematic review. *International Journal of Human Resource Management, 33*(6), 1237-1266.

** Vroom, V. H. (1964). *Work and Motivation*. Wiley.

** 脇坂明（1993）．職場類型と女性のキャリア形成．御茶の水書房．

** 渡辺峻（1995）．コース別雇用管理と女性労働——男女共同参画社会をめざして．中央経済社．

Way, S. A., & Johnson, D. E. (2005). Theorizing about the impact of strategic human resource management. *Human Resource Management Review, 15*(1), 1-19.

Wernerfelt, B. (1984) A resource-based view of the firm. *Strategic Management Journal, 5*(2), 171-180.

* Wittek, B. H. (2021). Where are we today in understanding the role of the firm as a driver of international flows of highly skilled migrants? Reviewing the status of the literature on direct and indirect host country meso-level influences. *International Journal of Human Resource Management, 32*(20), 4253-4286.

Wright, M. (1994). A comparative study of the contents of personnel and human resource management textbooks. *International Journal of Human Resource Management, 5*(1), 225-247.

Wright, P. M., & Boswell, W. R. (2002). Desegregating HRM: A review and synthesis of micro and macro human resource management research. *Journal of Management, 28*(3), 247-276.

Wright, P. M., & McMahan, G. C. (1992). Theoretical perspectives for strategic human resource management. *Journal of Management, 18*(2), 295-320.

* Xiao, M. T., Cooke, F. L., Xu, J. P., & Bian, H. M. (2020). To what extent is corporate social responsibility part of human resource management in the Chinese context? A review of literature and future research directions. *Human Resource Management Review, 30*(4), 100726.

* Xiao, Q. J., & Cooke, F. L. (2022). Contextualizing employee perceptions of human resource management: A review of China-based literature and future directions. *Asia Pacific Journal of Human Resources, 60*(2), 252-282.

- Xiao, Q. J., & Cooke, F. L. (2020). Towards a hybrid model? A systematic review of human resource management research on Chinese state-owned enterprises (1993-2017). *International Journal of Human Resource Management, 31*(1), 47-89.
- Xiao, Q. J., Cooke, F. L., & Chen, L. L. (2022). Nurses' well-being and implications for human resource management: A systematic literature review. *International Journal of Management Reviews, 24*(4), 599-624.
- Xu, X., Yu, S.-J., Pang, N., Dou, C. X., & Li, D. (2022). Review on A big data-based innovative knowledge teaching evaluation system in universities. *Journal of Innovation & Knowledge, 7* (3), 100197.
- 山本寛 (2000). 昇進の研究——キャリア・プラトー現象の観点から. 創成社.

  山ノ内敏隆 (1977). 伝統的労務管理論の発展過程に関する一考察——主として D. Yoder 学説を中心として. 三田商学研究, *20*(5), 111-121.

  山下充 (2008). 人事部. 仁田道夫・久本憲夫編, 日本的雇用システム (235-268 頁). ナカニシヤ出版.

  柳淳也 (2023). 揺さぶる経営学—— LGBTQ から問い直す企業の生産性. 中央経済社.
- 八代充史 (2002). 管理職層の人的資源管理——労働市場論的アプローチ. 有斐閣.

  八代充史・梅崎修・島西智輝・南雲智映・牛島利明編 (2010). 能力主義管理研究会オーラルヒストリー——日本的人事管理の基盤形成. 慶應義塾大学出版会.
- 八代尚宏 (1997). 日本的雇用慣行の経済学——労働市場の流動化と日本経済. 日本経済新聞社.
- Yin, R. K. (1984). *Case Study Research: Design and Methods.* Sage.
- Yoder, D. (1938). *Personnel and Labor Relations.* Prentice-Hall.

  Yoder, D. (1956). *Personnel Management and Industrial Relations (4th ed.).* Prentice-Hall. (森五郎監修, 岡本秀昭・細谷泰雄訳. 労務管理 (I, II). 日本生産性本部, 1967)

  米盛裕二 (2007). アブダクション——仮説と発見の論理. 勁草書房.
- Yong, J. Y., Yusliza, M.-Y., & Fawehinmi, O. O. (2020). Green human resource management: A systematic literature review from 2007 to 2019. *Benchmarking: An International Journal, 27* (7), 2005-2027.

  吉田和夫 (1991). 日本労務管理論の生成. 吉田和夫・奥林康司編著, 現代の労務管理 (99-120 頁). ミネルヴァ書房.
- Youndt, M. A., Snell, S. A., Dean J. W., Jr., & Lepak, D. P. (1996). Human resource management, manufacturing strategy, and firm performance. *Academy of Management Journal, 39*(4), 836-866.
- Zhang, Y. C., Xu, S., Zhang, L., & Yang, M. X. (2021). Big data and human resource management research: An integrative review and new directions for future research. *Journal of Business Research, 133*, 34-50.
- Zhu, C. J., & Warner, M. (2019). The emergence of Human Resource Management in China: Convergence, divergence and contextualization. *Human Resource Management Review, 29*(1), 87-97.

  Zupic, I., & Čater, T. (2015). Bibliometric methods in management and organization. *Organizational Research Methods, 18*(3), 429-472.

索　引

事 項 索 引

数字・アルファベット

4C　30
AMO モデル　70
EBM　→事実に基づく経営
Google Scholar　52, 65, 91
Harvard Business Review　6
HHI　→ハーフィンダール・ハーシュマン指数
HR Magazine　6, 73
HRM（論）　→人的資源管理（論）
Human Capital　138
Human Resource Management　6
Human Resource Management Review　5
ILO　→国際労働機関
ISO　→国際標準化機構
Jaccard 係数　62, 103
Journal of Applied Psychology　6
J-STAGE　93
KH Coder　101
knowing-doing gap　10
Managing Human Assets　28
OJT　132, 203
Personnel Administration（：A Point of View and a Method）　24
Personnel Administration（：Its Principle and Practices）　23
Personnel Management and Industrial Relations　129
personnel management〔PM〕論　22, 24, 25, 27
Personnel Psychology　6
PRISMA（ガイドライン）　53, 74
QWL　→労働生活の質
Scopus　52, 65, 91
SHRM（論）　→戦略的人的資源管理（論）
SLR〔構造的レビュー，体系的（文献）レビュー〕　7, 49, 50, 57, 58, 61, 63, 64, 71, 77, 80, 82, 85, 96, 191
——の手順　52
（人事管理研究の）——文献　65, 76
人事管理研究における——　64
半——　57
SSCI　84
Talent on Demand　31
TM　→タレント・マネジメント
VOSviewer　72
Web of Science〔WoS〕　52, 65, 91

あ　行

アクション・サイエンス　8
アブダクション　63, 64, 217
合わせ鏡　13, 211
安全衛生　204
安定成長　97
育児・介護休業法　184
一流の労働者　35
一般システム理論　29
一般（化可能）性　7, 8, 51
一般的技能　138
因果メカニズム　212
因果モデル　56
インクルージョン　12
インセンティブ　200
引用ー被引用のネットワーク　60
引用文献　→被引用文献
運　用　187
エビデンス　10, 50, 58, 64, 77, 80, 85, 197, 208, 213
オープン・システム（観）　29, 137
オリジナリティ問題　77
オンライン学術文献データベース〔文献 DB〕　52, 66, 86, 91

か 行

海外企業の人事管理　204
海外勤務者への手当　177
海外への出張・駐在・派遣　181
改革　165
解雇　179, 184
　──規制　97
　──の実務　182
　懲戒──　175
解釈可能性　104
解釈主義　217
解釈的合成　56, 57, 62
外的整合性　39, 137
外的妥当性　51, 79
外部のステークホルダー　→ステークホルダー
科学性　3, 213
科学的管理法　21, 24, 33
科学的厳密性〔厳密性〕　8, 12, 43, 50, 77, 190, 206
科学的知識　8, 10, 11, 44, 205, 206, 211, 214
　──の実務への普及　64
　──へのアクセス　190
学際性〔学際的研究〕　134, 150
学習論　147
学術専門誌　8
学術論文　89
家族社会学　9
関係特殊的技能　26, 27
観察者の営為　210
観察対象者の営為　210
管理過程学派　24
管理者　9
官僚制化　22
機械化　35
機関誌　→『日本労務学会誌』
企業業績　120, 141, 190
企業競争力との結びつき　153
企業特殊性　132
企業特殊的技能　138
『企業と人材』　95
記述統計　58
技能形成（メカニズム）　135, 141
規範　79
　行動──　215

社会──　134
客観的知識　45
キャリア　139, 147
　──開発　32, 202
　──形成　118, 122, 125, 193
　自律的な──　139
休暇・休業　183, 194
　──の期間と適用対象　178
給与　185
共起性　60, 101, 103
共起ネットワーク分析　101, 103, 110, 112
強制された自発性　38
業績管理　149
共同イベント　8
協働関係　35
業務プロセス　201
均衡待遇〔処遇〕　100, 148
均等待遇　100
クラスター〔サブ領域〕　60, 103, 112
グローバル化　178
経営学　2, 34, 64, 120, 150, 202
経営家族主義　33, 36
経営管理　2, 79
経営合理性　193
経営資源〔内部の資源〕　2, 152, 198, 217
経営実務　11
経営者・株主の利害　9
経営主義　9, 37, 80, 150, 210
経営戦略論〔戦略論〕　27, 150
経営組織論〔組織論〕　24, 150
経営目標達成の手段　124
『経営労務論』　34
経験学習モデル　147
経験と関心の関係　220
経済学　152
経済人　24
経済的報酬　200
形式論理　11
形態素　101
計量書誌学　7, 49, 58, 61, 82, 85, 109, 191
計量テキスト分析　96, 109, 155
研究者と実務家の（理解や関心の）ずれ〔相違〕
　　→リサーチ・プラクティス・ギャップ
研究者の関心　→人事管理研究の関心
研究者の社会的実践　46

研究者の目的意識　3
研究手段の厳密性　81
研究と実務の架橋　85
研究（者）と実務（家）の関係性　107, 220
研究の精緻化・専門化　150
研究の体系的合成　→体系的合成
研究不足　74
研究目的の妥当性　81
健康保険への加入　175
現場の力学　211
厳密性　→科学的厳密性
減量経営　97
コア・コンピタンス問題　77
行為可能な知識　8, 206
効果量　51, 55
高業績作業システム　30
高コミットメント作業システム　30
工場法　33
構成概念妥当性　51
公正な管理　21
構造的レビュー　→SLR
行動科学　26
公表バイアス　78, 80
高齢者（雇用）　160, 203
国際比較　118, 122, 125
国際標準化機構〔ISO〕　146
国際労働機関〔ILO〕　33
語句の登場頻度ランキング　→頻出語（句）ランキング
個人人格　199
コスト最小化　31
コース別雇用管理制度　140
固定費　97
コーディング　58
雇用過剰　31
雇用関係の多様化　187
雇用慣行　41
雇用契約　184, 185
雇用サブシステム　203
雇用システム　41, 165, 203
雇用ポートフォリオ　148
コンティンジェンシー理論　29

さ 行

サイエンス・マッピング　60, 103, 110, 155, 192

最新事例　198
採　用　6, 165, 187
裁量労働制　178
作業組織　114, 116, 123, 131, 201
サブ領域　→クラスター
差別的取り扱い　27
産業社会学　9
産業・組織心理学　23, 24, 26, 34, 202
産業報国会　36
産業民主化　36
産業・労使関係（論）　2, 23, 25
産業・労働社会学　202
参照行為　209
サンプリング・バイアス　88, 95
サンプルサイズ　66
産労総合研究所　95
恣意性　80
支　援　8, 10
資源戦略論　142
自己実現（人）　24, 139
自己疎外　25
仕事管理　40, 131, 143
『仕事の経済学』　137
仕事論　143
視座の多様性　14
事実に基づく経営〔EBM〕　10, 45
事実認識　79
システム４　→重複的集団型組織
システム思考　38
時代精神　82
実証主義　193
実証分析　120, 124
実践的知識　11, 13, 44, 206, 214
質的レビュー　82
実務家の学習　46
実務家の関心　→人事管理実務の関心
実務的ニーズ　43
実務的有用性　9, 50, 77, 190, 205, 206
実務への貢献　3, 15, 206
資本主義の多様性論　141
社員の意識　160, 164
社会科学　150
社会関係資本　217
社会―技術システム論　114
社会工学　30

社会人　24, 27
社会心理学　134
社会的プロセス　217
社会的要因　191
社会保障　2
尺度利用　208
社内序列基準　37
従業員　6, 9, 31, 194, 198
　　——エンゲージメント　12
　　——管理の体系化　24
　　——支配　38
　　——成果　30
　　企業のカウンターパートとしての——　199
集合意識　82
終身雇用　132
集団的（労使）関係　24, 186, 187, 193
集約的合成　55, 57, 61, 68, 92, 192
自由論題　89
主観性　191
熟達モデル　147
春闘　165
状況的思考　25
小集団活動　131
除外基準　53
除外作業　87
職員　33
『職業心理学』　34
職業分析　34
職工　33
職種別賃金　167
職能　11
　　——給　37
　　——資格制度　37
職場
　　——学習論　147
　　——慣行　132
　　——の作業プロセス　135
　　——の設計　36
職務
　　——遂行能力　37
　　——先行　37
　　——の設計　36
書誌情報　58
女性　203
　　——の就業　140

——労働　148
諸手当の支給　183
初任給　167
ジョブ型（雇用）　1, 41, 100
『ジョブ型雇用社会とは何か』　41
自律性　141
人材〔人財〕　9
人材育成〔内部育成〕　31, 35, 167
人材開発　6, 117, 121, 137, 203
『人材形成の国際比較』　138
人材ポートフォリオ　148
人材マネジメントに関する情報開示　146
『人材マネジメント入門』　42
人事管理　1, 2, 13, 19, 80, 135, 194
　　——の概念的な規定〔概念的把握〕　196, 212
　　——の効果　197
　　——の中核的活動　198
　　——の潮流　1
　　——の提供価値〔デリバラブル〕　42, 196
　　——の本質　112, 116, 120, 122, 126, 129
　　——の目的　10, 125
　　安定性を前提とした——モデル　31
　　社会システムとしての——　212
　　日本（企業）の——　97, 135, 149
　　不確実性やリスクを前提とした——モデル
　　　31
人事管理研究　64, 134, 135, 190
　　——における実務志向　20
　　経営学的な——　34
人事管理研究の関心〔研究者の関心〕　2, 87,
　　104, 109, 125, 192
人事管理実務の関心〔実務家の関心〕　2, 95,
　　106, 155, 170, 194
人事管理上の関心のずれ　→リサーチ・プラクテ
　　ィス・ギャップ
人事考課　37
人事施策の束　28
人事システム　39, 69, 123
人事制度　156, 161
　　——の構造　114, 117
　　——の構築と活用　169
　　——の事例　160, 164, 168, 170
『新時代の「日本的経営」』　148
人事担当者の専門職化　23
『人事の地図』　95

索　引　247

人事部（門）　19, 23
人的資源　2, 9, 22, 25, 26, 27, 31, 196, 198
　　──アーキテクチャ　148, 199
人的資源管理〔HRM〕（論）　9, 14, 22, 25, 38,
　　116, 142, 187, 193, 210
人的資源管理協会　73
人的資本（論）　26, 70, 137, 138, 146, 152, 202,
　　217
新・日本的経営システム等研究プロジェクト
　　148
新入社員　169
「新・前川レポート」　183
心理アセスメント　34
心理学　125, 152
心理尺度　147
心理的資本　217
推測統計　60, 63, 68
筋のよい試行錯誤　209
ステークホルダー〔外部のステークホルダー〕
　　152
　　──関係のバランス　197, 211
　　──の利害　9
正確性　9
成果主義　1, 39, 120, 124, 148, 149
　　──的な人事制度　139
『成果主義の真実』　40
生活給　36
正規雇用の多元化　148
省察的な解釈　51
生産現場　131
生産能力　26
正社員〔典型労働力〕　41, 97, 148
　　──の絞り込み　98
精神的努力主義　36
制　度　152
　　──設計　187
制度的補完性　41
制度論　134, 140, 141, 149, 152, 193
性能分析　34
正負のフィードバックの併存　215
生理学　134
説明仮説　63, 217
説明的合成　56, 58, 62, 82, 96
ゼネラル・マネジャー　28
宣言的知識　10

先行研究レビュー　→文献レビュー
全人〔人間〕　9, 23, 26
先任権　132
戦　略　165
　　──志向　197, 210
　　──達成への貢献　198
戦略的人的資源管理〔SHRM〕（論）　9, 14, 28,
　　38, 50, 69, 76, 120, 137, 141, 142, 149, 151, 187,
　　193, 210
戦略論　→経営戦略論
相談室　93, 94, 155, 171
即戦力人材の外部調達　31
測定尺度　212
組織学習論　147
組織観　79, 80, 82, 191
組織管理　11
組織行動（論）　6, 76, 125, 133-135, 139, 141,
　　147, 149, 152, 187, 193, 202
組織コミットメント　116, 147
組織人格　199
組織統合　→統合
組織の秩序　113, 116, 120, 132
組織論　→経営組織論
ソフト・スキル　11

た　行

体系的合成〔研究の体系的合成〕　51, 61
体系的な検討　214
体系的（文献）レビュー　→SLR
退　出　184
退職（者）　156, 161, 172, 179
退職金や年金　160
『大卒ホワイトカラーの人材開発』　138
代表性　87, 95, 104
代理指標　104
対　話　45
タヴィストック人間関係研究所　30
多能工化　37
多様で柔軟な雇用　182
タレント・マネジメント〔TM〕　12, 76, 100
探索的調査　124
男女雇用機会均等法　97, 140
知識創造　64
知識に対して寄せる期待　206
知的（ネットワーク）構造〔知識ネットワーク〕

60, 63, 82
知的熟練　135, 137, 152
知的背景　206
中心性問題　77
懲戒（解雇）　175, 182, 184
長期（安定）雇用〔長期勤続，長期的雇用慣行〕
　　31, 35, 97, 98, 133
調査協力者　9
調査対象　51
重複的集団型組織〔システム4〕　27
賃上げ　99, 159, 167
賃　金　123, 156, 159, 161, 167, 172, 174, 183,
　　185
　　──制度　117, 120
　　──相場　170, 194
『賃金事情』　95
通勤・業務上の災害の定義　172, 181
定性的調査　45
定年（退職）　164, 175, 179
　　──延長　114, 160
定量的研究　147
適材適所　36
データセット　86
データ・ドリブン　208
手続的知識　10
典型労働力　→正社員
電産型賃金　36
転職市場　31
伝統的な作業システム　30
同一文献を引用している研究群　60
統一理論　131
統一論題　88
動機づけ　26
統合〔組織統合〕　24, 79, 199
統合的合成　56, 57, 68
統合的なマネジメント　11
統合メカニズム　215
同時引用　60
当事者の理解・解釈　217
投資対象　31
特　集　93, 155
トップジャーナル　43
トップダウン　10, 210

な 行

内的整合性　39, 137
内的妥当性　51
内部育成　→人材育成
内部の資源　→経営資源
内部労働市場（論）　112, 113, 123, 125, 132, 134,
　　135, 137, 140, 146, 149, 151, 187, 193, 202
内容分析　57
二重人格　199
日経連政策調査局　131
日経連能力主義管理研究会　1, 37
日本的経営　133, 135, 138, 139, 142, 148, 152
『日本の労務管理』　37
日本労務学会　86, 87, 109, 192
『日本労務学会誌』〔機関誌〕　86, 89, 109
『日本労務学会全国大会研究報告論集』〔論集〕
　　86, 88, 109
『日本労務管理の現代化』　38
人　間　→全人
人間関係論　24
人間資源　135
人間尊重　37, 38
認知限界　78
ネットワーク中心性　60
ネットワーク密度　61
年　金　179
年功主義〔年功序列，年功制〕　1, 36, 39, 124,
　　132
年功賃金　112, 124, 138
年功的労使関係　132
能力開発　32, 36, 118, 202
能力主義（管理）　1, 36-38
　　──的人事慣行　97, 98
『能力主義管理』　37

は 行

バイアス　80, 191
灰色文献　68, 91, 192
配　属　6
配置転換　203
派遣労働者　148
働き方改革　99
働きやすさ　201
発見の論理　64

索　引　249

パートタイマーへの年休付与　178
パートタイム従業員　97
ハーバード・グループ・モデル　28
ハーフィンダール・ハーシュマン指数〔HHI〕　129
バブル景気　98
反　証　79
　　——可能性　213
被引用数　104
被引用文献〔引用文献〕　90, 107, 127, 192, 193
比較制度分析　141
非経済的報酬　200
ビジネススクール　11
非正規雇用〔非正社員〕　148, 149, 203
　　——の基幹労働力化　148
非典型労働（力）〔非典型雇用〕　98, 135, 142, 148, 152, 198, 199, 203
批判的実在論　218
批判的経営学　9
批判的研究　79
標準作業量　35
評定者間信頼性　54
非倫理的な意思決定　11
頻出語（句）　103, 110
　　——間の共起ネットワーク　109, 155, 192
　　——ランキング〔語句の登場頻度ランキング〕　109, 155, 192
複眼的視点　211
複合語　101
複合的統合体　137
複雑性〔人事管理実務の複雑性〕　12, 42
福利厚生　160, 175, 187
不利益の創出　9
不利益変更　183, 205
古いワインの新しい瓶への詰め直し　12
ブルーカラー（労働）　131, 137
ブール代数　53
プロフェッショナル　139
文献DB　→オンライン学術文献データベース
文献レビュー〔先行研究レビュー，レビュー〕　50, 128, 191
　　——手法の洗練　64
　　——手法の定式化　82
　　物語的な——　50, 68
文脈化　51

文脈的要因　56-58
分裂生成　214
法改正〔法律〕　160, 164, 169, 170, 194, 198, 205, 207
包含基準　52
報　酬　6, 179, 200
　　——水準についての実態　161
　　——の基準　200
　　——の水準　200
　　説明変数としての——　200
　　被説明変数としての——　200
法　律　→法改正
保　険　172
補償（給付）　172, 175, 179, 183
ホワイトカラー　143, 152
　　——の昇進　118, 137
翻　訳　13

ま　行

マクロ経済学　26
マクロ組織論　147
マクロ・レベルの人事課題　185
ミクロ・レベルの人事課題　185
ミシガン・グループ・モデル　28
迷惑感　9
メタ分析　55, 57
メタ理論　213
メンタルヘルス（対策）　165, 169, 186
目的合理的な組織システム　124
目標の管理　27
モチベーション　6, 139, 141
モデル賃金　167
物　語　80

や　行

役員報酬　167
休みやすさ　201
有意性　51
よい研究　124
よい人事管理　3, 4
欲求理論　24

ら・わ　行

利害関係志向　210
利害関係者の対立・交渉・取引の場　124

利害調整　196, 197
リガー―レリバンス問題　7
リサーチ・プラクティス・ギャップ〔研究者と実務家の（理解や関心の）ずれ／相違，人事管理上の関心のずれ〕　4, 7, 43, 46, 73, 190, 194, 206
理論構築型の研究　124
理論的解釈　208
理論的概念　56
理論的視点　208
理論的な裏づけ　197
倫理観　79
レイオフ　31
レビュー　→文献レビュー
労使関係　6, 36, 112, 116, 123, 131, 146, 156, 161, 186, 193, 199, 210
　　――全般　163
　　――の安定化　198
　　社会や市場に連動した――　168
労使関係論　9, 14, 38, 134, 135, 152, 193
労使間の権力の偏り　141
労使協議の結果　160
労使協調　21, 24
労使交渉　170, 196
『労政時報』　93, 95, 155, 192
労働観　134
労働基準法　178
労働組合　23, 36, 146, 187, 199
労働災害〔労災〕　172, 179, 183, 186
労働時間　194

　　――算定　178
　　――短縮　183
　　法定――　184
労働市場　120, 123
　　――の二重構造　113
労働社会学　9, 38
労働者の仕事・生活調査　114, 116, 124
労働者派遣法　98
労働生活の質〔QWL〕　30, 201
労働の人間化　114, 201
『労働判例』　95
労働費用　183, 185, 194, 200, 207
　　――全般の統計　163
　　――の計算　175
　　――の支払い実務　185
　　――の定義と実務　182
　　給与以外の――　185
　　付随的な――支出　174, 175
労働問題　21
労働力　31
　　――管理　131
労務管理（論）　14, 112, 131, 135, 193
労務行政　93, 155
『労務事情』　95
論　集　→『日本労務学会全国大会研究報告論集』
論　題　90
論理性　7
ワーク・ライフ・バランス　184
割増賃金率　178

人名索引

A

Abegglen, J. C.　133, 148
Abrahamson, E.　1, 12
Adorno, T. W.　22
Allen, N. J.　147
Alvesson, M.　9, 79
Amabile, T. M.　8
Aoki, M.　→青木昌彦
Aram, J. D.　8, 20, 206
Argyris, C.　8, 133

B

Bansal, P.　8
Barnard, C. I.　24, 199
Barney, J. B.　27, 142
Bateson, G.〔ベイトソン〕　215
Bayighomog, S. W.　66
Becker, B. E.　31
Becker, G. S.〔ベッカー〕　26, 137, 138, 142, 146
Beer, M.〔ビアー〕　22, 28, 29, 135, 137, 141, 211
Beijer, S.　68
Blauner, R.　131
Boon, C.　68
Boswell, W. R.　28, 50
Boulding, K. E.　217
Boxall, P.　25, 116, 120
Bratton, J.　116
Braverman, H.　22
Brawoy, M.　9
Briner, R.　52, 56, 191
Burrell, G.　79
Busse, R.　91

C

Cappelli, P.〔キャペリ〕　24, 31
Čater, T.　49, 58
Chuai, X.　12
Cole, R. E.〔コール〕　131, 133
Combs, J.　31

D

Dabic, M.　60, 107
Deadrick, D. L.　4, 6, 43, 49, 86, 189, 205
De Certeau, M.　11
Deckop, J. R.　22
Deetz, S.　79
Delery, J. E.　28, 50, 142, 149
DeNisi, A. S.〔デニシ〕　8, 12, 19, 20, 27, 43, 206, 220
Denyer, D.　52, 56, 191
DiMaggio, P. J.　134
Doeringer, P. B.　112, 132
Donthu, N.　49, 58, 64
Dore, R.　19
Doty, D. H.　142, 149
Dreyfus, S. E. & H. L.〔ドレイファス〕　147
Drucker, P. F.〔ドラッカー〕　27

E・F

Edwards, J. R.　79
Eisenman, M.　12
Fleetwood, S.　80
Fombrun, C.　28
Franco, A.　78
Freeman, R. B.　146
Furnham, A.　11

G

Gallardo-Gallardo, E.　58, 59
Garcia-Arroyo, J.　66, 68, 74, 91
García-Lillo, F.　60
Gardner, T. M.　71, 208
Garfinkel, H.　11
Gibson, P. A.　4, 6, 43, 49, 86, 189, 205
Giddens, A.　46
Ginzberg, E.　26
Godard, J.　22
Gordon, A.〔ゴードン〕　19, 33, 36
Gouldner, A. W.　139
Graeber, D.　214
Granovetter, M.　217

Greenwood, M.　79
Grusky, O.　133
Guest, D. E.　22

H

Hall, P. A.　141
Heath, C.　76, 77
Herzberg, F.〔ハーズバーグ〕　139
Hochschild, A. R.　9
Horkheimer, M.　22
Huselid, M. A.　31, 208

J

Jabbour, C. J. C.　54
Jackson, S. E.〔ジャクソン〕　28, 31, 68-71, 74
Jacoby, S. M.　22-24, 146, 148
Jewell, D. O.　4
Jiang, K.　50, 51

K

Kataria, A.　58, 107
Kaufman, B. E.　3, 12, 19, 22, 23, 25, 26, 28
Keenoy, T.　9, 79
Kinnie, N.　141
Klikauer, T.　9, 210
Kloutsiniotis, P. V.　68
Kolb, D. A.〔コルブ〕　45, 147
Korff, J.　208
Kotera, Y.　66

L

Lawrence, P. R.〔ローレンス〕　29
Learmonth, M.　79, 80, 150
Lee, H. W.　71, 208
Lengnick-Hall, M. L.　50
Lepak, D. P.　143, 146, 148, 149, 199, 203
Liboni, L. B.　54, 91
Likert, R.〔リッカート〕　27
Lopez-Cabrales, A.　55, 60
López-Duarte, C.　107

M

Madden, A.　52, 54-56, 80, 92
Madden, C.　79
Mahoney, T. A.　22

March, J. G.　128
Marescaux, E.　54, 68
Markoulli, M. P.〔マルコウリ〕　4, 6, 43, 44, 49, 68, 71, 74, 86, 107, 189, 205, 207
Martín-Martín, A.　91
Marx, K.　128
Maslow, A. H.〔マズロー〕　24, 139
Mayo, E.〔メイヨー〕　24
McCarthy, S.　10, 205
McGregor, D.〔マクレガー〕　27, 135
McMahan, G. C.　50, 151
Medoff, J. M.　146
Messersmith, J.　50, 51
Metcalf, H. C.〔メトカーフ〕　23, 131
Meyer, J. P.　147
Meyer, J. W.　134
Mihail, D. M.　68
Mintzberg, H.〔ミンツバーグ〕　11, 210
Morgan, G.　79
Morrell, K.　80, 150
Münsterberg, H.〔ミュンスターバーグ〕　23
Myers, C. A.〔マイヤーズ〕　24, 25, 131

N・O

Neumark, D.　31
Nkomo, S. M.　12
Nyberg, A. J.　68
Osca, A.　66, 68, 74, 91
Ouchi, W. G.　19

P

Peccei, R.　53, 55, 68
Peirce, C. S.〔パース〕　64
Pfeffer, J.〔フェッファー〕　3, 4, 8, 10, 19, 20, 30, 64, 78, 208
Pham, N. T.　66
Pigors, P.〔ピゴーズ〕　24, 25, 131
Piore, M. J.　112, 132
Podgorodnichenko, N.　45, 52, 92, 205, 220
Polanyi, M.　11
Popper, K. R.　213
Post, C.　79, 81
Powell, W. W.　134
Purcell, J.　25, 116, 120, 141

R

Roethlisberger, F. J.〔レスリスバーガー〕　24
Rosemann, M.　8
Rousseau, D. M.〔ルソー〕　3, 8, 10, 51, 52, 55-
　57, 61, 64, 68, 77-79, 82, 92, 191, 192, 205, 206,
　220
Rowan, B.　134
Rynes, S. L.　4, 6, 12, 20, 43, 45, 49, 64, 189, 205,
　212, 220

S

Salipante, P. F.　8, 20, 206
Santana, M.　55, 60
Sayer, E. J.　50, 191
Schein, E. H.〔シャイン〕　135, 139
Schön, D. A.　11, 45
Scott, W. R.　134
Shapiro, D. L.　45, 205
Sharma, G.　8
Shaw, J. D.　28, 50
Shepherd, D. A.　64
Simon, H. A.　128
Sitkin, S. B.　76, 77
Snell, S. A.　143, 146, 148, 149, 199, 203
Snyder, H.〔スナイダー〕　52, 55, 57, 64
Soskice, D.　141
Storey, J.　25
Sutcliffe, K. M.　64
Sutton, R. I.　3, 4, 8, 10, 20, 64, 78

T

Talukdar, D.　66
Tanova, C.　66
Taylor, F. W.〔テイラー〕　21, 30, 31, 35
Tead, O.〔ティード〕　23, 131
Tenhiälä, A.　4
Tourish, D.　10, 79, 80
Tranfield, D.〔トランフィールド〕　50-52, 54,
　55, 57, 62, 64, 191

V

Van Buren, H. J.　79
Van De Voorde, K.　53, 55, 68
Van Maanen, J.　64

Verbeek, A.　58
Vessey, I.　8
Vrontis, D.　55, 66
Vroom, V. H.〔ブルーム〕　135, 139

W

Warner, M.　91
Wengrow, D.　214
Wernerfelt, B.　27
Wright, M.　143
Wright, P. M.　28, 50, 151

Y・Z

Yoder, D.〔ヨーダー〕　22, 129-131, 134, 151
Zhu, C. J.　91
Zupic, I.　49, 58

あ 行

青木昌彦〔Aoki, M.〕　19, 141
赤岡功　114
秋元樹　131
穴田貴大　9, 79, 150
新井康平　4
淡路圓次郎　34
安渓遊地　9
池田貴儀　91
石川経夫　113
石田英夫　118
石田光男　40, 143, 149
石塚由起夫　165
一守靖　146
伊藤智明　8
猪木武徳　118, 138, 143
伊原亮司　38
今井賢一　132
今田幸子　118, 146
今野浩一郎　142
入山章栄　3
岩田龍子　133
岩出博　23, 25, 26, 29, 142, 149
氏原正治郎　113
梅崎修　148
占部都美　133
江夏幾多郎　2, 9, 13, 39, 40, 45, 79, 87, 125, 150,
　165

遠藤公嗣　39
太田肇　139
大野威　38
岡田行正　22, 24, 28, 131
奥野正寛　141
奥林康司　24
小野旭　139

か 行

海道進　34, 35
柿澤寿信　148
柿沼英樹　49, 76
貴島耕平　217
キャペリ　→Cappelli, P.
京谷栄二　9
草野隆彦　19, 36
楠田丘　1
熊沢誠　38
小池和男　118, 135, 137, 138, 141, 143, 146, 149, 152
ゴードン　→Gordon, A.
古林喜樂　34, 35, 42
コール　→Cole, R. E.
コルブ　→Kolb, D. A.

さ 行

坂爪洋美　201
佐藤厚　201
佐藤郁哉　45
佐藤修　8
佐藤翔　78
佐藤博樹　2, 142, 165
佐野陽子　132
島貫智行　148
シャイン　→Schein, E. H.
ジャクソン　→Jackson, S. E.
城繁幸　1, 40
スナイダー　→Snyder, H.
砂口文兵　217
隅谷三喜男　113

た 行

高橋伸夫　40, 143, 148
田中秀樹　28
谷口真実　27

津田真澂　36-38, 132
ティード　→Tead, O.
テイラー　→Taylor, F. W.
デニシ　→DeNisi, A. S.
ドラッカー　→Drucker, P. F.
トランフィールド　→Tranfield, D.
ドレイファス　→Dreyfus, S. E. & H. L.

な 行

中原淳　147
中原翔　11
中村圭介　1, 40, 143, 148, 149, 165
西岡由美　148
西村剛　34
沼上幹　46
野家啓一　213
野中郁次郎　217
野村康　218

は 行

間宏　19, 33, 36
パース　→Peirce, C. S.
ハーズバーグ　→Herzberg, F.
服部泰宏　4, 8, 11, 13, 20, 50, 76, 133, 191, 211
花田光世　118
濱口桂一郎　1, 41, 42, 97
早坂啓　7, 20, 206
ビアー　→Beer, M.
樋口耕一　101, 103
ピゴーズ　→Pigors, P.
久本憲夫　133
平田周一　118, 146
平野光俊　1, 2, 13, 146, 148
フェッファー　→Pfeffer, J.
藤林敬三　34
舟橋尚道　132
ブルーム　→Vroom, V. H.
ベイトソン　→Bateson, G.
ベッカー　→Becker, G. S.

ま 行

マイヤーズ　→Myers, C. A.
前川春雄　183
マクレガー　→McGregor, D.
マズロー　→Maslow, A. H.

松尾睦　147
松島静雄　36, 38
松嶋登　7, 20, 206
マルコウリ　→Markoulli, M. P.
三戸公　34, 131
宮本常一　9
ミュンスターバーグ　→Münsterberg, H.
ミンツバーグ　→Mintzberg, H.
メイヨー　→Mayo, E.
メトカーフ　→Metcalf, H. C.
森五郎　36-39, 129, 131, 134, 135, 151
森川譯雄　22
守島基博　9, 42, 80, 139, 148, 150

や　行

八代充史　37, 146

柳淳也　9
山下充　19
山ノ内敏隆　130, 131
吉田和夫　34
ヨーダー　→Yoder, D.
米盛裕二　63, 217

ら・わ　行

リッカート　→Likert, R.
ルソー　→Rousseau, D. M.
レスリスバーガー　→Roethlisberger, F. J.
ローレンス　→Lawrence, P. R.
脇坂明　140
渡辺峻　140

人事管理のリサーチ・プラクティス・ギャップ
——日本における関心の分化と架橋

Research-Practice Gap in Human Resource Management:
Retrospects and Prospects on Japanese Context

2024 年 11 月 10 日 初版第 1 刷発行

著　者　江夏幾多郎，田中秀樹，余合淳
発行者　江草貞治
発行所　株式会社有斐閣
　　　　〒101-0051 東京都千代田区神田神保町 2-17
　　　　https://www.yuhikaku.co.jp/
印　刷　大日本法令印刷株式会社
製　本　大口製本印刷株式会社
装丁印刷　株式会社亨有堂印刷所

落丁・乱丁本はお取替えいたします。定価はカバーに表示してあります。
©2024, Ikutaro Enatsu, Hideki S. Tanaka, Atsushi Yogo.
Printed in Japan. ISBN 978-4-641-16634-9

本書のコピー，スキャン，デジタル化等の無断複製は著作権法上での例外を除き禁じられています。本書を代行業者等の第三者に依頼してスキャンやデジタル化することは，たとえ個人や家庭内の利用でも著作権法違反です。

[JCOPY]　本書の無断複写(コピー)は，著作権法上での例外を除き，禁じられています。複写される場合は，そのつど事前に，(一社)出版者著作権管理機構(電話03-5244-5088, ＦＡＸ03-5244-5089, e-mail:info@jcopy.or.jp)の許諾を得てください。